数字乡村治理理论与实践

治理体系构建与福建现代化路径研究

曹院平　著

中国科学技术大学出版社

内 容 简 介

随着信息技术的飞速发展，数字技术正重塑社会生活，为乡村治理带来新机遇与挑战。作为乡村振兴战略的关键一环，数字乡村治理旨在提升治理效率，推动乡村经济社会全面发展。本书深入探讨数字乡村治理的理论基础、实践框架及福建省现代化路径。通过解析数字治理的内涵、范畴及其与传统治理的融合，揭示其核心特征与运作机制；详细阐述数字乡村治理的理论框架、基本内容、内在逻辑和发展目标；构建数字乡村治理体系，涵盖新型基础设施建设、数字素养提升、治理主体多元化及治理场域拓展。此外，本书还探讨技术进步、治理标准化、基层治理能力强化等现代化途径，结合福建省现状与国内成功案例，提出现代化策略、实施措施及持续优化路径，同时结合福建省数字乡村治理的创新发展及国内借鉴与闽台合作模式，为数字乡村治理提供宝贵参考。

本书适合基层乡村管理者、相关研究人员及对数字乡村治理感兴趣的读者阅读。

图书在版编目(CIP)数据

数字乡村治理理论与实践 ：治理体系构建与福建现代化路径研究 / 曹院平著. -- 合肥 ：中国科学技术大学出版社，2025. 7. -- ISBN 978-7-312-06191-2

Ⅰ. D638-39

中国国家版本馆 CIP 数据核字第 2025TM3393 号

数字乡村治理理论与实践：治理体系构建与福建现代化路径研究

SHUZI XIANGCUN ZHILI LILUN YU SHIJIAN:
ZHILI TIXI GOUJIAN YU FUJIAN XIANDAIHUA LUJING YANJIU

出版 中国科学技术大学出版社
安徽省合肥市金寨路 96 号，230026
http://press.ustc.edu.cn
https://zgkxjsdxcbs.tmall.com

印刷 安徽省瑞隆印务有限公司

发行 中国科学技术大学出版社

开本 710 mm×1000 mm　1/16

印张 13.25

字数 260 千

版次 2025 年 7 月第 1 版

印次 2025 年 7 月第 1 次印刷

定价 56.00 元

前　言

在21世纪的今天，飞速发展的信息技术正深刻地重塑着社会的方方面面。数字化浪潮以其强大的渗透力和影响力，成为推动社会进步和经济增长的重要引擎。特别是在国家治理体系和治理能力现代化的进程中，数字乡村治理的兴起，标志着一种全新的治理模式和发展理念的诞生。数字乡村治理，不仅仅是技术层面的革新，更是对传统乡村治理模式的一次深刻变革。它通过数字化手段，实现了对乡村社会经济活动的全面感知、动态监测和智能决策，极大地提升了乡村治理的效率和质量。

随着数字技术的广泛应用，乡村地区的信息基础设施建设得到了快速发展，乡村居民的信息获取和处理能力显著提高，这为数字乡村治理奠定了坚实的基础。同时，数字乡村治理也为解决乡村发展中的诸多问题，如农村教育资源不均、医疗条件落后、农产品销售渠道单一等，提供了新的解决方案。通过数字化平台可以实现教育资源的远程共享、医疗服务的在线提供、农产品的电子商务销售，从而有效地促进了乡村经济的多元化发展和社会服务的均等化供给。然而，数字乡村治理的推进也面临着不少挑战。技术设备的普及、网络环境的改善、乡村居民数字素养的提升以及数字安全和隐私保护等问题，都需要在实践中不断探索和解决。

本书的研究目的在于深入剖析数字乡村治理的理论基础，探讨其在现代社会治理体系中的定位与作用，致力于明确数字乡村治理的内涵，包括其核心特征、运作机制和发展目标，以及如何与传统治理理论相融合，形成适应新时代乡村发展要求的治理模式；通过对福建省数字乡村治理实践的深入分析，评估其在推动乡村治理现代化方面的成效，识别存在的问题和挑战，从而提出相应的解决策略。

全书分为八章，对数字乡村治理进行了系统探讨，每一章都围绕特定的主题逐步展开论述，构建起一个立体化的研究框架。

(1) 理论基础与框架构建(第一至三章)：首先进行理论探讨。第一章从数字治理的多维内涵出发，解析其与传统治理理论的融合路径，阐述数字乡村治理的核心特征与运作机制，为后续研究奠定坚实的理论基石。第二章聚焦数字乡村治理的理论框架构建，明确概念界定，梳理基本内容，探索发展目标，明晰理论与实践的对接点。第三章围绕数字乡村治理体系的架构，从基础设施、数字素养、治理主体多元化和治理场域拓展等维度，构建一个立体的治理框架模型。

（2）我国数字乡村的实践探索与成效评估（第四至六章）：第四章详细描述我国数字乡村治理的现状，通过实地调研与案例分析，展现数字技术在基础设施建设、服务供给、信息传播等方面的应用与影响。第五章深入评估治理效能，利用定量与定性分析相结合的方法，揭示成效与局限，为后续策略制定奠定实证基础。第六章基于福建省乡村数字治理效能评估结果，明确其面临的主要挑战，如技术普及、数据安全、文化传承等问题，为后续策略的提出提供问题导向参考。

（3）福建省数字乡村治理现代化策略提出与未来展望（第七章和第八章）：在策略层面，第七章针对第六章中提到的福建省在数字乡村治理中的问题提出了现代化策略，既包括短期的行动计划，也涵盖长期的发展路径，旨在通过政策创新、技术创新和社会动员等，促进福建省数字乡村治理能力的持续优化与创新实践。第八章进一步展望福建省数字乡村治理的未来发展趋势，讨论如何通过持续的技术迭代、模式创新和社会参与，实现治理效能的最大化，同时确保乡村文化传承与社会公平。

（4）研究方法与贡献：本书采用多元化的研究方法，包括文献综述、案例研究、比较分析以及定性与定量相结合的综合研究方法，确保了研究的深度与广度。通过理论与实践的紧密结合，不仅丰富了数字乡村治理的理论体系，还为政策制定者和实践者提供了实用的策略指导与操作框架，激发社会各界对数字乡村治理的深入思考，并积极参与到这一行动中。最终，本书旨在推动数字乡村治理的理论研究与实践创新相结合，为乡村治理体系和治理能力现代化建设贡献一份力量。

本书在撰写过程中得到任美英教授和宋颖博士的大力协助，并获得福建省创新战略研究规划项目“福建省数字乡村治理体系与治理能力现代化路径研究”（项目编号：2022R0111）和福建省自然科学基金项目“福建省城乡融合水平测度分析与发展预测研究”（项目编号：2022J011208）的资助，在此表示衷心的感谢！限于作者水平，书中难免有不妥之处，恳请广大读者批评指正！

曹院平

2024 年 7 月 1 日于武夷山

目　　录

第一章　数字治理的理论基础

第一节　数字治理概述

一、内涵与范畴

（一）数字治理的内涵

数字治理是一个随着数字技术在经济、社会、政治、生活中被广泛应用而产生的新型治理理念。它不仅涵盖了“基于数字化的治理”，即利用数字化工具或手段来提升现有治理体系的效能，也包括“对数字化的治理”，即针对数字世界中出现的各种复杂问题进行创新治理。数字治理的内涵丰富，既包含了对数字化技术及其应用的管理，也涉及在数字化环境背景下对经济、社会、文化发展中的问题和风险的治理。

数字信息已成为21世纪促进社会经济增长的新资源。随着大数据、云计算、人工智能等技术的发展，数字化生存带来的无序和混乱现象日益增多，这要求我们必须对数字信息进行有效的治理。数字治理的目的在于通过精准研判、及早预警和紧急处置，提高治理的透明度、响应速度和服务质量，从而更好地提升公共利益和个人福祉。

数字治理的范围十分广泛，它不仅包括宏观层面的全球治理、国家治理和社会治理，也包括中观层面的行业治理、产业治理，以及微观层面的平台治理、企业治理和社群治理。这种治理模式强调多元参与，即政府、企业、社会组织、网络社群和公民个人等多元主体在治理过程中的共同参与和协作。此外，数字治理还特别关注公权力与私权力之间的关系，以及规制与活力之间的平衡。在数字化时代，公权力的扩张属性需要得到合理控制，以防社会个体异化为被数字控制的对象。同时，安全与发展、监管与创新之间的关系也需要在数字治理中得到恰当处理，在保障安全的前提下促进发展，实现安全与发展的辩证统一。

数字治理是指以数字化赋能治理体系和治理能力、构建新型治理体系为目标，在政府主导下，平台与企业、社会组织、网络社群、公民个人等多元主体共同参与相关事务的制度安排的持续过程。数字治理是一个多维度、跨学科的领域，它要求在确保技术利维坦背后的技术垄断精英受到规制的同时，要坚守推动经济增长和社会发展的初衷。数字治理的实现需要政府、企业和社会各界的共同努力，通过建立开放、互动的多元数字治理生态系统，实现治理的深度参与、开放性和创新性。

（二）数字治理的范畴与领域

数字治理的范畴与领域是多方面的，它们相互交织，共同构成了数字治理的复杂体系。

数字治理的宏观层面包括全球治理和国家治理。在全球层面，数字治理关注跨国数据流动、网络安全、全球数字经济的协调发展等问题。国家治理则侧重于如何利用数字技术来提高政策制定的科学性、公共服务的效率以及社会管理的精准度。

中观层面的数字治理涉及行业治理和产业治理。在这一层面，数字治理关注特定行业内的数字化转型，如金融科技对金融服务行业的重塑，工业 4.0 对制造业的革新，以及教育技术对教育领域的改变。产业治理则关注如何在数字化背景下优化产业结构，提升产业链的竞争力。

微观层面的数字治理则聚焦于平台治理、企业治理和社群治理。平台治理关注如何规范大型互联网平台的运营，保护消费者权益，促进公平竞争。企业治理则侧重于企业内部如何利用数字化手段提升管理效率，加强风险控制。社群治理则涉及如何在网络社区中建立有效的自治机制，维护网络环境的秩序。

除了社会经济生活层面的治理以外，数字治理还包括对数据的治理。数据治理关注数据的收集、存储、处理、分析和共享等环节，确保数据的质量和安全，防止数据滥用和泄露。同时，数字治理还涉及对相关数字技术的治理，包括人工智能、物联网、区块链等。

数字治理的领域还包括数字社会的建设，这涉及如何利用数字技术促进社会包容性、提升公共服务的均等化水平，以及如何通过数字化手段解决社会问题，如数字鸿沟、网络犯罪等。此外，数字治理还关注数字经济的发展，探讨如何在保障创新活力的同时，确保市场的公平竞争和消费者权益的保护。

数字治理还涉及对数字化转型过程中产生的新问题、新挑战的治理，如数字身份管理、网络空间的安全、数字伦理等。这些问题的治理需要跨学科的知识和协作,需要政策制定者、技术专家、企业员工、社会公民等多方的共同努力。

(三)数字治理的相关研究综述

1. 数字治理的内涵特征与视角的研究

数字治理作为现代治理体系的重要组成部分,其核心在于运用数字化技术提升治理效能。这一概念在学术领域和实践领域均被广泛关注和深入探讨。从内涵上看,数字治理不仅包含技术应用,更涉及组织变革和人员适应,是一种以数据为核心、以信息技术为支撑的治理模式。石忠义和涂淼通过准自然实验方法,探讨了数字治理对企业技术创新的正向影响,指出数字治理通过影响数字要素投入、知识产权保护来促进企业技术创新。文军和高芸则从技术与组织互构的角度,分析了基层治理者面临的负担问题,揭示了数字治理在提升治理效率的同时,也可能带来组织性和技术性的负担等挑战。

数字治理的特征体现在多个方面。首先,数字治理具有高效处理信息的能力,能够通过大数据分析等技术快速收集、处理和分析大量信息。其次,数字治理能够使决策支持科学化,利用算法模型和人工智能等技术为决策者提供更为精准的决策依据。此外,数字治理还强调个性化的服务,通过用户数据分析为用户提供定制化的服务和解决方案。

在数字治理的实践中,也出现了一些新的研究视角。例如,李沫霏和张锐昕探讨了数字治理主体合作的知行困境,指出在数字治理过程中,多元主体之间的合作面临着理念与行动不一致的问题。贾文龙则从乡村人居环境数字治理的角度,构建了一个系统性分析框架,深入探讨了数字治理的有效性问题。这些研究不仅丰富了数字治理的理论内涵,还为数字治理的实践提供了有益的指导。

2. 数字治理的研究领域与主要内容

数字治理作为一种新兴的治理模式,其研究领域广泛,涵盖了政府治理、企业创新、乡村发展、公共服务等多个方面。随着数字技术的不断进步和应用,数字治理的实践和理论研究也在不断深化和拓展。

在政府治理领域,数字治理被视为提升治理效能、实现政府决策科学化和公共服务个性化的重要手段。例如,祁壮和莫漫漫探讨了国家治理现代化进程中数字治理的价值偏离与纠偏问题,强调了以人民为中心的数字权力观和共建共治共享的数字秩序观。王军辉等人则研究了数字治理与现金转移支付瞄准效率的关系,发现数字治理通过降低审核成本、提高核查质量,显著提升了低保瞄准效率。

企业创新是数字治理研究的另一重要领域。数字治理能够促进企业技术创新,提高企业的创新能力和竞争力。石忠义和涂淼的研究表明,数字治理对企业技术创新具有正向影响,且这一作用在大型企业、成熟期企业、东部地区等异质性条件下更为明显。

乡村发展也是数字治理研究的重要内容。数字治理在推动乡村治理现代化，以及实现乡村振兴中发挥着重要作用。水宏和何永林探讨了数字治理助推乡村治理现代化的理论基础与实践之路，提出了创新数字技术赋能乡村治理现代化的运行机制、消解数字技术对乡村治理现代化的负面效应等。

公共服务领域同样受到数字治理的深刻影响。数字治理能够提高公共服务的效率和质量，满足人民群众的多样化需求。例如，吴桐和刘宏松从数字主权愿景出发，分析了欧盟数字治理改革的路径和特点，为我国公共服务领域的数字治理提供了借鉴经验。

3．数字治理的研究方法与工具

数字治理的研究方法和工具是多样化的，它们为深入理解和分析数字治理的不同方面提供了重要的技术支持和理论基础。研究方法的选择往往取决于研究问题的性质、数据的可用性以及研究者的研究目的等。

案例研究是一种常用的定性研究方法，它通过对特定情境的深入分析，揭示数字治理的实践效果和内在机制。例如，文军和高芸基于上海市某街道数字治理平台的案例研究，分析了基层治理者面临的数字负担问题。通过比较不同地区或不同治理模式的数字治理实践，研究者能够识别有效的治理策略和潜在的改进空间。张跃胜等人运用定性比较分析方法，对省级政府数字治理能力进行组态分析，揭示了提升地方政府数字治理能力的多种路径。祁壮和莫漫漫采用历史制度主义视角，分析了欧盟数字治理改革的路径，这种方法有助于理解治理变迁的历史背景和制度影响。在评估政策或治理措施的影响时，双重差分模型是一种有效的定量研究工具。石忠义和涂淼利用双重差分模型探究了数字治理对企业技术创新的作用机制。模糊集定性比较分析（fsQCA）是一种结合定性和定量研究的分析方法，它要求研究者识别导致特定结果的不同条件组合。陈曦等人采用 fsQCA 方法，研究了数字治理对高质量旅游服务供给的作用。实证分析通常基于收集的数据进行统计建模，以测试假设并得出结论。张岳和张博利用中国乡村振兴综合调查数据，实证分析了数字治理对农民收入增长与收入分配效应的影响。随着大数据、人工智能等技术的发展，研究者越来越多地利用这些工具来分析和处理数据，提高研究的效率和准确性。

4．数字治理的研究结论与观点

数字治理作为一种新兴的治理模式，其研究结论和观点多维度地反映了其在现代社会中的重要性和复杂性。

数字治理通过信息技术的应用，提高了治理的透明度和效率。例如，张跃胜等人的研究表明，地方政府数字治理能力的提升，能够通过不同的驱动模式实现，包括协同共生融合型、组织-环境平衡型、多元叠加主导型等。此外，数字治理还被视为推动乡村振兴的重要手段，水宏和何永林提出，数字治理能够赋能乡村治理现代化建设，促进乡村共同体的建设。

尽管数字治理带来了诸多便利，但也需要注意技术应用与人文关怀之间的平衡。文军和高芸指出，基层治理者在面临数字治理时，普遍遭遇工作时间延长、工作压力增大等数字增负效应。这提示我们在推进数字治理时，应关注治理主体的福祉，避免技术异化。祁壮和莫漫漫的研究指出，数字治理在推进国家治理现代化的同时，也可能因技术发展的不确定性和应用时的有限理性，引发新的治理危机。因此，明确数字治理的价值导向，坚持以人民为中心的数字权力观，是实现数字善治的前提。数字治理能够提升治理效能，这一点在多个研究中得到证实。例如，王军辉等人发现，数字治理通过核对系统显著降低了低保的错保率，提升了瞄准效率。这表明数字治理在精准施策、提高政策执行效率方面具有显著优势。数字治理的推广也面临着数字鸿沟问题，这也可能加剧社会不平等。蔡翠红和李煜华讨论了全球数字治理赤字问题，指出了全球数字治理体系供给不足，导致了数字鸿沟进一步拉大。这要求我们在数字治理实践中，注重公平性，努力缩小数字鸿沟。

数字治理的伦理和责任问题也引起了学者的关注。聂思言和周恩毅强调，政府在数字治理中应主动承担责任，将责任和义务内化为伦理精神和行为准则。这要求我们在数字治理中不仅要关注技术的应用，还要关注道德伦理问题。杨建军提出，数字治理是国家治理现代化的重要组成部分，其法治进程包括构建基础制度、平衡法律价值、强化制度控制等。这为数字治理的规范化和法治化提供了理论指导。靳凤林和张玉洁认为，数字治理伦理的创新性发展是实现善治的关键，包括数字治理主体伦理、决策伦理、服务伦理和监督伦理的创新。面对数字治理带来的挑战，如技术悬浮、数字形式主义等，需要采取相应的应对策略。例如，王云龙基于云南省的经验，提出了治理方式转型、运营机制再造等应对措施。数字治理不仅影响政府治理，还对企业、社会组织等产生影响。陈锋和王泽林以“12345”热线为例，分析了数字治理在市域治理中的应用及其可能带来的“内卷化”问题。

这些研究结论和观点为我们提供了对数字治理全面而深入的理解，同时也指出了数字治理在实践中需要关注和解决的问题。未来的数字治理研究需要在理论创新、技术应用、伦理建设、法治保障等方面进行更深入的探讨。

5. 研究评述与展望

数字治理作为一种现代治理模式，在提高治理效率和推动社会经济发展方面发挥了显著作用。然而，随着其深入实施，一系列挑战和问题也逐渐显现。其中，伦理问题尤为突出，包括数据隐私保护、算法透明度和公平性等方面。聂思言和周恩毅强调，政府在利用数字技术进行治理时，应主动承担起义务和责任，确保治理的公正性和伦理性。

技术与治理的融合是数字治理成功的关键因素。但是，技术悬浮现象说明技术目标、配置与供给之间的结构性脱耦可能导致治理系统效率低下。王云龙基于云南省的案例，指出了整合数字资源、激活治理主体、优化治理格局的重要性，从而实现数字治理与乡村治理的深度融合。数字治理的效能评估对于理解其影响和改进治理实践至关重要。张铮和刘钰潭从“双碳”战略的角度出发，探讨了文化产业绿色发展的路径，强调了数字化战略的顶层设计和智能治理在推动可持续发展中的关键作用。

尽管数字治理的理论研究取得了一定进展，但理论与实践的结合仍需加强。学术界需要更多地关注数字治理实践中的具体问题，并提出切实可行的解决方案。同时，数字治理涉及技术、管理、法律、伦理等多个领域，未来的研究应加强跨学科合作，以全面理解和应对数字治理的复杂性。此外，数字治理不仅是国内治理的问题，也是全球治理的挑战，需要考虑不同国家和地区的数字治理实践，促进国际交流和合作。最后，数字治理的长期影响尚不完全清楚，需要长期跟踪研究以评估其对社会结构、经济发展和文化价值观的深远影响。未来的研究应进一步关注上述方面，以促进数字治理理论与实践的不断创新和完善。

二、技术与社会互动

（一）数字技术对社会的影响

数字技术对社会的影响是深远和多维度的，它不仅改变了人们的生活方式，还重塑了社会结构和治理模式。从沟通方式到工作模式，从教育形式到医疗服务，数字技术都带来了革命性的变化。

首先，数字技术极大地促进了信息的流通和交流。互联网和社交媒体平台让信息传播速度前所未有地加快，人们可以即时获取全球各地的新闻和知识，这促进了全球化的进程，也加强了不同文化之间的交流和理解。然而，这也带来了信息过载和虚假信息传播的问题，对社会治理提出了新的挑战。

其次，数字技术改变了工作和生产的方式。自动化和智能化技术提高了生产效率，改变了劳动力市场的结构。远程工作和灵活工作安排成为可能，这为工作与生活的平衡提供了新的可能性，但也可能导致工作与私生活的界限模糊，增加了工作压力。同时，技术的快速发展也带来了职业技能的更新换代问题，对教育体系和终身学习提出了更高要求：① 在教育领域，数字技术使得知识传播更加便捷和个性化。在线教育平台和数字资源为学习者提供了丰富的学习材料和途径，打破了传统教育的时空限制。然而，这也加剧了教育资源分配的不平等，数字鸿沟可能使得部分人群无法享受到高质量的数字教育资源。② 医疗健康领域也因数字技术而发生了变革。电子健康记录、远程医疗、人工智能辅助诊断等技术的应用，提高了医疗服务的质量和效率。③ 数字技术还对社会治理产生了深刻影响。政府利用大数据和人工智能技术进行决策支持，提高了政策制定的科学性和公共服务的精准性。但这也引发了对数据隐私、算法透明度和决策公正性的担忧。此外，数字技术的发展也对法律法规提出了更新的要求，如何在保护创新的同时确保伦理和安全，是现代社会治理面临的重要课题。

最后，数字技术对社会的伦理和文化价值观也产生了影响。网络空间的匿名性和开放性可能导致社会行为规范的变化，数字环境中的道德和法律问题需要重新审视。同时，数字技术也促进了社会参与和民主实践的创新，如电子投票、在线公共咨询等。

（二）社会需求对技术发展的推动

社会需求是推动技术发展的关键动力。随着全球化、城市化以及人口结构的变化，社会对技术的需求日益增长，这些需求不仅催生了新技术的创新研发，也加速了现有技术的迭代和普及。

首先，社会对便捷性的需求促进了移动通信和互联网技术的发展。智能手机的普及就是一个典型例子。人们期望随时随地保持连接，以获取信息、进行社交和完成交易。这种需求推动了移动互联网技术的进步，促进了 4G、5G 等高速通信网络的建设和应用。

其次，社会对健康和长寿的追求推动了医疗技术的快速发展。随着人口老龄化的加剧，对疾病预防、早期诊断和有效治疗的需求不断增长。这促使医疗行业不断研发新的诊疗技术，如基因编辑、免疫疗法、远程医疗等，以提高医疗服务的质量和可及性。

环境保护和可持续发展的社会需求也催生了一系列绿色技术。面对气候变化、资源枯竭等全球性问题，社会对清洁能源、节能减排、循环经济等技术的需求日益迫切。这推动了太阳能、风能、电动汽车等新能源技术的发展，并促进了环保材料和节能技术的应用。

教育领域的社会需求也对技术发展产生了重要影响。随着知识经济的兴起，社会对终身学习和技能更新的需求不断增长。这促使教育技术不断创新，如在线教育平台、虚拟现实教学、智能教育软件等，以满足不同人群的学习需求。

在公共安全领域，社会对安全和秩序的需求推动了安防技术的发展。恐怖主义、犯罪活动以及自然灾害等对公共安全构成威胁，这促使社会对监控系统、数据分析、预警技术等的需求增加，以提高应对突发事件的能力。

此外，社会对个性化和定制化服务的需求也推动了人工智能和大数据技术的发展。消费者期望获得更加个性化的产品和服务，这促使企业利用数据分析和机器学习技术来更好地明确消费者需求，提供定制化的服务和产品。

最后，社会对公平和包容的需求也对技术发展提出了新的要求。为了减小数字鸿沟，提高社会各阶层的信息技术接入水平，需要发展更加易于普及和使用的技术，如低成本的互联网接入设备、易于操作的用户界面等。

三、数字治理多维视角的整合

（一）经济视角下的数字治理

从经济视角审视数字治理，我们首先注意到的是数字技术如何推动经济形态的转型和新经济模式的产生。数字经济作为新的经济形态，以数据为关键生产要素，以网络平台为主要组织形式，以数字化、网络化、智能化为发展方向，正在成为全球经济增长的新引擎。

数字经济的快速发展带来了一系列治理挑战。例如，平台经济的兴起改变了传统的市场结构和竞争格局，引发了对市场监管、税收征管、劳动者权益保护等问题的重新思考。同时，数据作为新的生产要素，其产权界定、交易规则、跨境流动等方面的治理亟待明确。

数字治理在提高经济效率方面发挥着重要作用。通过数字化手段，可以优化资源配置，降低交易成本，提高市场响应速度。例如，供应链管理的数字化可以实时监控物流信息，优化库存管理，减少资源浪费。此外，数字治理还能通过大数据分析预测市场趋势，为经济决策提供支持。

数字治理鼓励和保护创新，为数字经济的持续发展提供动力。通过建立公平竞争的环境，激励企业和个人投入研发，推动技术进步和产业升级。同时，数字治理还需关注知识产权保护，确保创新成果得到合理回报，维护创新者的权益。

经济安全是数字治理的重要考量。随着数字技术在金融、能源、交通等关键领域的广泛应用，保障这些系统的安全稳定运行至关重要。数字治理需要制定相应的安全标准和应急预案，防范网络攻击、数据泄露等风险，确保经济系统的安全。

数字治理还关注普惠性问题，旨在缩小数字鸿沟，促进包容性增长。通过提高互联网普及率、降低使用成本、提供数字技能培训等措施，使更多人能够享受到数字经济的红利。同时，数字治理还需关注数字技术可能带来的就业结构变化，通过教育和培训帮助劳动力适应新的就业形态。

在经济全球化的背景下，数字治理也需要国际合作。跨境数据流动、数字贸易、国际税收等问题需要各国协调一致，共同治理。通过参与国际组织和多边机制，推动形成开放、公平、透明的全球数字治理体系，促进全球数字经济的健康发展。

（二）社会文化视角下的数字治理

社会文化视角下的数字治理关注的是技术进步如何与社会价值观、文化传统和行为规范相互作用，以及如何通过治理确保数字技术的健康发展与社会文化的和谐共存。

数字治理在文化层面首先需要考虑的是保护和促进文化的多样性。随着数字媒体和互联网的普及，全球化的文化交流日益频繁，这为传统文化的保护带来了挑战。数字治理需要制定相应的政策，支持本土文化的发展，防止文化同质化，同时鼓励创新和文化交流，使不同的文化在数字时代得到传承和发展。

社会文化视角下，数字治理还需关注数字鸿沟问题。不同地区、不同群体在获取和使用数字技术方面存在差异，这可能导致信息不平等现象的加剧。数字治理应通过提供平等的教育和培训机会，确保所有人都能获得必要的数字技能，从而减小数字鸿沟，促进社会公平。

数字治理在社会文化层面还需引导网络行为，形成网络空间的社会规范。随着网络社交的普及，网络行为对现实社会的影响日益增大。数字治理需要通过平台管理和法律法规，规范网络行为，防止网络暴力、网络欺诈等不良现象，营造健康文明的网络环境。

数字技术为社会参与提供了新的途径，数字治理应鼓励和促进公民通过数字平台参与社会事务。这包括电子政务、在线公共咨询、网络投票等多种形式，通过这些途径提高政府决策的透明度和公众参与度，增强社会治理的民主性和有效性。

社会文化视角下的数字治理还需要关注数字伦理和企业社会责任。随着人工智能、大数据等技术的应用，如何在技术开发和应用中遵循伦理原则，保护个人隐私，防止算法歧视，成为重要议题。数字治理应推动企业和技术开发者承担社会责任，确保技术进步符合社会文化价值观。

数字治理还需在尊重传统价值的基础上促进数字创新。技术发展不应摒弃社会的基本价值观和文化传统，而应在创新中融入文化元素，使技术成果既具有时代感，又富有文化内涵。通过数字治理，可以促进技术与文化的有机结合，推动形成具有文化特色的数字经济和数字社会。

(三) 政治与法律视角下的数字治理

政治与法律视角下的数字治理关注的是如何通过政策和法规来引导和规范数字技术的发展，确保技术进步与社会秩序、国家安全和公民权利的协调一致。

政治视角下，政府通过制定相关政策来引导数字治理的方向和重点。例如，通过制定数字经济发展战略，政府可以推动数字技术在各个行业的应用，促进经济结构的转型升级。同时，政府还需要制定政策来应对数字化带来的就业变化、隐私保护、数据安全等问题，确保社会稳定和公民权益。

法律视角下，数字治理需要依靠完善的法律法规体系来规范数字技术的应用和管理。这包括个人信息保护法、网络安全法、电子商务法等，这些法律法规为数字治理提供了法律依据，明确了政府、企业和个人在数字活动中的权利和义务。此外，随着技术的发展，法律也需要不断更新，以适应新的挑战和需求。

政府监管是数字治理的重要组成部分。政府需要建立有效的监管机制，对数字市场进行监督和管理，防止市场失灵和权力滥用。例如，对于大型数字平台的监管，政府需要确保其竞争行为的公平性，保护消费者权益，促进市场的健康发展。同时，政府还需要加强对网络信息内容的监管，防止虚假信息和有害内容的传播。

在全球化背景下，数字治理还需要国际合作。许多数字治理问题，如数据跨境流动、网络犯罪、网络安全等，都不是单一国家和地区能够独立解决的。因此，各国需要通过多边机构和国际协议，加强合作，共同应对数字治理的全球性挑战。

政治与法律视角下，数字治理还需要强调公民的参与。政府应当建立开放的机制，鼓励公民参与数字治理的决策过程，反映社会需求和公众意见。这可以通过公众咨询、在线讨论、民意调查等形式实现。公民参与不仅有助于提高政策的透明度和公信力，也有助于增强政策的有效性和适应性。

数字治理还需要关注技术发展与法律适应性的问题。技术的快速发展可能会带来新的法律问题和挑战，法律需要及时更新，以适应技术发展的趋势。同时，法律制定者也需要具备一定的技术理解能力，以确保法律的科学性和前瞻性。

四、治理难点与着力点

(一) 数字治理难点

数字治理作为现代社会管理的一种新兴模式，面临着多方面的难点和挑战。

数字治理边界的模糊性和动态性是其核心难题之一。数字技术的跨国界特性使得传统的地理界限变得不再明显，数字活动如技术研发、产业供应链、数据产生和应用等都具有全球性，这不仅使得数字治理的边界变得模糊和重叠，还可能引发国家间的管辖权争端和执法权冲突。同时，数字技术的快速发展和广泛应用，使得数字安全威胁呈现出前所未有的动态复杂性，这要求治理者必须不断适应和应对持续变化所带来的挑战。

数字治理主体行为和动机的差异性也是数字治理面临的重要问题。在全球化背景下，不同国家、经济组织、消费者等治理主体的数字治理需求和动机可能存在显著差异。由于各国所处的数字发展阶段不同，对数字技术的理解和应用也不尽相同，这导致各国对数字治理的优先选项和策略选择存在差异。这种差异性增加了全球数字治理的复杂性，需要各国在尊重差异的基础上寻求共识和合作。

数字治理权力的非对称性和竞争性也是数字治理面临的重要挑战。在全球数字治理格局中，不同行为主体拥有不同的权力类型和程度，如国际组织和国家间机构的体系性权力、国家和政府的工具性或结构性权力、私营部门和技术精英的元权力、民间团体和个人的倡议权力等。这种权力的非对称分布导致了数字治理的竞争性，大国之间的数字治理博弈不仅是科技和规则的竞争，更是主导权的争夺。同时，新兴经济体和发展中国家在数字治理上往往采取保护主义倾向，如限制数据跨境流动、推行数据本地化策略等，以保护本国市场和维护数字安全。

（二）数字治理着力点

数字善治是数字治理发展的高级阶段，它不仅关注技术的运用和治理的效率，更强调价值性、多元性、整体性和可持续性。

提升数字治理的价值性是关键。在数字治理实践中，技术的高效性往往被过分强调，而人的价值和主体性却可能被忽视。数字治理应重视人的自然权利和社会权利，追求公平、正义等社会价值观的实现。这要求在科技创新中发挥人的主体作用，确保人在科技面前不是被否定，而是被肯定和尊重。

提升数字治理的多元性同样重要。公权力的天然扩张属性在数字化时代尤为显著，可能导致个体异化为被数字控制的对象。目前，数字治理的主要参与方是政府和企业，而作为终端用户的公民在数字治理系统中的地位尚不理想。数字善治应建立一个开放、互动的多元数字治理生态系统，其中政府、企业与个人用户都能深度参与。政府需要行使对数字企业的监管责任和对消费者的保护责任，确保多元利益主体的平衡和协调。

提升数字治理的整体性关键是实现安全与发展、监管与创新的平衡。安全是发展的前提，发展是安全的保障，两者应同步推进。数字善治应在整体思维下坚持包容创新与审慎监管并举，坚守推动经济增长和社会发展的初衷。在规制技术和技术垄断精英的同时，必须平衡安全与发展的关系，采取适当的监管措施，避免过度监管对创新活力的抑制，从而实现技术和经济的健康发展。

提升数字治理的可持续性是确保数字治理长期有效性的基础。数字主权已成为国家核心利益的重要组成部分，各国围绕数字主权的战略互动和博弈日益激烈。数字善治应充分体现数字主权和国家战略意志，同时通过数字合作保障个人权益、产业发展与国家竞争力。数字信任和数字环境的安全稳定是数字时代合作的基础。通过多利益相关方的合作与共建，健全全球数字合作架构和机制，提升数字治理的可持续性，实现数字环境的和平、安全、开放与合作。

第二节　数字治理与传统治理理论的融合

一、传统治理理论概述

（一）治理的基本原则与模式

治理的基本原则与模式是确保社会秩序稳定和推动集体行动顺利进行的关键，它们构成了现代社会管理的基石。在政治学和公共管理学的领域中，治理被理解为由多个机构和行动者共同创造条件，以促进社会秩序的和谐与集体行动的顺利进行。

1. 治理的基本原则

首先，治理的参与性原则要求所有利益相关者，包括政府、私营部门、民间组织和公民个人，都能参与到治理过程中来。这种多元参与不仅确保了治理结构的包容性，也增加了治理的多样性，使得不同的视角和需求都能得到考虑。透明度原则进一步要求治理过程和决策信息必须公开，这样不仅有助于建立公众信任，还能促进问责制的实施，允许社会进行有效监督。

其次，责任性原则强调治理的参与者，无论是政府还是非政府行动者，都应对其行为和决策承担明确的责任。法治原则则确保所有治理行动都在法律和规则的框架内进行，以维护社会正义和秩序。灵活性与适应性原则要求治理模式能够适应社会需求和环境条件的变化，灵活调整策略和方法，以应对新挑战。

最后，协同性原则突出了不同治理主体之间的协作和协调的重要性，通过合作解决问题，实现共同目标。可持续性原则要求治理在决策和行动时必须考虑长远影响，确保符合可持续发展的原则，平衡经济增长、社会福祉和环境保护的需要。

治理的基本原则与模式为现代社会提供了一套全面的管理框架，它们强调了多元参与、透明度、责任性、法治、灵活性、协同性和可持续性的重要性。通过遵循这些原则，可以建立一个更加公正、高效和可持续的社会治理体系。

2. 传统治理的模式

治理模式的多样性是应对复杂社会需求和挑战的关键。在现代社会，治理模式一般分为市场治理、政府治理、合作治理等三种，每种模式都有其独特的机制和优势。

第一，市场治理模式依托市场机制来调节资源分配，通过供需关系激励创新和效率。在这种模式下，个体和企业根据价格信号作出决策，促进资源的有效分配和利用。网络治理则侧重于通过分散的网络结构，实现多个行动者的相互连接和协作。这种模式适用于那些需要跨领域、跨组织合作解决的问题，能够充分发挥网络中每个节点的潜力和创造力。

第二，政府治理模式则以政府为主导，通过政策和法规来引导和控制社会经济活动。这种模式在确保社会秩序、提供公共产品和服务、调节市场失灵等方面发挥着重要作用。社区治理模式则侧重于地方社区的参与和自我管理，通过社区成员的直接参与来解决地方性问题和需求，增强了治理的针对性和有效性。

第三，合作治理模式则是一种多方参与的决策过程，多个利益相关者共同参与，通过协商和合作来实现共同目标。这种模式强调了不同行动者之间的平等对话和合作，有助于整合各方资源和智慧，解决复杂的社会问题。

在数字治理的背景下，这些治理模式被进一步扩展和适应。数字技术的引入不仅增强了治理的透明度和参与性，也为治理带来了新的工具和方法。例如，大数据分析可以帮助政府更准确地了解社会需求和趋势，人工智能可以提高公共服务的效率和质量。同时，数字治理也对隐私保护和数据安全提出了新的要求，需要制定相应的法律法规和技术标准来确保个人信息的安全和隐私的保护。

（二）传统治理的局限与挑战

传统治理模式在现代社会，尤其是在数字化快速发展的背景下，面临着一系列显著的局限和挑战。

首先，传统治理结构的决策过程往往较为缓慢，这在紧急情况下可能导致无法快速响应社会变化和民众需求。信息流通的限制也是一个问题，它导致政府、企业和公民之间存在信息不对称的现象，这不仅影响了决策的质量，也降低了治理效率。

其次，全球化带来的跨界问题，例如跨境数据流动、网络安全和国际税收等，对以国家为中心的传统治理模式提出了新的挑战。资源配置的优化也是传统治理模式需要面对的问题，因为它们往往难以高效利用有限资源解决社会问题。社会结构和价值观念的快速变化要求治理模式能够灵活适应，而传统治理可能因制度僵化而难以及时调整。法律和政策的制定往往滞后于技术发展，这导致在新兴领域出现法律空白，给治理带来困难，需要不断地更新和完善以适应数字化时代的要求。

此外，传统治理模式可能未能充分调动社会各界的参与，尤其是普通公民在决策过程中的参与度有限，这限制了治理的包容性和多样性。同时，新兴的数字经济和平台经济模式给传统治理带来了监管难题，如数据使用监管、用户隐私保护和市场垄断预防等。

最后，虽然数字化为科学治理提供了新工具，但也加剧了数字鸿沟问题，使得技术不足的群体在社会中更加边缘化。这些问题的存在要求政策制定者、治理实践者和技术开发者不断学习、适应和创新。通过建立开放、灵活、包容的治理体系，可以最大限度地发挥数字技术的潜力，促进社会的可持续发展，并确保技术进步能够服务于公共利益，同时应对由此带来的挑战。这需要在技术应用、政策制定、法规遵守、公众参与和国际合作等多方面进行综合考虑和协调。

二、数字时代对传统治理的冲击

（一）数字技术带来的治理变革

数字技术的迅猛发展正在深刻地重塑治理的理念和实践，这一变革在多个层面上展现出来。

首先，数据驱动的决策模式已经成为可能，大量的数据收集、分析和应用为决策者提供了前所未有的信息支持。这种基于数据的决策不仅提高了治理的精准性和科学性，而且也使得政策制定更加贴近实际，更具有前瞻性和适应性。此外，平台化治理和智能化管理的应用，使得治理过程更加高效和自动化，减少了人为错误，提高了响应速度。

其次，数字技术强化了网络化协同和透明度，促进了公共服务的创新。网络平台使得不同的治理主体能够跨越地理和组织边界，实现更有效的协同和合作。同时，数字技术提高了治理的透明度，增强了公众对政府行为的监督和问责，这有助于构建一个更加开放和民主的治理环境。公共服务的创新，如在线服务和移动应用，不仅提高了服务的便捷性和个性化，也显著提升了公众的满意度。

最后，数字技术也为风险预测、应急响应、数字身份管理、跨界治理以及伦理和法律问题等方面带来了新的挑战和机遇。通过对大量数据的实时分析，数字技术能够预测社会风险和趋势，为应急管理和灾害响应提供新的工具。数字身份技术的发展为个人提供了安全、可靠的在线身份验证方式，同时也带来了新的安全挑战。此外，数字技术的全球性特征促进了跨界治理的实践，使得国际合作在网络安全、数据保护等领域变得更加重要。同时，随着数字技术的发展，诸如算法透明度、数据隐私、人工智能伦理等新的法律和伦理问题也成为治理的新议题。

数字技术带来的治理变革要求政策制定者、治理实践者和技术开发者不断学习、适应和创新。通过建立开放、灵活、包容的治理体系，可以最大限度地发挥数字技术的潜力，促进社会的可持续发展。这不仅需要技术的创新，也需要政策的支持、法律的完善和伦理的引导，以确保技术进步能够服务于公共利益，同时应对由此带来的挑战。

（二）传统治理模式的适应与转型

传统治理模式在数字化浪潮的冲击下正面临着前所未有的挑战和机遇。为了适应这一变革，需要注意如下几点。

首先，需要进行理念上的更新。传统治理模式往往以政府为中心，而数字化时代的治理则更加强调以人民为中心的参与式治理。这意味着政府机构必须更新治理理念，更加重视民众的参与和需求，通过互动和更加开放的方式，提高治理的透明度和公众满意度。此外，为了提高治理效率和响应速度，传统治理结构也需要进行扁平化和去中心化调整，减少管理层级，增强跨部门的协调和合作。

其次，技术融合是传统治理模式适应数字化时代的关键。这不仅包括积极融入数字技术，如大数据分析、云计算、人工智能等，以提高决策的科学性和服务的智能化水平，还包括利用数字技术对治理流程进行优化和再造。通过简化行政程序，实现业务流程的自动化和智能化，可以显著提升公共服务的便捷性和满意度。同时，加强政府工作人员的数字技能培训，提升其运用数字工具进行治理的能力，也是确保政府能够充分利用数字技术进行有效治理的重要途径。

最后，法规改革、隐私保护、风险管理和跨界合作是传统治理模式适应数字化时代的重要因素。随着数字技术的发展，传统法规可能不再适应新的治理需求，因此需要对相关法律法规进行更新和完善。在数字化转型过程中，加强对个人数据的保护，确保数据收集、存储和使用的安全性和合规性，是保护公民权益的重要措施。此外，建立和完善数字风险管理体系，加强对网络安全、数据泄露等风险的预防和应对，也是确保治理活动顺利进行的关键。在全球化背景下，加强国际合作，与其他国家共同应对数字治理的全球性挑战，对于提升治理效能具有重要意义。同时，建立持续创新的机制，鼓励各方共同参与治理创新，不断探索适应数字化时代的新方法和新模式，是推动治理模式持续发展的动力源泉。

三、融合路径探索

（一）理论融合的策略与方法

理论融合的策略与方法在数字治理中发挥着至关重要的作用，它们确保了不同学科和理论框架之间的有效整合，以应对数字时代的复杂治理挑战。

首先，跨学科对话是理论融合的基础。通过促进政治学、社会学、信息技术学、法学等不同学科领域专家之间的交流与合作，可以共同探讨数字治理的理论问题和实践方案。整合性框架的构建也是关键，它将数字化技术的影响与传统治理理论相结合，形成更为全面和适应性更强的治理模式。案例研究则提供了实践基础，通过分析数字技术在不同治理领域的应用情况和效果，提炼成功经验或失败教训。

其次，政策实验与评估是理论融合的实践途径。鼓励政策制定者进行小规模的政策实验，可以测试不同治理理论的适用性和效果，并根据评估结果调整和完善政策。共同概念的开发有助于减少学科间的沟通障碍，促进不同领域理论和方法的相互理解和应用。技术与人文的结合强调了在技术发展中融入人文价值的重要性，确保技术进步的同时符合伦理、法律和社会期望。

最后，持续教育与培训对于提高政策制定者、治理从业者和公众对数字治理理论的理解与应用能力至关重要。多方利益相关者的参与确保了治理过程中多元视角和需求的反映，包括政府、企业、社会组织和公众。国际合作与交流则在全球化背景下加强了对其他国家在数字治理方面的理论和实践经验的学习与借鉴。灵活的治理策略能够适应快速变化的技术环境和不断演变的社会需求，为数字治理提供了必要的适应性和灵活性。

理论融合的策略与方法为数字治理提供了全面、多元和适应性强的解决方案。通过这些策略和方法，可以促进不同学科和理论的有效整合，提高治理的科学性、民主性和有效性，以应对数字时代的复杂挑战。

（二）融合实践中的案例分析

在数字治理的理论融合实践中，案例分析扮演着至关重要的角色，它不仅帮助我们洞悉理论在实际情境中的应用，还揭示了成功的关键因素和面临的挑战。

首先，电子政务平台的建立是许多国家政府服务数字化转型的典范。例如，新加坡的 e-Government 服务通过一站式的在线访问，实现了政府服务的高效与透明，极大地增强了公民与政府之间的互动。智慧城市的建设则是另一种融合实践，我国上海和深圳等城市通过集成先进的传感器、物联网和大数据分析技术，提升了城市管理的智能化水平，改善了居民的生活质量。

其次，数字健康系统的广泛应用，特别是在新冠疫情期间，凸显了数字治理在公共卫生领域的重要性。韩国通过手机应用进行疫情追踪和信息传播，有效控制了疫情扩散，体现了数字技术在应对突发公共健康事件中的巨大潜力。在线教育平台的兴起，如我国的“停课不停学”政策，在保障了学生学习连续性的同时，也暴露了数字鸿沟等问题，这提示我们在推动数字治理时需要考虑包容性，确保所有群体都尽可能从中受益。

最后，数字金融监管的探索，如英国金融行为监管局（Financial Conduct Authority，FCA）的“监管沙盒”计划，为金融科技的创新提供了实验场，同时确保了风险的可控。社交媒体平台在处理虚假信息和仇恨言论时所采取的治理措施，展现了平台治理在维护言论自由和社会责任之间的平衡。此外，欧盟的通用数据保护条例（General Data Protection Regulation，GDPR）为跨境数据流动提供了法律框架，强调了在全球化背景下个人数据保护的重要性。

这些案例分析表明，数字治理的融合实践是一个多维度、跨领域的综合过程，它要求我们在技术应用、政策制定、法规遵守、公众参与和国际合作等方面进行深入思考和精心设计。通过这些案例的深入分析，我们能够更全面地理解数字治理的复杂性，为制定更加有效的治理策略提供宝贵的经验。

第三节　数字治理的核心特征

一、数据驱动与智能化

（一）数据在治理中的作用

数据在现代治理中日益成为核心，它不仅是信息时代的宝贵资源，更是推动治理创新和提高治理效能的关键。

首先，数据在决策支持方面发挥着不可替代的作用。通过分析大量的社会、经济数据，决策者能够深入理解复杂的社会现象和趋势，从而作出更加科学和精准的决策。这种以数据为基础的决策模式，提高了政策的适应性和有效性。

其次，数据在服务优化、资源配置、风险管理以及监管加强等方面也显示出巨大潜力。政府通过对公共服务使用数据的分析，能够发现并解决服务提供中的不足，优化资源分配，提高服务效率。同时，数据的实时监控和分析能力，使得政府能够及时发现和预测潜在风险，快速响应各种突发事件。此外，数据的收集和分析为政府监管提供了新的工具，有助于更有效地打击非法活动，维护社会秩序。

最后，数据在促进政策评估、公众参与、智能治理以及跨界协同等方面扮演着重要角色。开放数据政策不仅提高了治理的透明度，也鼓励了公众参与治理过程，增强了治理的开放性和民主性。数据的共享和交换促进了不同治理主体之间的协同合作，加强了地区和国际层面的协同治理。同时，数据的广泛应用也带来了隐私保护、数据安全等伦理和法律问题，这要求政府在利用数据的同时，确保遵守相关法律法规，保护个人和组织的合法权益。

数据在现代治理中的重要性不言而喻。通过建立健全的数据治理体系，不仅可以最大限度地发挥数据的积极作用，提高治理效能，还可以有效规避数据滥用带来的风险和挑战。这要求政府、企业和社会各界共同努力，不断提升数据治理能力，以适应数字化时代的治理需求。

（二）智能化治理的实现机制

智能化治理作为一种高效的治理模式，其核心在于利用先进的信息技术提高治理的效率、精准性和预见性。这种治理模式的实现机制首先依赖于数据的收集与整合。物联网设备、在线交易和社交媒体等渠道为数据收集提供了丰富来源，而数据仓库和云存储技术则确保了数据的有效整合和安全存储。这些数据资源成为智能化治理的基石，为进一步的分析与洞察提供了原材料。

基于这些数据，智能化治理通过大数据分析工具和机器学习算法深入挖掘信息，为决策提供科学依据。自动化决策和预测技术的应用，使得治理能够快速响应社会变化，甚至在某些情况下实现提前预警和预防。此外，智能化治理通过智能服务和个性化定制，提升了公共服务的质量和个体满意度。实时监控与响应机制，使得城市管理、环境监测等领域能够迅速应对突发事件，而智能监管技术则加强了金融、市场监管等领域的效率和公正性。

智能化治理的实现还需要多方面的支持，包括跨学科知识、政策引导、技术创新和法律保障等。协同工作机制促进了不同部门和机构之间的合作，共享数据和资源，从而提高整体治理效能。智能化系统具备的自我学习和优化能力，使得治理策略能够根据反馈不断调整和完善。同时，伦理与法律框架的建立，确保了智能化治理在保护个人隐私和数据安全的同时，防止算法歧视和滥用。公众参与和透明度的提升，不仅增强了治理的民主性，也为政策的制定和执行提供了监督和反馈。

智能化治理的实现机制是一个多维度、跨学科的复杂系统。它不仅需要技术的支撑，还需要政策、法律、伦理等各方面的协同配合。通过这种机制，可以提高治理的现代化水平，更好地应对社会挑战，实现更加高效、精准和人性化的治理目标。

二、网络化与平台化

（一）网络化治理的结构特征

网络化治理作为数字时代治理模式的一种重要形式，以其独特的结构特征体现了现代治理的复杂性和互联性。这种治理模式的一个核心特征是去中心化，其中权力和资源分散在网络的多个节点中，每个节点都可能成为决策的发起者或执行者。这种去中心化的结构赋予了网络化治理高度的动态性和灵活性，使网络能够快速适应环境变化和需求变动，同时容纳不同参与者的加入和退出，允许治理策略和方法的多样化。

网络化治理的多节点互联是其另一个显著特点。这些节点包括政府机构、企业、非政府组织、社群乃至个人，它们通过信息和资源的共享，形成强大的协作网络。这种网络中的节点通过协同合作解决问题，超越了传统的组织边界，促进了跨界融合和创新。自治性也是网络化治理的一个重要方面，各个节点拥有一定程度的自治权，能够根据自身情况和网络目标自主决策。此外，网络化治理模式通常具有较高的透明度，因为信息的共享和流通使得治理过程更容易被监督和评估。

网络化治理高度依赖于信息技术，包括通信网络、数据管理和分析工具等，这些技术的发展直接影响治理的质量和效率。同时，尽管网络化治理具有去中心化的特点，但仍然需要一套共同遵守的规则和协议来指导节点间的互动和协作。这些规则和协议有助于确保网络中的信息共享、协同合作及自治性能够在一个有序的框架内进行。此外，网络化治理需要整合不同参与者的价值观和利益，寻找共同点，实现共赢，这要求治理者具备新的思维方式和技术能力，以应对日益复杂的社会治理挑战。

通过优化网络结构和管理机制，网络化治理可以充分发挥其优势，提高治理的整体效能。这种治理模式能够适应复杂多变的社会环境，通过不断学习和自我调整，提高治理的有效性和适应性。网络化治理的实践表明，通过构建开放、互动、协同的网络结构，可以更好地应对全球化、信息化时代的社会问题，实现更加高效、透明和民主的治理目标。

（二）平台化治理的新模式

平台化治理作为数字时代的一种创新治理模式，依托于数字平台的开放性、互动性和灵活性，为治理结构和过程带来了革命性的变革。

首先，这种模式的重要特点是开放性，它打破了传统治理的界限，允许包括政府、企业、公民组织和个人在内的多元化主体参与治理过程。这种开放性不仅促进了不同参与者之间的直接交流和协作，还增强了治理的透明度和参与度，使得治理活动更加贴近民意，更具有包容性。

其次，平台化治理通过整合不同的服务和功能，提供了一站式的治理解决方案，极大地提高了服务的便捷性和效率。依托于大量的用户数据，平台化治理能够实现数据驱动的决策，通过算法和人工智能技术，许多治理功能得以自动化，如自动监测、预警和响应机制。这种自动化不仅提高了治理的响应速度，还提升了治理的精准度和个性化服务水平。同时，平台化治理鼓励创新，为新思想、新技术和新模式提供了实验与应用的空间，促进了治理模式的持续迭代和优化。

最后，平台化治理也面临着一系列挑战，如数据泄露、隐私保护失效、市场失灵等风险，以及监管上的难题。这要求平台化治理必须建立有效的风险管理机制，制定新的规则和标准，以确保平台的公平竞争和社会责任。同时，需要平衡不同参与者的利益，兼顾用户权益、企业利益和公共利益。平台化治理的成功实施，需要政府、企业和社会各界的共同努力，通过科学管理和有效引导，充分发挥平台化治理的优势，同时妥善应对可能出现的风险和挑战。通过这种持续的努力，平台化治理能够为应对复杂的社会问题提供新的思路和工具，推动实现更加包容和可持续的发展。

三、多元参与与共享共治

（一）治理主体的多元化

治理主体的多元化是现代治理体系中一个显著的特征，它体现了治理权力和责任在多个行动者之间的分散与共享。这种多元化在数字治理领域尤为突出，为治理活动带来了创新和活力。

首先，参与者的多样性是多元化治理的基础。治理主体已经从传统的政府机构扩展到了私营部门、非政府组织（Non-Governmental Organizations，NGO）、社区组织、智库、学术机构以及公民个人等。这些不同的主体以其独特的优势和资源，在治理过程中发挥着互补的作用，如政府的法规制定能力、企业的创新技术支持、公民社会的灵活性和接近基层的优势等。这种角色互补性有助于提高治理的整体效能，并促进决策过程的开放性和透明度。

其次，协同合作的机制是多元化治理的关键。为了实现不同治理主体之间的有效合作,需要建立伙伴关系、合作协议和协调平台等机制。这不仅有助于促进沟通和协作,还能够推动治理模式的创新,如公私合作伙伴关系(Public-Private Partnership, PPP)、社会企业和众包治理等新型治理模式的出现。同时,多元化治理还有助于平衡不同主体之间的权力,防止权力过于集中,增强治理体系的韧性和适应性。

最后,治理主体的多元化对于应对社会问题的复杂性至关重要。面对全球化背景下的各种挑战,如环境保护、公共卫生和国际安全等,多元化的治理主体能够从不同角度和层面提供解决方案,增强治理体系的应对能力。此外,数字技术的发展为多元化治理主体提供了新的工具和平台,使得治理过程更加高效和精准。全球治理的参与也表明,国际组织和跨国公司等在全球治理中扮演着重要角色。治理责任的共享意味着每个主体都需要承担起相应的责任,共同推动社会的发展和进步。

治理主体的多元化是数字治理发展的必然趋势,它要求各主体之间建立更加紧密和有效的合作关系,共同应对日益复杂的社会挑战。通过优化治理结构和机制,可以充分发挥多元化治理主体的优势,实现更加高效、公正和可持续的治理目标。

(二) 共享共治的实现路径

共享共治作为数字治理的核心理念,强调了不同治理主体间的协作与资源共享,旨在实现公共利益的最大化。

首先,实现共享共治的第一步是建立合作平台,这些平台跨越不同的部门或行业,促进政府、企业、社会组织以及公众之间的沟通与协作。通过这样的平台,各方能够共同讨论和解决社会问题,实现数据共享、技术共享和知识共享的政策制定,从而降低信息不对称性,提高资源的利用效率。开放政府数据,鼓励社会各界参与数据分析和应用开发,是促进公共资源社会化利用的关键。

其次,共享共治的实现需要技术普及和多方参与机制的建立。通过教育和培训提升公众的数字技能,不仅有助于实现技术普惠,还能使更多人参与到数字治理中来。同时,确保政策制定和执行过程中多方利益相关者的参与,通过听证会、咨询会等形式收集民意,反映社会需求,推动公私合作伙伴关系,结合政府和企业的各自优势,共同提供公共服务和解决社会问题。

最后,共享共治的实现还需要法律、信任和文化的支撑。强化法治建设,完善相关法律法规,为共享共治提供法律保障,明确各方的权利和义务,规范合作行为。建立信任机制,通过法律法规、合作协议等方式确保各方权益,建立长期稳定的合作关系。此外,培育共享文化,鼓励社会各界积极参与社会治理,形成“人人有责、人人尽责”的社会氛围,是实现共享共治的精神基础。利用数字技术如大数据、人工智能提高治理的智能化水平，实现对公共资源的精准管理和优化配置，同时建立健全的监管体系和评估机制，确保共享共治的实施效果，及时发现和解决问题。

通过这些路径，共享共治能够促进治理主体之间的有效合作，提高治理的透明度和公众参与度，实现资源的优化配置和社会的共同发展。这不仅是对现有治理模式的补充和完善，更是对治理理念的一次变革，有助于构建一个更加开放、协作、高效的治理生态系统。

第四节　数字治理的运作机制

一、治理架构与流程设计

（一）数字治理的架构组成

数字治理架构是实现有效数字治理的基石，它通过整合多个层面和组件，确保治理活动的高效和协调。

首先，战略规划层作为数字治理的最高指导层面，负责制定宏观政策和战略目标，这需要政府高层的深度参与和跨部门的通力合作。政策制定与法规层紧随其后，确保技术发展与社会需求、法律法规相协调，为数字治理提供明确的行动指南和法律框架。数据管理层则专注于数据的收集、存储、处理和分析，确保数据资源的质量和安全，为治理决策提供坚实的数据支持。

其次，技术支撑层为数字治理提供了技术基础，包括云计算、大数据、人工智能、物联网等先进技术，这些工具的应用提高了治理的智能化水平和响应速度。服务交付层通过数字平台和服务接口，实现公共服务的数字化转型，提升了服务的便捷性和公众的满意度。安全与隐私保护层则着重于建立安全机制和隐私保护措施，保障数据安全和个人隐私不被侵犯。监管与合规层通过监督政策和法规的实施，确保治理活动的合规性，并及时处理违规行为。

最后，创新与研发层、公众参与与反馈层、国际合作与协调层、人才培养与教育层以及评估与持续改进层共同构成了数字治理架构的动态部分。创新与研发层推动新技术的研究和应用，以适应快速变化的技术环境。公众参与与反馈层通过各种渠道收集公众意见，提高治理透明度。国际合作与协调层在全球化背景下促进跨国界的合作与协调。人才培养与教育层致力于提升公众和工作人员的数字素养，为数字治理提供人才支持。评估与持续改进层则确保数字治理过程的持续优化和改进。

数字治理架构的组成是一个动态的、多维度的系统，它需要综合考虑技术、政策、法律、人才等多方面的因素，通过各层级的协同工作，实现治理目标的高效达成。随着技术的发展和社会需求的变化，数字治理架构也需要不断演进和优化，以适应新的机遇和挑战。这要求政策制定者、技术专家和社会各界保持敏锐的洞察力和创新精神，共同推动数字治理体系的完善和发展。

（二）治理流程的优化与再造

治理流程的优化与再造是数字治理中的核心环节，它要求对现有的治理流程进行深入的分析和创新，以适应数字化时代的需求。

首先，流程映射与分析是基础性工作，通过全面审视现有流程，识别瓶颈和冗余环节，为改进和创新提供依据。技术集成是优化过程中的关键，利用工作流管理软件、人工智能、大数据分析等数字技术，可以对治理流程进行有效的集成和自动化，从而显著提高治理的效率和响应速度。同时，以数据为核心，实现基于数据的决策和流程控制，确保流程的精准性和适应性。

其次，治理流程的优化与再造需要坚持以用户为中心的设计原则，确保流程设计满足用户需求，提供更好的用户体验。此外，打破部门壁垒，实现跨部门的协同工作，形成统一高效的治理流程，是优化与再造过程中的重要方向。风险管理和法规遵从也是不可忽视的方面，建立风险评估和应对机制，确保流程的稳定性和安全性，同时确保优化后的流程符合相关法律法规的要求，避免违规风险。

最后，治理流程的优化与再造是一个持续的过程，需要建立流程监控机制，定期评估流程性能，及时发现问题并进行调整。同时，鼓励创新思维，不断探索新的流程优化方法和技术应用，实现流程的持续改进和迭代。利益相关者的参与也是优化与再造过程中的关键，积极邀请政府、企业、社会组织和公众参与，确保流程改进符合各方利益。此外，建立知识管理体系，收集和共享流程优化的实践心得与经验教训，促进组织学习和创新。文化与组织变革也是优化与再造的重要组成部分，需要建立支持创新和持续改进的组织文化。

通过治理流程的优化与再造，可以显著提高治理效率、降低成本、增强政府和组织的服务能力，更好地应对数字化时代的挑战。这需要持续的努力和创新，以及对新兴技术和管理理念的深入理解和应用。通过这种持续的优化与再造，可以确保治理流程始终保持活力，适应不断变化的社会需求和技术发展。

二、技术应用与创新

（一）信息技术在治理中的应用

信息技术在治理中的应用代表了数字治理架构的重要支柱，它极大地推动了治理流程的优化、服务的创新和决策的支持。

首先，电子政务作为信息技术应用的典型代表，通过在线服务平台简化了政府服务流程，使得公民能够便捷地访问和使用政府服务，无论身处何地，都能享受到高效透明的政府服务。此外，大数据分析技术的应用，使得政府能够处理和分析海量数据，深入理解社会现象，预测未来趋势，并据此制定更为精准的政策。

其次，云计算、人工智能与机器学习、物联网（Internet of Things，IoT）以及区块链等技术的应用，为治理提供了强大的工具和平台。云计算的灵活性和可扩展性，支持政府、组织高效管理和使用资源；人工智能和机器学习提高了自动化水平，优化了决策过程；物联网技术实现了实时数据收集和智能响应，提升了城市管理和环境监测的精细化与智能化；区块链技术则以其安全、透明、不可篡改的特性，增强了治理的安全性和信任度。这些技术的融合应用，不仅提高了治理效率，也增强了治理的智能化和精准化。

最后，信息技术在治理中的应用还体现在移动政务、社交媒体、地理信息系统（Geographic Information Science，GIS）以及网络安全等方面。移动政务的应用使得公民能够随时随地接收政府信息和享受政府服务；社交媒体加强了政府与公民的互动，提高了政策的传播效率；GIS 技术提供了空间数据分析和可视化工具，支持基于地理位置的决策制定；网络安全则确保了数据保护、系统安全和用户隐私。同时，智能决策支持系统和数字化公共服务的发展，进一步推动了公共服务的数字化转型，提高了服务的覆盖面和质量。

尽管信息技术在治理中的应用带来了显著的正面影响，但也伴随着新的挑战，如技术更新速度、数字鸿沟和伦理问题。因此，需要持续关注技术发展趋势，加强技术应用的管理和指导，确保技术在治理中的正面影响得以最大化，同时妥善应对可能出现的风险和挑战。通过科学管理和有效引导，可以确保信息技术在治理中的应用既高效又安全，促进治理体系和治理能力的现代化。

（二）创新技术对治理的推动作用

创新技术对治理的推动作用是全方位的，它不仅极大地丰富了治理手段和工具，还促进了治理理念和模式的深层次变革。

首先,技术方面如大数据分析和人工智能在提高决策效率方面发挥着关键作用。它们能够迅速处理和分析大量复杂数据,为决策者提供及时准确的信息支持,从而提升决策的速度和质量。此外,通过数据挖掘和用户行为分析、创新技术帮助政府和组织深入理解服务对象的需求,实现服务的个性化和精准化,优化资源配置,减少浪费,提高治理效能。

其次,创新技术在增强治理的透明度、问责性以及提升应急响应能力方面也起到了重要作用。例如,区块链技术通过确保信息的不可篡改性,提高了治理过程的透明度,增强了公众对治理活动的信任。在应急管理中,物联网、无人机和智能监控等技术能够快速收集现场信息,评估风险,及时响应灾害和突发事件,显著提升了政府的应急响应能力。

最后,创新技术还推动了跨界融合和公众参与,支持可持续发展,并培养了创新文化。技术的发展促进了不同领域和行业的融合,如金融科技和教育科技,为治理带来了新的视角和解决方案。社交媒体、在线论坛和移动应用等技术手段为公众提供了更多参与治理的渠道,增强了治理的开放性和民主性。同时,创新技术如智能电网、绿色交通和生态监测等支持环境保护和资源可持续利用,推动治理向可持续发展转型。此外,创新技术的应用鼓励了探索和实践精神,促进了治理领域的创新文化,为持续改进和优化治理提供了动力。

尽管创新技术对治理的推动作用显著,但同时也需要注意技术的合理应用、潜在风险和伦理问题。科学管理和有效引导是确保技术发挥积极作用的关键。通过建立健全的技术应用评估机制、风险管理和伦理审查机制,可以最大限度地发挥创新技术在治理中的潜力,同时规避潜在的风险和负面影响。这不仅能够推动治理体系和治理能力的现代化,还能够确保技术进步与社会价值的和谐统一,促进数字社会的健康发展。

三、风险管理与伦理考量

(一)数字治理中的风险识别与应对

数字治理作为现代社会治理的关键工具,正面临着前所未有的风险和挑战。随着数字技术的广泛应用,风险管理变得尤为重要。数据安全风险和隐私侵犯风险是其中最为突出的两个方面。数据泄露、滥用和盗窃不仅威胁到个人信息的安全,也可能导致更严重的社会信任危机。因此,必须采取加密技术、访问控制和数据备份等措施来保护数据安全。同时,建立健全的隐私保护政策,明确数据收集、处理和使用的范围和条件,尊重和保护个人隐私权。

除了数据安全和隐私保护之外，数字治理还面临着技术依赖、网络攻击、信息不对称、数字鸿沟、算法偏差、法规滞后、技术伦理、跨界治理、技术过时和公众信任等多方面的风险。这些风险的存在，不仅可能阻碍数字治理的有效实施，甚至可能对社会稳定和发展造成负面影响。因此，需要从技术、法律、伦理和社会等多个层面进行综合应对。例如，建立技术备份和应急预案，加强网络安全防护，提高透明度，促进数字包容性，审查和测试算法，更新法规，建立伦理准则和评估机制，加强国际合作，以及持续跟踪技术发展趋势等。

有效的风险识别和管理是确保数字治理活动顺利进行的关键。这不仅需要政府、企业和社会各界的共同努力，也需要加强风险教育和培训，提高治理参与者的风险意识和应对能力。通过这些措施，可以最大限度地降低数字治理的风险，确保治理活动的稳定性和可持续性。同时，也需要不断探索和创新，以适应数字技术的快速发展和应用的需要，构建更加安全、公平、透明和可持续的数字治理体系。

（二）数字伦理的构建与实践

数字伦理是数字治理的基石，它确立了指导数字技术发展和应用的道德准则和行为规范。在构建健康的数字社会过程中，数字伦理起着至关重要的作用。它要求尊重个人隐私，确保数据安全，并促进技术的公平使用。这些准则不仅涉及技术层面的保护措施，如防止数据泄露和滥用，还包括确保算法和决策过程的透明度，以及明确技术开发者、使用者和监管者的责任。通过这些措施，数字伦理旨在建立一个可信赖的数字环境，让用户了解并控制自己的数据如何被使用，并确保技术进步不会损害社会价值和个人权利。

数字伦理还强调技术创新与普及的重要性。它鼓励在确保伦理的前提下进行技术创新，以推动社会进步，提高生活的质量。同时，数字伦理倡导通过教育和培训提高公众的数字素养，使更广泛的群体能够参与并受益于数字社会。此外，伦理审查成为评估新技术及应用对社会价值观和伦理标准潜在影响的关键环节。这要求多方参与和国际合作，以形成全球统一的伦理标准，并确保这些标准能够适应技术的快速发展和社会观念的不断演变。

数字伦理的生命力在于其在实践中的落实。理论上的构建是必要的，但只有将伦理原则转化为具体的法律法规、行业规范和企业政策，并通过这些手段确保原则得到实际执行，数字伦理才能真正发挥作用。这要求政府、企业和社会各界不断努力，确保技术的发展与应用能够符合社会的伦理期望，促进数字社会的健康发展。通过这种持续的努力，数字伦理将有助于实现技术进步与社会价值的和谐统一，为数字治理提供坚实的道德基础。

第二章　数字乡村治理的理论框架

第一节　数字乡村治理的概述

一、数字乡村治理的内涵理解

（一）数字乡村治理的背景与意义

国家治理现代化的实现，不仅是中国共产党与国家层面的战略要务，更是维系国家繁荣、社会稳定及民众福祉的核心所在。农业、农村与农民（"三农"）问题的妥善解决，为构建国家发展打下了稳固基石，没有三农的现代化转型，国家整体的现代化便无从谈起。这一过程不仅涵盖农村基础设施、生产方式的升级，更深层次地触及社会治理结构与能力的现代化重构，凸显了农村现代化建设的极端重要性，尤其是在中国农村占据庞大基盘的现实背景下。

习近平总书记的相关论述，进一步强化了农村在国家治理体系现代化进程中的关键角色。他指出，农村面临严峻挑战的同时，也蕴藏着巨大的发展潜力与动能，乡村振兴战略与加强农村基层工作的实施，成为推进国家治理现代化的必由之路。数字技术正深刻地改变着人们的生产和生活方式，引发了关于以数字技术为核心的社会治理模式的理论探讨和实践探索。中国共产党第十九次全国代表大会为数字中国建设作出了重大战略规划，将数字化乡村及其治理纳入其中，引起了广泛关注。在此逻辑下，数字乡村治理的推进显得尤为关键，它不仅通过数字技术的应用与治理模式的创新，显著增强了农村治理效能，还为国家治理体系现代化的总体目标提供了坚实支撑。坚持农业、农村优先发展战略，结合乡村振兴的深入实践，强化农村基层基础，是加速乡村治理体系与能力现代化进程的核心策略，其中，数字乡村治理的推广不仅是当务之急，更是实现国家治理现代化愿景的迫切需求，对于完善社会治理体系、增强国家治理能力具有深远意义。

面对新时代乡村治理现代化的内在挑战，需清醒认识到既有成就与存在问题并存的现状。农村治理在历史进程中虽已取得里程碑式的进步，如农村基层党建的强化、自治－法治－德治结合体系的初步建立及数字化治理的推进，但仍需直面因人口流动加剧、传统治理机制不适应新情况等带来的复杂问题。在此背景下，数字治理的引入成为破解难题的关键，它为平衡外出与留守村民权益、融合新老村民关系提供了新思路和工具，是应对乡村治理现代化挑战的必然选择。数字乡村治理不仅补充了传统治理手段，更是推动治理模式创新、适应新时代要求的重要路径。

此外，数字乡村建设作为乡村振兴与数字中国建设的交汇点，其实际需求日益凸显。尽管十八大以来数字乡村建设取得显著进展，为农业农村现代化提供了强大动力，但农村地区数字化发展的不均衡与不足依然显著，成为制约乡村振兴战略实施的瓶颈。因此，加速数字乡村治理的推进，不仅是为了提升公共服务效率、实现治理智能化与精细化，更是为了挖掘数字技术在乡村经济新业态培育、数字红利释放方面的潜能，为农村经济社会的全面发展注入新活力。加强农村信息化基础建设，拓宽数字技术应用范围，已成为推动数字乡村建设、实现农村治理体系现代化的迫切任务。

（二）数字乡村治理的科学内涵

当前，学术界对数字乡村治理的科学内涵尚未达成共识，主要从工具论和价值论两种视角进行解读。

从工具论视角来看，这一视角主要关注乡村治理“数字化”的层面。它强调了数字技术在乡村治理中的应用，特别是对乡村基础设施和治理工具的数字化改造。这被视为推动乡村数字治理的基础前提，为实现乡村治理的高效与准确提供了重要支持。在这个视角下，乡村数字治理被理解为一种以数字化工具为手段的治理方式，它在社会多元主体参与的治理过程中发挥作用，以高效和灵活性为特点，确保以乡村治理单元的精准识别、协同运作、精细化管理以及信息共享为目标的系统性运行过程。学术界从工具论维度对乡村数字治理的科学内涵进行了多层次的探讨。首先，从宏观的“制度支持”角度来看，一些学者认为数字治理有助于解决“制度迁移”的难题，从技术层面对当前的乡村治理体制进行改革。乡村治理数字化依赖数字技术，建立了一套“非人格化”的数字技术体系，可以最大限度地减少人为因素的影响。其次，从中观的战略层面来看，一些学者提出将乡村网络信息建设纳入乡村振兴战略，以数字乡村战略来统筹推进农业和农村信息化，通过数字化治理来取代传统的“条块化管理”方式。最后，从微观操作路径的角度来看，有学者认为乡村治理数字化主要基于大数据、云计算、人工智能等数字技术的支持，并且在相应的技术应用规范和规则的制约下，对乡村治理主体、治理过程以及治理内容等多个治理要素进行数字化改造。这种视角强调数字化治理需要关注公共服务职能的技术优化，通过数字化的方式改造传统的乡村治理手段，借助数字化技术和平台来实现乡村治理体系和治理能力的现代化转型。总之，工具论视角为我们提供了多层次的认知框架，从不同的层面来解释乡村数字治理的内涵和实际应用。这种多维度的解读有助于我们深入理解数字治理对乡村治理的重要作用，并引导未来的研究和实践。

从价值论视角来看，对数字乡村治理的理解主要集中在数字化“治理”的层面。这个维度不仅关注数字技术的应用，更强调数字治理在乡村社会中的价值观。数字治理不是简单地将数字技术叠加在公共事务治理上，而是在实现良好治理的价值理念的基础上，依托数字技术和方法，以更高效的方式解决传统治理方式无法应对的问题，实现多元的综合治理过程。数字乡村治理强调的是以人为本的价值理念，侧重于构建完整、高效和安全的数字化组织管理体系。这包括推崇“数字技术打破了乡村原有的社会结构、经济结构、关系结构、地缘结构、文化结构，形成了以交互性和群结构性为特征的交互式群治理模式”的观点。乡村数字治理的价值体现在强调多元治理主体之间应用数字技术手段进行参与、互动和协同合作，这种治理方式是对传统方式的独特创新，它能更好地服务广大民众、促进公共管理效率提高、推动国家在公共事务治理过程中的优化，实现高效的“数目字”管理。“数目字”管理，这个概念源于历史学家黄仁宇的观点，他在其著作《万历十五年》及其他作品中提出，中国传统社会管理缺乏精确的数字化管理手段，而西方社会从文艺复兴时期开始，逐渐发展出一套基于数字、法律和制度的精确管理方法。“数目字”管理强调的是利用准确的数据、统计和会计等量化手段来管理和理解社会经济活动，使得政策制定、资源分配和行政效率等方面更加科学化和系统化。在现代企业管理中，“数目字”管理体现为重视数据的收集、分析与决策过程。企业通过建立有效的信息系统，收集各类经营数据，如财务数据、市场数据、生产数据等，并运用数据分析技术进行深度挖掘，从而获取有价值的信息和洞察，指导企业的战略规划、日常运营、绩效评估等多个方面。这种方法有助于提高管理的透明度、客观性和精确性，支持管理者作出更加科学、合理的决策。此外，从宏观社会发展的角度来看，乡村数字化治理被看作数字治理体系对经济、社会和民生事务进行综合性治理的方式。它围绕着政务体系、数字技术支持的基础设施体系和保障经济、社会和民生发展的机制这三个方面进行构建。这意味着数字治理体系的建设不仅涉及治理主体之间，还涉及不同层级之间的数字技术支持，并且需要关注公共事务治理的简化、绩效的提升，以及保护民众权益的民主治理模式。总的来说，乡村数字治理从价值论视角来看，强调数字治理不仅是一种技术工具，更是一种对传统治理模式和价值观的重构。这种视角对数字治理的价值影响和社会治理的创新提供了深刻的理论基础，也有助于引导未来研究和实践的方向。

（三）数字乡村治理的理论渊源

从社会建构与技术发展的维度来审视数字治理的起源和逻辑，是数字治理理论研究的前沿议题。然而，学者们在探讨社会建构与技术发展的内在关系时，存在着不同的思考方式和研究重点。有学者主张技术发展在社会建构中具有决定性作用，而另一些学者则认为技术的发展和应用是特定社会历史条件的产物，从而形成了技术决定论和社会构建论这两种研究取向。支持技术决定论的学者认为技术有能力改变社会，技术在社会治理领域的改革和政策实践中起着主导作用。他们的观点实质上是强调技术对社会的形成和发展具有决定性作用。

这种观点的内在假设是社会和人是被动的，而技术推动着文明不断演进，从而改变着社会结构和人类行为。相反，主张技术的社会构建论的学者认为技术具有表达和巩固制度的功能。他们认为技术并不是按照某种内在的技术逻辑发展的，而是受到社会历史条件的制约，同时也是社会和政治的产物。技术的发展与应用是社会和政治的过程，而不是一个独立于社会的内在力量。

乡村数字治理构建了数字技术与乡村治理之间的有机融合，旨在有效衔接国家治理战略与基层乡村治理，强调了数字技术供给与乡村发展需求之间的协调。其主要目标是推动乡村治理体系和治理能力的现代化，以实现乡村的有效治理。

当前，中国的数字乡村建设实践在很大程度上体现了乡村数字治理互构理论。这一理论通过社会建构与技术发展的双重维度，为我们提供了更深刻的理解数字治理发展逻辑以及数字技术与社会治理之间复杂关系的视角。这种观点有助于促进数字治理理论的进一步发展与完善。

工具论强调信息技术在治理实践中的具体应用，其关注焦点在于如何通过数字技术的运用来提高治理的效能。然而，在 20 世纪末，英国学者佩里·希克斯和帕特里克·邓利维提出了整体性治理理论，以修正新公共管理所引发的碎片化现象。

整体性治理理论强调通过纵向、横向和深向的集约性融合，实现治理模式的升级和转型。在纵向层级的融合方面，整体性治理强调将不同层级的治理进行整合，以确保政策执行的连贯性和稳定性。通过这种融合，不同层级的政府机构可以更好地协同合作，以满足不同层级治理的需求。在横向治理功能的融合方面，整体性治理倡导将不同部门或相似功能的机构进行数字化集成和整合，以促进高质量的公共服务供给。这有助于避免重复的努力和资源浪费，提高公共服务的效率和效能。在深向治理主体的融合方面，整体性治理理论强调以数字化变革为手段，促进多元主体之间的协同合作，构建综合性的公共治理结构。

这种融合有助于实现治理主体的全方位合作，无论是横向还是纵向，从而提升治理的全面性和协同性。整体性治理理论的核心在于重新优化和重组各种治理要素及以需求为基础的公共服务理念，重新整合不同部门和不同层级之间的关系，通过数字化技术改进政府的行政程序。该理论的实质在于重新整合公共服务，推动跨界协同决策，促进网络化治理格局，以及实现数字化的政府行政运作。这一理论深刻诠释了信息时代公共治理的核心价值和目标。

治理理论的研究起源于新公共管理运动的式微，同时也伴随着数字时代治理的兴起。这一理论强调信息技术和信息系统对公共管理的深刻影响。治理理论的核心思想是重新整合服务，特别强调通过制度性回应来处理公共事务，以实现服务信息的集约式共享。

自 1998 年提出“数字地球”概念以来，一系列以高效、集约、精准为特点的新型治理实践不断涌现，例如电子政务、数字政府、数字社区、精细化治理等等，引领了“数字治理”和“治理数字化”等理论的快速发展。早在 2001 年伦敦举办的“数字治理：数字档案、数字图书馆和科研信息化研讨会”上，便已出现了“数字治理”这一概念，它描述了数字信息的治理过程。英国学者帕特里克·邓利维系统地总结了信息时代公共管理的多种变革和数字治理理论的优势，提出了将大数据、云计算等数字化技术应用于公共治理领域的理念。他认为整体的、共同参与的决策方式以及广泛的电子行政运作数字化，构成了一种互补的社会治理模式。

在此基础上，一系列知名学者如阿尔文·托夫勒、约翰·奈斯比特、丹尼尔·贝尔等，从新技术革命的角度深入研究数字治理与信息社会之间的相互关系。他们强调数字治理将成为未来社会的主流治理理论。随后，米拉科维奇进一步阐述了从电子政务向数字治理的转变，特别强调了公民参与和信息技术在实现这一转型中的关键作用，为数字治理改革提供了理论支持。

二、数字乡村治理的研究动态

（一）数字乡村治理的内涵与特征

数字乡村治理作为现代信息技术与乡村治理深度融合的产物，其核心在于利用数字技术提升乡村治理的智能化、精准化水平。学者们普遍认为，数字乡村治理不仅仅是技术的应用，更是一种治理理念与模式的革新。冯朝睿和刘欢指出，乡村数字化治理效能是国家治理能力和水平的重要体现，其整体水平与经济发展水平呈正相关。白启鹏则强调数字技术赋能乡村韧性治理的重要性，认为这是推进农村农业现代化的新方案。

数字乡村治理的内涵与特征是多维度的，它不仅涵盖技术层面的应用，也包括治理理念的更新与模式的创新。在技术层面，数字乡村治理依托大数据、云计算、物联网等现代信息技术，通过构建智能化的治理平台，实现对乡村各类资源的高效管理和服务的精准投放。赵祥云等人通过案例研究指出，数字乡村治理的数字化转型是推进乡村治理体系和治理能力现代化的重要途径，但其实践中也面临着数字建设形式主义、技术碎片化等问题。这表明技术应用需与乡村实际情况相结合，避免陷入技术的盲目推进和形式主义的陷阱。

在治理理念与模式的革新方面，数字乡村治理强调以人民为中心，通过技术赋能提升农民的参与度和治理效能。熊春林等人的研究表明，村民参与乡村数字治理的行为受到外部环境和自我效能感的显著影响，这提示我们在推动数字乡村治理时，需重视提升村民的数字素养和参与意愿。同时，数字乡村治理也需构建一个开放、协同的治理体系，通过跨部门、跨领域的数据共享与合作，形成乡村治理的合力。沈费伟提出，标准化治理在数字乡村建设中发挥着基础性和引领性作用，但也面临着供给与需求错配等问题，需要根据不同乡村类型的发展需求，选择与当地发展相适应的建设模式。

（二）数字乡村治理的实践困境与解决策略

在数字乡村治理的推进过程中，学者们发现了一系列实践困境，如形式主义、技术碎片化、参与度低等问题。赵祥云等人基于宁波 H 村的案例研究，揭示了数字乡村治理的实践困境，并提出了扭转治理思维、破除技术神话等解决策略。熊春林等人则从村民参与行为的角度，分析了影响村民参与乡村数字治理行为的因素，并提出了优化外部环境、增强效能感等建议。

数字乡村治理在推进过程中遇到的实践困境是多方面的，涉及技术应用、治理结构、文化适应等多个层面。形式主义和技术碎片化是常见问题，这不仅导致了资源的浪费，也影响了数字乡村治理的实际效果。熊春林和王垭灵通过构建系统动力学模型，仿真模拟分析了乡村数字治理的驱动机制，指出组织维度、环境维度和技术维度的相互作用对乡村数字治理效能的影响。他们认为，加强党的领导、提升村民数字素养和创新数字应用场景是提升治理效能的关键。

除了技术层面的困境，数字乡村治理还面临着村民参与度不足的问题。许丹在研究中指出，乡村治理数字化转型过程中，需要关注适应性风险，并通过理念更新、权责同构等措施来应对。这表明，提升村民的参与度不仅需要技术层面的支持，还需要制度和文化层面的配合。

解决这些困境的策略也是多维度的。一方面，需要优化数字基础设施，完善技术支撑，确保数字技术的普及和应用能够真正满足乡村治理的需求。水宏和何永林提出，数字治理要有效，必须挖掘理论基础，借鉴相关理论，达到人与社会关系现代化的治理目标。另一方面，需要构建数字治理体系，通过制度创新和文化建设，促进数字技术与乡村治理的深度融合。王新波和陈祖海基于案例分析，提出优化基础设施与技术适配、保持资源投入与效益平衡等策略，以进一步发挥数字治理对乡村高质量发展的作用。

此外，提升村民的数字素养，增强其参与数字治理的能力也是关键。唐伟杰和赵晓峰通过案例分析，指出数字技术应用的不确定性和技术关系网络的局限性，建议从制度设计、社会整合等方面进行改进。同时，激发村民的内生动力，通过村民自治等方式，让村民成为数字乡村治理的积极参与者和受益者。

（三）数字乡村治理的驱动机制与效能提升

数字乡村治理的驱动机制是确保治理效能提升的关键因素，涉及技术、组织、环境等多个维度的相互作用。技术作为基础支撑，为乡村治理提供了新的手段和工具。李琳强调数字技术在乡村治理现代化转型中的支撑作用，认为良好的乡村数字发展环境对于保证治理效率至关重要。技术不仅提高了治理的智能化水平，也促进了信息的透明化和决策的科学化。

组织维度则关系到治理结构和流程的优化。付钊通过案例研究，探讨了整合性数字元治理在乡村治理数字化转型中的作用，指出通过整合数字治理实践，可以有效应对数字风险障碍，促进数字效能向乡村治理效能的转化。这表明，组织结构的优化和治理主体的协同对于提升治理效能具有重要作用。

环境维度包括政策、文化、社会等多个方面，它们共同构成了乡村数字治理的外部条件。上官莉娜等人通过实证分析发现，主观社会经济地位和政治效能感在数字素养对农民乡村治理参与行为的影响中发挥了中介作用。这说明，营造一个有利于数字治理的环境，提升农民的数字素养和参与意愿，对于增强治理效能具有积极影响。

除了上述三个维度，乡村数字治理的效能提升还需要关注治理过程中的协同机制和创新路径。钟葳等人基于技术-制度-文化的分析框架，提出了数字乡村治理的有效路径，包括正式制度与非正式制度的双重保障、数字技术赋能文化传承与认同、硬件接入与软件平台的同步建设等。这些措施有助于夯实数字乡村治理的技术基础，优化文化环境，提升治理的法治化、智能化水平。陈朝辉的研究则从创新代理人的角度，分析了乡村数字治理平台扩散中的问题，指出创新代理人在推广数字治理平台中的作用，以及去行政化、差异化任务、科学化评估等改进方向。这表明激发创新代理人的积极作用，优化创新扩散机制，是提升数字乡村治理效能的重要途径。

（四）数字乡村治理的标准化与个性化

数字乡村治理的标准化与个性化是实现乡村治理现代化的两个重要方面。标准化治理能够为乡村提供统一的治理框架和流程，确保治理活动的规范性和有效性。然而，标准化过程中也可能出现与乡村实际需求不匹配的问题，导致治理效能受限。

曾文革和高颖在研究中指出，数字乡村治理面临技术治理与法律治理的张力，需要在理念、组织、工具三个层面构建规制图景，以实现数字正义、协同治理和依法治理。这表明在标准化治理的同时，需要考虑法律和伦理的约束，确保技术应用与社会价值相协调。

个性化治理则是对标准化治理的重要补充，它强调根据乡村的具体特点和需求，定制化地提供治理方案。李海金和冯雪艳在探讨数字乡村建设赋能乡村治理时，提出了数字乡村建设与乡村治理数字化不同步的挑战，强调了实现内容与需求有效对接的重要性。这要求标准化治理在制定统一标准的同时，也要留有灵活性，以适应不同乡村的差异性。

廖成中等人则从数据治理的角度出发，提出了数字乡村建设的新范式，强调了数据治理在驱动数字乡村建设中的功能、场景及路径。他们认为，数据治理应超越纯粹的技术重构，更加注重数据的精准化、图像化、具象化，以适应乡村社会的具体需求。

为了实现数字乡村治理的标准化与个性化，需要在治理实践中不断探索和创新。崔宝玉和殷权基于“自主治理”理论，考察了数字技术在乡村治理中的应用效果，发现数字技术能够通过网络扩张、社会动员等机制提升乡村治理水平。这表明在标准化的基础上，利用数字技术的自主性和灵活性，可以更好地激发乡村治理的活力。

谭九生和邓江爱研究了乡村数字治理中的协同惰性问题，并提出了加强党组织领导、优化成员结构等消解协同惰性的策略。这同样适用于标准化与个性化的平衡，需要通过组织和领导的优化，促进治理主体之间的协同，实现治理方案的个性化适配。

（五）数字乡村治理的协同创新与风险管理

在数字乡村治理的推进中，协同创新和风险管理是不可或缺的。唐伟杰和赵晓峰基于S省T村的案例分析，探讨了数字技术嵌入乡村治理的困惑，提出了制度设计、社会整合等改进措施。曾文革和高颖则从风险场景及规制路径的角度，分析了数字乡村治理的风险挑战，并提出了以“数字正义、协同治理、依法治理”为中心的规制图景。

曹景媛和孙秀林在研究中指出，数字治理技术与乡村社会中的“家”治理模式在结构上虽存在矛盾，但在实践中却能互嵌，为乡村治理带来革新。这表明在数字乡村治理中，通过协同创新能够促进传统治理元素与现代技术的融合，提升治理效能。温惠淇讨论了乡村治理数字化转型的机遇与挑战，强调了在数字化转型过程中，需要构建数字善治新格局，强化数字技术监督，确保技术更智慧，村民更幸福。这需要在协同创新中注重技术的人性化设计和应用，同时在风险管理中加强对技术应用的监管和评估。吴东风则从价值意蕴、耦合失调与路径创新的角度，分析了乡村治理数字化的推进策略。他提出，要加大农村数字化基础设施建设力度，提升多元主体的参与能力，这不仅是协同创新的体现，也是风险管理的一部分，确保数字化转型能够真正赋能乡村治理。

张岳等人的研究则从实证角度出发，分析了乡村数字治理对农户垃圾分类行为的影响。他们的研究显示，乡村数字治理能够通过增强农户的知识水平和构建村民监督机制，促进农户的垃圾分类行为。这一发现说明协同创新在提升村民环境意识和行为规范方面具有重要作用。李长健和杨骏探讨了生成式人工智能在数字乡村治理中的应用及其风险防范。他们认为，尽管生成式人工智能技术具有强大的应用潜力，但也存在基础性风险、价值风险和预判性风险。因此，需要建立利益共联、组织共生和风险共监的机制，以促进技术的正向发展并防范潜在风险。武小龙则从平台赋能的角度，分析了数字乡村治理的微观运行机理和实质逻辑。他提出，数字平台通过对数据的全链条整合为乡村治理赋能，但同时也需要注意个性化设计和技术与价值的平衡，以真正实现乡村数字平台治理。胡雯和芮国强从资源赋能的视角，研究了乡村治理数字化转型。他们认为，国家资源、市场资源和乡村资源的结构性赋能对村级组织的数字治理实践具有重要影响。这表明在协同创新中，资源的整合与利用是提升治理效能的关键，而在风险管理中，则需要关注资源配置的合理性和有效性。

数字乡村治理的协同创新与风险管理是一个系统工程，需要从技术、组织、资源等多个方面进行综合考量和设计。通过促进多元主体的协同合作，创新治理模式和机制，同时加强风险的识别、评估和控制，可以确保数字乡村治理的健康、稳定和可持续发展。

三、数字乡村治理的基本维度

（一）村社内部治理

乡村治理目前正经历着一个由多重因素交织而成的困境，其中最显著的问题是村民主体性的缺失。自20世纪90年代起，城乡二元结构的持续影响引发了农村人口的大规模外流，这种现象导致了乡村地区人口的大幅减少，进而产生了所谓的农村“空心化”。此外，尽管国家通过项目的方式向乡村注入资源，但这些资源的配置往往受制于上级决策，使得村民在村庄建设中的参与度相对较低，逐渐感到被边缘化，对村庄的认同感和归属感随之下降。同时，个人权利观念的兴起也促使村民表现出“原子化”倾向，对乡村建设和村庄治理事务的关注度和参与度降低，政治参与热情减退。

数字技术的介入为这一困境提供了新的解决方案。首先，数字技术能够实现现实物理空间与虚拟网络空间的复合重构，通过数字治理平台，不同类型的虚拟群组能够建立连接，消除物理距离的限制，打破时空界限，创造一个开放和互联的数字虚拟公共空间。这为解决乡村社会的时空分离问题提供了机会，使得原本“脱嵌”的村民和乡村精英能够通过虚拟在场的方式重新联结和组织起来。数字技术的这一作用不仅重组和联结了包括普通村民、乡村精英、外出务工者、社会组织在内的不同治理主体，而且通过移动客户端的使用，实现了主体之间的互动和交流，为乡村的建设和发展提供了多元化的建议和策略。

其次，数字技术的介入在促进关系联结和重塑乡村身份认同方面展现出巨大潜力。在乡村治理中，公共性是一个内在属性，要求不同的行动者之间建立紧密的联结关系，共同参与村庄事务，以增强对村庄的认同感和归属感，培养乡村公共精神，建立乡村共同体。数字技术通过连接人与人之间的关系，改变了个体的认知和思维方式，使得村民能够在数字治理平台上围绕乡村公共议题展开频繁的交流互动，建立和强化社会关系，形成强烈的情感纽带。这种线上的沟通和交流有助于促进线下的集体行动，增强了村民的村社认同感，并培育了村民的公共精神，使他们能够有序地参与村庄治理。

最后，数字技术的介入促进了乡村治理结构的优化，构建了乡村善治的格局。乡村被视为一个共同体，涵盖生产、生活、生态和治理等多个方面。在这一共同体中，人们基于共同的历史、传统、信仰、风俗以及信任构建了紧密的社会关系。乡村善治强调多元主体在共同的乡村公共议题下发挥各自的专长，凝聚共同的行动力，实现协作共赢的目标。数字乡村治理使得普通村民能够通过数字治理平台获取信息、表达思想和采取行动，积极发挥村民的主动性和自主性。

同时，数字技术也将政府、企业、社会组织等各种主体纳入乡村治理的范畴，改变了政府的治理方式，从"大包大揽"式转向创建线上乡村治理团队的模式。多元的治理主体在数字治理平台上进行频繁的交流和互动，构建了多元而密切的协商合作关系，凝聚智慧，聚集民意，实现了治理权力博弈中的动态平衡。

通过政府与社会之间的双向交流和互动，形成了相互依存和交织的组织网络结构，共同创造了丰富而有效的治理场景和路径，促进了乡村的有效治理，巩固了乡村社会秩序，最终实现乡村善治的目标。

（二）乡村基层管理

乡村基层管理正面临前所未有的挑战和机遇。随着乡村社会经济的快速发展，其流动性和开放性不断增强，这就要求乡村治理模式必须适应这些变化，以满足现代化的需求。传统的治理模式在应对新挑战时显得力不从心，而数字化浪潮的兴起为转型提供了可能。数字技术的引入不仅创新了乡村治理的方法和模式，而且促进了政府职能的全面变革，显著提升了基层政府的管理效能。

首先，数字技术在乡村党建工作中的应用极大地强化了村级党组织的建设。农村基层党建作为党建工作中的薄弱环节，长期存在分散、运作不畅和管理薄弱等问题。数字化党建系统的建立，整合了党建宣传、党员教育、组织管理等功能，利用大数据技术实时汇聚党建数据资源，加强了对党组织和党员干部的教育、管理和考核。这一趋势不仅提升了党建工作的效率和质量，而且为乡村治理提供了坚实的组织基础。

其次，数字技术的运用在村务管理中也显示出巨大潜力，特别是在规范小微权力运作方面。传统的乡村治理模式往往缺乏双向反馈机制，村务信息的不透明和不公开常常引发矛盾和纠纷。数字技术的普及打破了这种局面，通过数字治理平台，村务信息得以整合和公开，村民能够即时了解政策走向和乡村发展动态，实现了政策的公开和信息的透明。这种开放性不仅增强了村民的话语权，而且促进了村民参与权力监督，使小微权力的运作可视化和透明化。

最后，数字技术对公共服务的提档升级起到了关键作用。长期以来，农村地区存在"办事难"的问题，城乡公共服务的不均衡化为制约乡村发展的重要因素。数字化技术和工具的应用，为乡村治理提供了便捷、高效和互动的手段，推动了数据共享与交换，实现了跨部门服务和一站式服务。这不仅精简了审批程序，缩短了办理时间，提高了行政效率，而且通过大数据的采集和分析，形成了精准的公共服务需求信息，有针对性地满足了村民的服务需求，提升了乡村服务的精准性和人民群众的满意度。

数字化治理在乡村治理领域的重要性日益凸显，它不仅为乡村社会的可持续发展和全面振兴提供了有力支持，而且为实现城乡公共服务均等化、促进城乡一体化发展、迈向共同富裕的目标奠定了坚实基础。

（三）乡村行政监管

乡村行政监管在数字化时代呈现出新的特点和挑战。互联网技术的普及与发展，使得技术在社会中扮演了赋权与监管的双重角色。一方面，数字技术赋予了国家和社会更多的权力，提升了社会运行的透明度和约束性；另一方面，它也被广泛应用于社会监管之中。随着城镇化的快速推进，乡村社会结构变得更加复杂，特别是城乡接合部和城中村等地区，社会问题的日趋严重要求乡村治理必须加强监管，以提升治理的现代化水平。数字技术的引入，为解决这一问题提供了有效的手段。

首先，数据要素的汇集成为乡村数字化治理的核心。建设综合性智能平台，实现基础数据支撑，涉及赋码地址、公共场所、党员信息、经营主体、垃圾分类等多个领域的数据整合，构建起乡村社会治理要素的数据池。通过数字技术，如物联网和云计算，乡村资源得以整合，数据共享底座得以构建，实现了治理对象、要素、资源和工具的有机连接。这不仅展现了乡村的全景式动态运行治理，而且实现了即时感知、动态监测、数字监管、智能预警、权力监督和高效服务等多重功能，有效提升了乡村治理的绩效。

其次，数字技术的应用在乡村综合治理中产生了乘数效应，促进了治理效能的提升。互联网和物联网技术的融合，使得违建管理、出租屋管理和垃圾治理等不同领域的乡村治理得以有效连接。利用图像识别、传感监测和定位技术，数字治理平台能够实时监测乡村生态环境和基础设施的运行状态，保障了乡村的正常运行和管理。在紧急情况下，数字技术还能提供自动预警，增强了应对突发事件的灵敏性，推动了乡村社会综合治理的精细化和现代化。

最后，数字技术在乡村风险预警和预防方面发挥了重要作用，实现了精准预警。随着乡村社会复杂性的增加，数字技术的引入为乡村治理提供了高效的手段，如全要素数据的动态汇聚、全流程事项处理、全时空指挥调度和全范围智能安防。这些工具和方法使乡村治理能够迅速、有效地应对各种不可预测的风险，如社会治安隐患、疫情蔓延和舆情扩散等。在疫情防控常态化治理中，构建的以“健康码+地理信息+网格化”为核心的精密智控机制，实现了对乡村人口的精确监测和数据分析，为乡村治理提供了科学、精准的决策支持。

数字技术在乡村治理中的应用，不仅增强了对乡村社会的监管能力，而且提高了乡村综合治理的效率和效力。作为推动乡村治理现代化、实现乡村社会发展的关键工具，数字化转型为乡村提供了解决社会问题、加强社会监管、实现可持续繁荣的新机遇。

四、数字乡村治理的运作机制

数字乡村治理的运作机制涉及多个层面的互动与协同，旨在通过数字技术优化资源配置、提升治理效能、促进乡村经济社会发展。其核心运作机制大致可以概括为以下几个方面：

（一）信息采集与共享机制

信息采集与共享机制的构建，是实现乡村治理数字化的前提条件。该机制通过集成多源数据采集技术，诸如物联网传感器的部署，这些传感器能够实时监测土壤湿度、空气质量和作物生长状况，无人机巡查技术则为大范围农田监测、灾害评估提供空中视角，而卫星遥感技术则在更大尺度上捕捉土地利用变化、生态环境动态等宏观信息。

这些技术的综合运用，形成了一个全方位、多层次的信息感知网络，确保了乡村环境、农业生产及村民生活等多维度数据的实时获取。尤为重要的是，数据标准化和平台化管理机制的引入，确保了这些海量数据的有效整合与管理。数据标准的确立保证了数据的互操作性，使得不同来源、不同格式的数据能够在统一平台上无障碍交流；而平台化管理则实现了数据的集中存储、高效检索与安全共享，打破了信息孤岛，促进跨部门、跨层级的无缝协作，为乡村治理的科学决策奠定了坚实的数据基础。

（二）数据分析与决策支持机制

数据分析与决策支持机制是在数据采集与共享基础上的深化应用，是实现治理精准化、智能化的关键步骤。这一机制充分利用大数据技术的强大力量，对收集到的海量数据进行深度挖掘和分析，结合机器学习、人工智能算法，能够从纷繁复杂的乡村治理数据中发现隐含的规律、趋势和关联。

例如，在农业病虫害预警方面，通过对历史病虫害发生记录、气候条件、作物生长周期等数据的分析，可以提前预测病虫害爆发的可能性，指导农户采取预防措施；在水资源管理上，通过分析降雨量、河流水位、地下水位等数据，可有效制定灌溉计划，避免水资源浪费；在农村公共服务需求预测上，通过分析村民年龄结构、教育水平、健康状况等社会经济数据，能够更加精准地预判公共服务的需求类型与规模，优化资源配置。这一系列分析成果，为乡村治理提供了科学、量化的决策依据，使得决策过程更加精准、高效，减少了决策的盲目性和不确定性，真正实现数据驱动的乡村治理模式。

（三）公共服务供给与反馈机制

公共服务供给与反馈机制在数字乡村治理中扮演着至关重要的角色，它通过数字化手段重塑了乡村公共服务的供给模式，极大地提高了服务的可达性与服务质量。具体而言，这一机制通过构建综合数字平台，将乡村教育、医疗、社会保障等公共服务资源进行有效整合，为村民提供线上预约挂号、远程教育、在线社保查询与办理等服务。这些服务的线上化，打破了时间和空间限制，使得村民能够更加便捷地享受到优质公共服务，促进了资源的均衡分配。尤为重要的是，该机制还建立了服务评价与反馈系统，这是一个闭环管理的重要组成部分。

通过线上问卷调查、满意度评价、即时反馈通道等方式，村民能够直接对公共服务的质量与效果进行评价，这些反馈信息被系统性收集并分析，进而成为公共服务持续改进的依据。管理部门可以根据村民的实际需求和反馈，动态调整服务内容、优化服务流程、提升服务质量，确保公共服务供给与村民需求的精准匹配，形成了一种服务供给与需求之间良性互动的治理模式。

（四）网格化管理与村民参与机制

网格化管理与村民参与机制则是推动乡村治理精细化与民主化的重要途径。该机制通过将乡村空间划分为多个管理网格，每个网格配备专门的管理人员（即网格员）和数字化工具，如智能手机应用程序或小程序，实现对乡村事务的精细化管理。网格员作为一线工作者，承担着信息收集、矛盾调解、政策宣传等职责，他们利用数字技术高效完成任务，如通过 APP 记录村民诉求、上报安全隐患等，大大提高了管理效率和响应速度。

与此同时，该机制还致力于提升村民的参与度，鼓励村民借助数字平台参与到乡村治理的各个环节中，如通过在线平台参与意见征询、参与议事协商，甚至在某些情况下，可以通过电子投票参与决策过程。这种双向互动不仅增强了乡村治理的透明度与公开性，还让村民感受到自己是乡村治理的主体之一，从而提高了治理的接受度和满意度，促进了乡村社会的和谐与稳定。

（五）风险防控与应急响应机制

风险防控与应急响应机制在数字乡村治理框架内，通过集成先进的数字技术，为乡村构建了一张全面的风险防护网。该机制利用物联网、大数据分析、人工智能等技术，对自然灾害（洪水、干旱等）、公共卫生事件（疫情爆发等）等潜在风险进行实时监测与预警。一旦监测到异常情况，系统能够立即触发应急预案，通过数字化平台迅速发布预警信息，同时自动调配救援物资、医疗资源等，确保应急响应的快速与高效。在信息通报方面，数字技术如社交媒体、短信推送、移动应用通知等，成为紧急情况下信息传播的主要渠道，确保信息能够迅速、准确地传达给每一位村民，引导公众采取正确的自我保护措施。

此外，这一机制还能在事后进行复盘分析，利用收集到的数据评估应急响应的效果，为未来类似事件的应对提供宝贵的经验与教训，不断完善和优化乡村的风险防控体系，有效减轻风险对乡村社会经济发展的影响。总之，风险防控与应急响应机制的建立，极大地提升了乡村应对突发事件的能力，为乡村的长治久安提供了有力保障。

第二节　数字乡村治理的基本内容

一、数字基础设施建设

数字基础设施建设是数字乡村治理的基石，其重要性在于它为乡村地区的信息化、智能化转型提供了必要的技术支撑，是连接现实世界与数字世界的桥梁。在这一框架下，数字基础设施的构建不仅仅是硬件设备的部署，更是一个综合性的系统工程，涉及信息技术的集成应用与创新发展，对于提升乡村治理效能、促进乡村经济与社会的全面发展具有深远意义。

首先，高速互联网和移动通信网络的普及是数字乡村建设的先决条件。在这一层面上，光纤宽带、4G/5G 网络的覆盖，为乡村地区提供了稳定、高速的网络接入能力，确保了数据的流畅传输与信息的即时交互。这种连接性不仅让偏远地区的居民也能享受到与城市相近的信息服务，还为远程教育、远程医疗等公共服务的下沉提供了可能性，缩小了城乡数字鸿沟。

其次，智能终端设备的普及使用，如智能手机、智能穿戴设备等，使村民能够成为数字生态的积极参与者而非旁观者。这些终端设备作为信息采集与服务接收的端口，使村民能够便捷地获取政府服务信息、参与乡村治理活动、享受个性化服务，增强了乡村治理的互动性和包容性。

再者，云计算平台与大数据中心的建立，为乡村治理提供了强大的计算能力和数据存储空间。云技术的应用使得数据处理、分析不再受地域限制，政府部门和乡村管理者可以基于云端服务灵活扩展资源，高效处理大量数据，实现资源的弹性配置。大数据中心则汇聚了来自各个领域的数据资源，通过数据清洗、整合、分析，为乡村治理提供科学决策支持，比如通过分析村民生活行为数据优化公共服务布局，或利用农业大数据指导农业生产决策，提升乡村治理的智能化水平。

最后，数字基础设施的建设还应注重安全性和可持续性。在推进网络建设的同时，必须建立健全网络安全防护体系，保护个人隐私和数据安全，防止网络攻击和信息泄露。同时，考虑能源利用和环境保护，采用绿色节能技术，确保数字基础设施的长期稳定运行和乡村生态的和谐共生。

二、数据资源管理

数据资源管理在数字乡村治理中扮演着核心角色，它是实现信息高效利用、科学决策与精准服务的关键环节。这一过程不仅涵盖了数据的收集、整合、分析和应用，更是将大数据技术与乡村治理实践紧密结合，通过数据驱动的方式优化资源配置，提升治理效能，促进乡村可持续发展。

在数据收集阶段，针对农业、环境、人口健康等多个维度，采用物联网传感器、无人机监测、卫星遥感、电子政务平台等多种手段，广泛收集第一手信息。这些数据来源多样，包括农作物生长状态、土壤湿度、空气质量、水资源利用、人口结构、医疗健康记录等，为后续分析提供了丰富的信息基础。

数据整合与管理是确保数据可用性的关键步骤。通过构建统一的数据标准体系和数据交换平台，实现多源异构数据的有效整合与标准化处理，解决数据孤岛问题。运用数据清洗技术去除无效、重复或错误信息，确保数据质量。同时，构建乡村数据资源库，采用分布式存储、加密技术等手段保障数据的安全性与隐私保护，为数据的高效利用打下坚实基础。

在数据分析阶段，借助大数据分析技术和机器学习算法，对整合后的数据进行深度挖掘。例如，通过时间序列分析预测农作物产量，利用聚类分析识别环境污染高风险区域，运用关联规则发现人口健康与环境因素之间的潜在联系。这些分析结果能够揭示乡村治理中的隐性问题，为政策制定提供科学依据。

在数据应用层面，分析成果被转化为直观的图表、报告或预测模型，直接服务于乡村治理决策。例如，基于数据分析结果，政府可以更精准地制定农业补贴政策、优化医疗卫生资源配置、实施环境保护措施。同时，数据驱动的决策过程增强了乡村治理的透明度和公众参与度，村民通过公开发布的数据报告，能够更好地理解治理决策背后的逻辑，提升对政策的信任与支持。

三、智能化服务平台

智能化服务平台在数字乡村治理中扮演着至关重要的角色，它不仅是实现公共服务均等化、便捷化的技术载体，也是推动乡村经济多元化和现代化的催化剂。该平台通过集成多种服务模块，如电子政务、智慧农业、远程教育与医疗等，形成了一站式综合服务体系，极大地提高了乡村治理的效率与服务水平。

电子政务平台作为智能化服务的核心，通过互联网技术，实现了政务服务的线上化、透明化。村民无需亲临政府机构，即可通过电脑、手机等终端完成各类行政手续，如证件申请、补贴领取、政策咨询等，大幅降低了办事成本，提升了民众满意度。同时，电子政务平台的建立还促进了政务数据的整合与共享，为政府决策提供了数据支持，增强了政策的科学性和针对性。

智慧农业系统的融入，则是针对农业生产的智能化改造，它集成了物联网、大数据、云计算等现代信息技术，为农业生产提供精准管理与决策支持。通过安装在田间的各种传感器，实时监测土壤湿度、光照强度、作物生长状况等数据，配合智能算法分析，农民可以远程调控灌溉、施肥，实现作物生长环境的最优化。此外，智慧农业系统还能对接农产品电商平台，帮助农民拓宽销售渠道，提升农产品的市场竞争力。

远程教育与医疗系统的引入，是解决乡村教育资源不均、医疗资源匮乏问题的有效途径。远程教育平台利用视频会议、在线课程等形式，让乡村学生能够接触到优质的教育资源，缩小城乡教育差距。远程医疗服务则通过视频问诊、电子病历共享等方式，使村民能够享受到专家级的医疗咨询和健康管理服务，有效缓解了乡村看病难的问题。

四、社会治理与公共服务

在数字乡村治理框架下，社会治理与公共服务的优化是提升乡村治理现代化水平、增强居民幸福感的重要环节。通过深度融合信息技术，不仅改进了传统乡村治理结构，还实现了管理和服务的精准化、高效化，促进了乡村社会的和谐稳定与可持续发展。

首先，创新实践在网格化管理中得到推广。这一模式将乡村地域细分为若干网格单元，每格配备网格管理员，利用移动终端、地理信息系统等信息技术手段，实现对网格内人、地、事、物、组织的全方位、全时段管理。网格化管理不仅提升了乡村治理的精细化水平，还通过信息化手段加强了跨部门协同，有效应对了环境卫生、公共安全、矛盾纠纷等问题，确保了乡村社会秩序稳定。同时，网格员作为政府与群众的桥梁，能够及时收集村民意见与需求，促进治理决策的民主化与科学化。

其次，信息技术的引入极大地丰富了乡村公共服务的形式与内容，推动了服务的个性化与便捷化。例如，通过建立乡村公共服务信息平台，整合教育、医疗、养老、就业等服务资源，居民可以在线享受咨询、预约、办理等一站式服务，大大缩短了服务距离，提高了服务效率。此外，利用大数据分析村民需求与偏好，可为乡村居提供更加贴合实际需求的公共服务产品，增强其满意度和获得感。

最后，在治安管理方面，数字监控系统、人脸识别、智能预警技术的应用，构建了全天候、立体化的乡村安全防护网，有效预防和打击犯罪，维护乡村安宁。在环境保护领域，通过环境监测传感器、无人机巡检等手段，实时监控水质、空气质量、噪音污染等环境指标，结合数据分析预测环境变化趋势，为乡村生态文明建设提供科学依据。

五、网络安全与数字素养

在推进数字乡村治理的过程中，网络安全与数字素养的建设是保障乡村数字化健康发展的重要维度，它们共同构成了乡村数字化转型的“防护网”与“推进器”。

首先，网络安全是数字乡村治理的基石，直接关系到乡村居民的财产安全与个人信息保护。为此，需要构建多层次的网络安全防护体系，包括加强乡村网络基础设施的安全防护，如部署防火墙、入侵检测系统等技术手段，以防黑客攻击、病毒侵袭；实施严格的数据加密和访问控制策略，保护村民个人信息与敏感数据不被非法获取和滥用；开展常态化的网络安全教育与培训，提高村民对网络诈骗、钓鱼网站等常见网络威胁的辨识能力，培养安全上网习惯。此外，建立快速响应机制，一旦发生网络安全事件，能够迅速采取措施，减少损失，恢复系统正常运行，维护乡村数字环境的稳定与安全。

其次，提升村民的数字技能与网络素养是促进乡村数字化深入发展的关键。这涉及两个方面：一是数字技能的培训，包括基础的计算机操作、智能手机应用、电子商务、数字支付等技能的学习，使村民能够熟练使用数字工具，提高工作效率，拓宽经济来源，如通过电商平台销售农产品，利用在线学习平台提升自身技能等；二是网络素养的培育，强调正确、健康、负责任的网络行为，教育村民理解网络文化，尊重版权，辨别网络信息真伪，培养批判性思维，避免成为虚假信息的传播者，同时鼓励村民参与网络公益活动，利用数字平台表达合理诉求，参与乡村治理讨论，增强社会参与感和责任感。

总之，网络安全与数字素养是数字乡村治理中不可分割的两翼，前者为乡村数字化进程保驾护航，后者为乡村数字化转型提供动力。通过强化网络安全防护，提升村民数字技能与网络素养，不仅能保障乡村居民在数字时代的合法权益，还能激发乡村内部的创新活力，促进乡村社会的整体进步与和谐发展。

第三节　数字乡村治理的内在逻辑

一、乡村数字化治理的功能逻辑

乡村数字化治理的功能逻辑通过精准化、民主化、高效化和科学化四个方面，实现了治理模式的创新和效能的提升，为乡村治理现代化提供了坚实的技术支撑和方法论指导。

首先，精准化是乡村数字化治理的显著特征。在风险社会背景下，社会治理面临着诸多不可预见的风险，如社会治安、疫情、舆情等问题。乡村社会从集体向分散化个体的过渡，增加了治理的复杂性。数字化治理通过应用数字技术，提供了高效的解决方案，使治理更加精准，有效解决了社会矛盾。例如，通过数据分析，可以发现社会问题的关联和规律，实现对问题的监测、预测和及时响应，提高了治理的智能化和精准度。

其次，民主化是乡村数字化治理的另一重要方向。移动互联网等数字技术的发展，改变了传统的信息传播方式，使得信息传播从单向变为双向互动，促进了协商民主的发展。乡村数字治理利用新媒体技术，特别是移动互联网，为多元主体参与治理提供了机会，突破了时空限制，增强了村民的参与感和话语权，实现了数字民主。例如，通过在线议事厅等数字平台，村民可以自由表达观点，政府也更愿意听取民意，提升了治理的民主性。

再次，高效化是乡村数字化治理的核心目标之一。随着乡村社会多样性和复杂性的增加，公共服务需求变得多样化。数字技术的发展为公共服务的精准识别和供给提供了可能，通过数据关联和匹配，实现个性化、精确化的服务，提高了村民的满意度和幸福感。同时，数字技术建立了综合性、无缝、一站式的公共服务体系，提高了服务效率。

最后，科学化是乡村数字化治理的重要支撑。传统的乡村治理决策多依赖经验判断，缺乏数据支持。数字技术的应用使得决策基于全面、客观、实时和精准的数据，通过智能算法和数据模型，实现了多领域、多维度数据的整合和分析，提高了决策的科学性和准确性。同时，政府通过数字平台收集民意，及时发现和纠正决策执行中的问题，确保了政策的合理性和有效性。

二、乡村数字化治理的技术逻辑

乡村数字治理是一个多维度融合的过程，其中人与媒介的融合是基础。媒介作为信息传递和交流的工具，在与人类的互动中发挥着至关重要的作用。媒介并非孤立存在，而是在与人的相互作用中实现其价值。这种相互作用构成了人与媒介的共生关系，促进了个体、媒介和社会之间的互动。在这一过程中，媒介的个人化和人的媒介化成为两个关键方面。数字技术的发展为个体提供了个性化的信息分享空间，使信息传播更加体现个体特色；同时，人们通过媒介扩展了感知能力，媒介也反过来影响人的行为。在乡村数字治理中，这种融合使得村民能够随时随地获取信息，提升了他们的认知水平和参与度，构建了乡村社会关系的新形态。

连接与智能的融合是乡村数字治理的另一个重要方面。数字技术具有天然的连接特性，能够将治理对象、要素、资源和工具有机地连接起来，实现万物互联、人机互联、人人互联。这种连接不仅促进了乡村治理各要素的整合，还提高了政府处理问题的效率，形成了紧急动员的能力圈。数字技术的应用重塑了治理流程，提供了一站式的公共服务体系，提升了服务质量。此外，互联网的本质在于连接，它连接了人与人之间的社会关系，使村民能够通过新媒体渠道交流，建立新的社交关系，提高了社交互动的质量。

内容与关系的融合是乡村数字治理的第三个关键要素。传播活动在本质上是人际活动，其成功依赖于内容与关系的相互交织。社交媒体的兴起与发展，实现了信息和用户的汇聚，产生了内容与关系的双向生成机制。社交媒体不仅生产多样内容，引导社会思想走向，还赋予个体创造、生产和传播内容的能力，实现了关系的赋权。在乡村数字治理背景下，新兴媒介如“乡村钉”为普通村民提供了参与治理的平台，使他们能够在线参与村庄公共事务的讨论，形成协作关系，进行集体行动。这种融合不仅建立了与村民的关系，还提供了高质量的内容生产，推动了乡村社会关系的新型多样化发展。

技术与结构的融合是乡村数字治理的深层次体现。信息技术与组织结构之间存在着复杂的相互作用关系。技术发展的内在逻辑推动了组织结构的变化，促进了社会经济的发展。在乡村数字治理中，数字技术的介入推动了管理体制的重塑，形成了全新的治理结构。技术的应用带来了治理模式的变革，要求支持其的是扁平化和网络化的组织结构。乡村数字治理突破了传统的横向协作和纵向分工的结构，通过制度调整形成了动态、协调的组织结构，实现了技术与组织的融合。这种融合需要政府组织文化和领导者具备高水平的数字智慧，以确保系统功能得到最大化利用，提高技术赋能水平。

三、乡村数字化治理的运行逻辑

乡村数字化治理的运行逻辑是一个复杂而精细的过程，它涉及平台建设、数据利用、主体互动以及空间与活动的融合等多个方面。

首先，数字信息系统的建设和完善是实现乡村智能治理的基础。这些系统为治理平台提供了必要的数据整合和计算资源。在这个过程中，政府、社区组织、村民和数据科学企业等多方主体通过不同的信息渠道向治理平台供应数据。数据作为信息的载体，拥有巨大的潜在价值，而数字治理平台则是挖掘这些数据价值的关键工具。这些平台通常基于地理信息技术，整合了电子地图、遥感影像、三维实景地图等多维度空间数据以及各种感知设备，构建起一个物联感知网络，实现乡村治理的可视化。同时，平台还强调数据的采集与共享，通过需求驱动的数据采集和共享方式，推动数据的应用，辅助管理决策，提供便民服务，并实时监测乡村状况，以更好地满足村民的需求。

其次，在乡村数字化治理的过程中，主体与心智的交互融合起着至关重要的作用。数字技术的赋权效应使得原本在乡村治理中相对无权的个体能够重新获得话语权，重塑了村民的主体性，推动了乡村治理从传统的政府权威治理向多元协同治理的转变。在这个过程中，不同治理主体的数字心智成熟程度对数字化治理的效果有着直接影响。乡村数字治理的核心在于以人为本，提供优质服务，这要求各治理主体调整心态，增强责任感。政府需要重塑服务价值，村民需要强化民主参与意识，而数据科学企业则需要明确社会责任感，共同推动乡村数字化发展。

最后，空间与活动的互构是乡村数字化治理中不可或缺的一部分。社会活动的进行依赖于特定的空间环境，而数字技术的发展为乡村公共空间的概念带来了新的内涵。虚拟空间成为现实乡村公共空间的延伸，为村民提供了一个便捷的互动和交流平台。线上的互动不仅能影响线下活动，还能够促使线上的热点问题转化为现实中的集体行动。这种线上与线下的持续互动，重构了乡村公共空间，扩大了乡村治理的范围，使得治理活动能够更加有序地进行，问题的反馈和解决也变得更加及时有效。

乡村数字化治理的运行逻辑是一个涉及多方面因素的综合性过程。它要求我们在平台建设、数据利用、主体互动以及空间与活动融合等方面进行深入探索和创新实践，以实现乡村治理的现代化和智能化。通过这一过程，可以有效地提升乡村治理的效能，增强村民的参与度和满意度，促进乡村社会的和谐与发展。

第四节　数字乡村治理的发展目标

一、实现由“以农为本”向“以民为本”的转变

在中国的历史和发展中，农业一直扮演着核心角色，农民一直是主要的人口群体。在传统农业社会中，农村是国家财政的支柱，农村社会治理依赖于村庄自组织和乡村精英的领导。然而，随着城市化、城乡一体化和政策改革，乡村治理的方向正在经历重大的变革。

随着城乡统筹和一体化发展的推进，农村的治理结构和目标必须与时俱进。农村治理的核心主体应当是乡村居民，而非仅仅局限于农民。农民和非农居民应当享有平等的公民权利，并共同参与乡村治理。这一改变将有助于建立更加平等和包容的乡村社会治理结构，使农村居民的多元需求得到更好的满足。数字乡村治理是实现这一目标的有力工具。数字技术的广泛应用可以提高信息共享、公共服务的可及性，加强乡村社区的参与和自治能力。

这一新兴领域的发展将为农村居民提供更多机会，使他们能够更有效地参与乡村事务，提高生活质量，同时也推动农村社会治理朝着更加民主、公平和高效的方向发展。因此，乡村数字治理是实现由“以农为本”向“以民为本”转变的关键步骤，有望为中国乡村社会治理的现代化和可持续发展带来新的机遇。

二、实现从“立足群体”到“立足个体”的转变

随着社会变革和现代化进程，乡村居民的社会角色和需求发生了重大变化。传统的农村社会组织和管理方式，通常基于农民的集体身份、血缘关系以及地缘文化联系，已逐渐失去了适应性。因此，迫切需要建立更适应现代乡村社会特点的基层治理体系。

未来的乡村治理将直接涉及独立自主的乡村居民个体。这些个体将以独立的公民身份积极参与基层社会治理，独立思考和行动，使乡村治理更加灵活和多元化。数字乡村治理为此提供了有力支持，通过数字技术和信息化工具，居民个体能够更容易地参与乡村事务、监督决策、获得信息和资源。数字化工具的广泛应用有助于实现乡村治理的个体化，满足居民多元化的需求，提高参与度和民主性。乡村

数字治理不再依赖于传统的集体身份，而是依靠公民的个体权利和责任，实现更加平等和包容的决策过程。

这一新的治理模式有望使乡村社会更加灵活、开放和适应变革，更好地满足居民的多元需求，推动乡村社会朝着更加个体化和现代化的方向发展。因此，乡村数字治理将有助于实现从“立足群体”到“立足个体”的治理模式转变，促进乡村社会治理的可持续发展。

三、实现从“封闭管理”到“开放治理”的转变

随着中国改革开放的持续深化和城镇化进程的快速推进，农村社会结构和特点发生了深刻的变革。大规模的农民进城务工和城乡人口流动加速了农村社会的多元化和开放性。传统的村庄自治组织在满足居民需求和提供公共服务方面显得力不从心。

在城乡融合发展的背景下，乡村数字治理必须摒弃封闭式管理的模式，迈向更加开放、多元、包容的治理方式。这意味着乡村社会治理需要从“政社合一”或“政社分设”的村民自治体制中解放出来，更加积极地引入多元利益相关者，包括政府、社会组织、企业、居民等，共同参与乡村公共管理和决策制定。乡村数字治理不再依赖封闭的村级组织，而是通过数字化工具和信息技术，将治理资源和信息开放给所有居民，使他们能够更广泛地参与决策和管理过程。这一开放治理模式有助于确保农村居民享有与城市公民同等的公共事务参与权、管理权和决策权，以及平等的公共服务。

数字技术的广泛应用使乡村治理更加透明、民主、高效，促进了政府、居民和社会组织之间的协同合作。开放的治理方式也有助于推动乡村社会的发展，吸引更多资源和机会进入农村，促进了农村与城市的互动与共享，为乡村振兴战略的实施提供了坚实支持。因此，乡村数字治理将有助于实现从“封闭管理”到“开放治理”的治理模式转变，促进了乡村社会治理的现代化和可持续发展。

四、实现从“礼俗规范”到“依法善治”的转变

较长时间内，中国乡村社会一直以传统的礼俗规范和道德约束为基础，通过熟人社会的方式管理和组织社会关系。这种模式在中国乡村社会发展中起到了积极的作用，但随着城乡融合、社会变革和法治意识的提高，传统的礼俗规范逐渐显得不够规范和有力。随着城乡二元结构制度的破除，乡村社会与城市社会变得日益相似，而城市社会通常依靠法治框架和法律规范来管理社会秩序。因此，在乡村社

会治理中，从“礼俗规范”向“依法善治”的过渡是必然趋势。这需要建立更为规范和制度化的基层治理框架，依法约束各方行为，确保社会井然有序。

乡村数字治理为这一转变提供了重要支持。通过数字技术，可以建立法律法规的普及与宣传平台，使乡村居民更好地了解并遵守法律法规。数字化系统可以提供法律援助和纠纷解决机制，使乡村居民能够通过法律途径解决争议。

此外，数字治理还可以协助建立并监督村级组织的选举和决策程序，确保其合法性和公平性。通过数字乡村治理，乡村社会能够更好地依法善治，建立更为规范和制度化的治理体系，促进乡村社会的法治化发展，确保乡村社会秩序的稳定和可持续。这一转变将有助于乡村社会的现代化和可持续发展。

五、实现从“权威治理”到“民主治理”的重大变革

在传统的农村社会中，乡村治理常常以权威和专制为主导，小农思想和保守的乡村文化使得权威体制占据主导地位。这种体制的形成和延续通常依赖于自然环境、血缘家族、地缘村落以及传统权威的影响，导致乡村社会长期保持孤立、分散、封建、保守和滞后的状态。然而，随着数字化技术在乡村社会的推广和运用，民主治理理念逐渐成为现代乡村治理的关键要素。数字乡村治理可以为广大乡村居民提供更多的参与渠道，使他们能够更直接地参与村庄事务的决策制定和管理。

数字技术提供了在线投票、网络意见征集和政策建议平台等工具，有助于促进乡村民主治理的实践。村民可以更便捷地表达自己的观点、需求和意见，参与村庄事务的决策过程。数字乡村治理也有助于监督和透明治理的实现。通过数字化数据记录和信息共享，村庄事务的管理更加透明和公开。这有助于避免权力滥用和腐败问题，提高决策的公平性和合法性。

因此，乡村数字治理的推动有助于实现从传统的“权威治理”向现代的“民主治理”的重要过渡。数字技术为乡村居民提供了更多的权力和渠道，以更直接、透明和民主的方式参与乡村事务的管理和决策制定。这一变革有望推动乡村社会治理的现代化和民主化发展，为乡村社会的可持续发展创造更有利的条件。

六、实现从传统的“城乡分治”向“城乡融合”的重大改革

历史上，我国采用城乡二元户籍制度，将农村居民与城市居民严格区分，并将其纳入不同的政策框架。这一制度不仅在社会、经济和政治层面产生了分歧，还导致了资源配置、公共服务的不均等问题。然而，近年来，我国政府已经采取了一系列改革措施，力求打破城乡二元体制，实现城乡一体化发展。最显著的变革是户口

制度改革，取消了“农村户口”和“城市户口”，将所有居民都纳入居民户口范畴，这标志着城乡二元制度的退出。这一改革有助于减少社会分化，促进城乡居民的平等，加强城乡之间的互动与融合。

数字乡村治理将在城乡融合发展过程中发挥关键作用。通过数字技术，乡村和城市居民可以更自由地参与城乡事务，享受平等的公共服务。数字化平台为城乡居民提供了资源共享、信息互通和社会互动的机会，有助于消除城乡分歧，促进资源配置的优化和公共服务的均等化。

可见，乡村数字治理的推动有助于实现从传统的“城乡分治”向“城乡融合”过渡。数字技术为城乡居民提供了更多的权力和渠道，以更自由、平等、透明和融合的方式参与城乡事务的管理和决策制定。这一变革有望推动城乡社会的平等化，为全面建设社会主义现代化国家创造更有利的条件。

七、实现从传统的“乡镇分治”向“村镇融合”转型

我国政府提出城乡一体化发展的战略，这意味着城乡规划、建设和管理必须适应融合发展的需要，摒弃城乡分治和重城轻乡的模式，迈向城乡一体和村镇融合的新格局。随着农村社会的不断流动、开放、分化和多元化，农民的公共需求和行动能力也呈显著增长趋势。村镇居民日益平等、融合、一体化，传统的乡镇分治模式将逐渐不再适用。这一背景下，乡村数字治理应成为重大的变革引领者，推动乡村治理体系、结构、功能和方式的革命性改变。

数字技术可以为村镇居民提供更便捷、平等的公共服务，促进农村地区的基础设施建设和社会管理的现代化。数字化平台有助于村镇居民参与决策和管理，推动资源配置和社会服务的均衡分配，消除城乡差距，实现更为平等的社会发展。因此，乡村数字治理的推动有助于实现从传统的“乡镇分治”向“村镇融合”的转型。数字技术将村镇居民与城市居民连接起来，提升农村地区的社会治理水平，为全面建设社会主义现代化国家创造更有利的条件。这一变革有望推动村镇社会的平等化，促进城乡一体化发展，实现共同富裕的宏伟目标。

第三章　数字乡村治理体系的构建

第一节　新型基础设施建设

一、数字乡村治理物质基础

数字乡村物质基础主要体现在新型基础设施的广泛部署和应用上，包括但不限于高速宽带网络、移动通信（特别是 5G）、物联网、云计算中心、大数据平台等。这些基础设施的建设为乡村提供了必要的数字连接，使得信息获取、传输、处理更加高效快捷，为乡村治理的数字化转型打下了坚实的基础。例如，通过铺设光纤和建设 5G 基站，确保偏远地区也能接入高速网络，为智慧农业、远程教育、电子政务等应用场景提供可能。

乡村数字化治理的物质基础是实现农村地区数字化转型的关键，它涵盖了一系列技术和工具，这些技术和工具支撑着信息管理、政府服务、农业、医疗、教育以及社会治理等多个领域的现代化。

1. 政务信息化平台

政务信息化平台是乡村数字化治理的基础设施之一，它为政府部门的日常管理、信息共享、电子政务服务和政策决策提供支持。这些平台以安全性、可扩展性、信息互联互通和提高政府决策效率为特点，广泛应用于政府办公室、政府服务中心和数字村务管理系统等场所。

2. 智能村务管理系统

智能村务管理系统是乡村治理数字化的另一项重要设施，它使得村务管理、公共服务提供和信息归档更加高效。这些系统易于使用、支持决策制定、允许远程访问，并提高了村务管理的透明度，常见于村庄办公室和数字村务管理系统。

3. 数字公共服务中心

数字公共服务中心则为农村居民提供了获取政府服务、社会保障、卫生和社会事务等服务的途径。这些中心以多功能、一站式服务、在线申请和便民性为特点,提高了服务效率,使用场所包括村庄公共服务中心和数字化服务窗口。

4. 数字农业设施

数字农业设施的应用提高了农业生产效率,并实现了智能农业决策。包括气象监测设备、土壤监测设备和智能农机在内的设施,以数据驱动、智能化、提高决策精度和农产品产量为特点,广泛应用于农田、农业合作社和农村机械维修站。

5. 数字医疗保健设备

数字医疗保健设备为农村地区提供了医疗服务、电子病历管理和居民健康监测等。远程医疗设备、电子病历系统和健康监测设备以远程医疗、个性化治疗、电子病历存档和健康数据追踪为特点,使用于村庄卫生站、远程医疗中心和家庭。

6. 数字教育设施

数字教育设施包括数字教室、在线教育平台、电子教材和课程资源,它们以提供灵活的学习方式、支持远程教育、便于更新和共享教育资源为特点,应用于学校、教育培训中心和家庭学习环境。

7. 数字社会治理设备

数字社会治理设备,如社会治理信息化设备、社区网格化管理系统和远程监控设备,以提高社会安全、提供实时监测、优化城市管理为特点,使用于社区、城市治理中心和交通枢纽。

8. 数字化农村金融设备

数字化农村金融设备,包括 ATM 机、移动支付终端和数字银行服务设施,以提供便捷金融服务、降低金融服务障碍为特点,服务于银行、农村合作社和村庄金融服务站点。

9. 能源管理和资源监测设备

能源管理和资源监测设备,如太阳能发电系统、生物能源设备、能源储存系统和环境监测设备,以可再生能源利用、能源存储、环境保护和监测为特点,服务于村庄、家庭和能源设施。

10. 数字化交通和物流设备

数字化交通和物流设备,包括智能交通信号、物流跟踪系统和智能交通管理设备,以提高道路安全、减少交通拥堵、优化物流为特点,应用于道路、交通枢纽和物流中心。

11. 社交和信息共享平台

社交和信息共享平台,包括社交互动平台和数字社交媒体应用,以促进社区互动、信息共享、支持合作和交流为特点，服务于社区、村庄和数字社交平台。

这些物质基础共同构成了乡村数字化治理的坚实框架，为农村地区的全面现代化提供了必要的技术支持和设施保障。

二、乡村信息化数字化标准

建立统一的信息化数字化标准体系是实现数据互联互通、服务协同的基础。这包括数据采集、存储、交换的标准，以及应用接口、安全防护等方面的规范。标准化工作有助于减少信息孤岛，提升数据的可用性和价值，为乡村治理提供准确、及时的信息支持。例如，制定农业物联网设备数据采集标准，确保不同厂商设备间的数据可以互认互通，为农业生产的精准管理提供便利。乡村信息化数字化标准构成了农村地区数字化转型的基础架构，这些标准覆盖了产业、文化、治理、公共服务和环境监测等关键领域。

1. 乡村产业数字化标准

此标准包含三个核心部分。首先，农村电子商务标准关注于农产品的仓储物流数字化、交易安全、质量认证和冷链体系建设，确保农产品在数字化环境下的高效、安全和可追溯性。其次，乡村智慧旅游标准通过在线信息发布、推广、在线体验和监管服务，推动农村旅游业的数字化发展，提升游客体验和管理效率。最后，农村数字金融标准包括评估授信准则、信贷系统建设、农业保险和金融服务便捷化，以满足农村地区的金融需求并提高服务效率。

2. 乡村文化数字化标准

通过数字化手段保护和传承乡村文化。县级融媒体中心建设标准规范了媒体资源整合和平台建设，提升了媒体服务功能，促进了信息传播效率。乡村文化资源数字化标准则关注农耕文化、乡村文物等的数字化处理，包括数字文物资源库建设和文化资源的数字化展示。乡村公共文化服务数字化标准则规范了数字博物馆、非物质文化遗产网等平台的建设，推动文化服务的数字化发展。

3. 乡村治理数字化标准

涉及党建、政务服务、村务管理、法律服务、社会治理、公共安全管理和智慧应急管理等方面。这些标准通过信息技术的应用，提高治理效率、透明度和公众参与度。具体来说，乡村“互联网＋党建”标准规范了信息技术在党建工作中的应用，提高了工作效率。乡村“互联网＋政务服务”标准推动了政务服务的线上线下一体化和“一网通办”。网上村务管理标准和乡村“互联网＋法律服务”标准则分别提升了村务公开透明度和法律服务的便捷性。乡村社会治理信息化标准和乡村公共安全管理数字化标准利用数据挖掘、人像比对等技术提高社会治理的科学性和公共安全管理水平。智慧应急管理标准则规范了信息技术在风险监测、预警和应急资源调配中的应用。

4. 乡村公共服务数字化标准

通过信息技术的应用，全面提升乡村地区在教育、医疗健康、人力资源和社会保障等领域的服务效率与可达性。具体而言，乡村"互联网＋教育"标准致力于整合网络教育与信息技术至乡村学校，同时着重于提升教育工作者与学生的数字化能力，包括教学、评价、生活服务的信息化，网络课程开发，以及乡村教师的信息化教学和数字化培训，确保在线教育质量，并培育具备数字化技能的新型农民。乡村"互联网＋医疗健康"标准则关注医疗信息的互联互通，推动远程医疗服务和智慧养老平台的建设，包括电子病历和检查检验报告的互认，医疗卫生机构信息化评级，远程医疗服务和会诊系统建立，养老服务场所信息化，以及电子健康档案和智慧养老服务的发展。乡村"互联网＋人社"标准规范人力资源和社会保障服务，涵盖城乡居民基本养老保险、社会保险服务，农村劳动力就业和职业培训，以及社会保障卡信息平台建设，提高服务普及性和便捷性。信息无障碍和适老化标准专注于为老年人、残疾人等特殊群体提供无障碍信息服务，包括智能设备的适老化设计和自助信息服务的支持。乡村信息服务站点整合标准则致力于整合农村地区的政务、生产、生活、金融、物流等领域信息服务站点和设施，推动便民信息服务站点共建共用，实现自助服务终端和涉农信息服务的整合，以提升信息服务的综合性和便利性。

5. 乡村环境监测数字化标准

通过应用前沿技术手段，增强农村环境监管和保护的效率与效果。具体来说，农村人居环境监测信息化标准致力于利用高清视频监控、物联网技术、人工智能算法和图像识别等工具，实现对农村生活垃圾管理、黑臭水体识别、生活污水处理、取暖活动产生的废气排放、地表水环境状况以及饮用水水源安全等方面的有效监管。这些技术的整合应用，能够为农村人居环境的整治和持续改善提供强有力的数据支持和实时监控能力。而农村生态保护信息化标准则进一步规范了物联网传感设备、人工智能、卫星遥感和高清视频等技术在更广泛农村生态环境监测领域的应用，包括但不限于农田土壤和水质监测、农业生产过程中的污染物排放控制、农业废弃物的合理处理与利用、农作物秸秆焚烧点的及时识别与监测，以及对农业生态环境关键指标进行系统的数据采集和分析。这些措施共同构成了一个全面的数字化监管网络，旨在促进农村生态环境的可持续发展和保护。

这些标准的制定和实施，不仅为乡村信息化数字化提供了明确的方向和规范，而且为推动乡村全面振兴和可持续发展提供了坚实的支撑。通过这些综合性的标准体系，乡村地区能够更好地利用数字化手段，提高生产效率，保护和传承文化遗产，优化治理结构，提升公共服务质量，并实现环境的可持续管理。

三、数字基础设施升级行动

数字基础设施升级行动旨在不断提升乡村现有设施的性能和服务能力，引入更先进的技术，比如边缘计算、人工智能等，以应对乡村发展新需求。此行动涉及对现有网络的提速扩容、数据中心的绿色节能改造以及智能感知设备的广泛部署等，旨在构建一个高效、智能、可持续的乡村数字生态系统。数字基础设施升级行动是实现乡村数字化治理的关键步骤，其目的是通过优化和升级信息基础设施，实现更智能化的农村管理和服务。

1. 优化乡村信息基础设施

这涉及持续改善电信服务、推广 4G 网络、逐步引入 5G 和千兆光纤网络等方面，确保乡村地区与城市享有同等的高速互联网接入。此外，智能农村广电网络的建设将提供信息服务和支持公共服务互动。同时，推动农村信息服务站点的整合，以提供多样化的服务，并鼓励开发适应农村需求的技术产品。

2. 传统基础设施的数字化改造

这包括农村公路管理的数字化，使用电子地图和数据统计提升道路管理质量；农村电网的数字化改造，确保电力供应的可靠性；水利工程的智慧化，提高水资源管理和洪水预警的效率；以及农产品冷链物流设施的建设，确保农产品的质量和安全。

3. 农业农村大数据的建设应用

建立农业数据资源目录，构建全国农村数据资源的整体视图，推进全产业链大数据建设，提升数据分析和应用能力。同时，建立大数据标准体系，加强数据的采集、传输、存储、共享和安全，建立市场监测预警体系，以及推动数字化农田监管平台的建设。

4. 建设综合的农业观测网络

这包括农业天基网络的建设，利用卫星和无人机进行农田监测，以及航空观测网络的整合，提升数据采集和应急响应能力。

5. 推动农业生产的数字化改造

这包括智慧农场和智慧牧场的建设，无人农场试点的推进，数字育种技术的推广，以及农产品质量安全追溯管理信息平台的建设。

6. 加速智慧农业技术创新，集中力量研发关键技术

包括专用传感器和信息获取技术，智能农机装备，以及无人驾驶拖拉机、精密播种机械等关键技术的突破。

7. 强化农业科技信息服务，建立完备信息平台

强化农业科技信息服务，支持培育信息综合服务企业，建立科技特派员的信息服务平台，提供数据驱动的农业社会化服务，支持在线指导和经验交流。

通过这些措施，数字基础设施升级行动将为乡村地区带来更高效、智能的管理和服务，推动乡村治理体系和治理能力的现代化。

四、智慧能源与环保设施建设

在数字乡村治理的新型基础设施建设中，智慧能源与环保设施是不可或缺的一环。这包括分布式光伏、智能微电网、环保监测系统的部署，以及垃圾分类与资源回收数字化管理等。通过集成物联网技术，实现能源的高效利用和环境质量的实时监控，推动乡村向绿色低碳转型。例如，利用智能电表和数据分析优化乡村能源分配，减少浪费，同时借助环境监测传感器网络，对水质、空气质量等进行精准监控，保障乡村生态环境质量。

1. 智慧能源系统的构建

智慧能源系统的建设旨在通过先进的信息技术，优化能源的生成、分配和消费。这包括使用智能电表来收集用电数据，通过数据分析预测能源需求，实现能源的精细化管理。此外，智能微电网技术能够使乡村地区在电网不稳定或断电情况下，通过分布式能源资源（太阳能、风能等）维持电力供应，增强能源安全。

2. 环保监测系统的部署

环保监测系统利用传感器网络对乡村环境中的关键指标进行实时监测，如空气质量指数（Air Quality Index，AQI）、水质状况、土壤污染等。这些数据通过物联网传输至中央监控平台，便于及时识别环境问题并采取应对措施。例如，水质监测传感器能够及时发现水源污染，保障农村饮水安全。

3. 垃圾分类与资源回收数字化管理

数字化管理手段被应用于垃圾分类与资源回收，提高回收效率和准确性。通过建立数字化的垃圾分类指导和追踪系统，鼓励和引导村民参与垃圾分类，同时确保回收流程的透明化和高效化。利用大数据分析，可以优化回收资源的分配和处理，减少资源浪费。

4. 推动绿色低碳转型

智慧能源与环保设施的建设有助于推动乡村地区向绿色低碳经济转型。通过优化能源结构，推广清洁能源的使用，减少对化石燃料的依赖，降低温室气体排放。同时，通过提高能源使用效率和推广节能技术，减少能源消耗，促进乡村经济的可持续发展。

5. 环境教育与社区参与

智慧能源与环保设施的建设不仅仅是技术层面的更新，也需要乡村社区的广泛参与和支持。通过环境教育提高村民的环保意识，鼓励他们参与到能源节约和环境保护的实践中来。利用社区广播系统、在线教育平台等工具，普及绿色生活方式和环保知识。

6. 政策支持与激励机制

政府在智慧能源与环保设施建设中扮演着重要角色。通过制定相应的政策和激励机制，如税收优惠、补贴政策、绿色信贷等，鼓励乡村地区采用智慧能源和环保技术。同时，通过立法手段确保环保标准的执行，为乡村绿色转型提供法律保障。

7. 跨领域融合与创新

智慧能源与环保设施的建设需要跨学科、跨领域的知识和技术融合。例如，结合地理信息系统与环境监测技术，可以更准确地评估环境风险和资源分布。此外，创新技术如区块链可以用于确保能源交易的透明度和安全性。

通过上述措施，智慧能源与环保设施的建设将为乡村地区带来更加清洁、高效、可持续的能源使用模式，同时保护和改善乡村的生态环境，为实现乡村经济的长期可持续发展奠定坚实基础。

五、数字安全与数据保护体系构建

伴随数字乡村治理的深入，信息安全与个人数据保护成为必须重视的问题。构建涵盖数据加密、访问控制、安全审计、应急响应等在内的综合数字安全与数据保护体系，对于维护乡村数字生态的健康运行至关重要。这要求在基础设施建设初期就考虑安全设计，如采用国产加密算法保护数据传输安全，建立数据分级分类管理制度，确保村民个人信息和乡村治理数据的安全，防止数据泄露或被非法利用，从而构建起乡村数字化转型的信任基石。

1. 安全基础设施的早期嵌入

在乡村数字化基础设施建设的初期，必须将安全设计作为核心考量。这意味着从网络架构、数据处理中心到终端设备，都需要采用高标准的安全措施。例如，使用国产加密算法来保护数据传输过程中的安全，确保数据在传输过程中不被截获或篡改。

2. 数据加密与访问控制

数据加密是保护存储和传输中数据安全的重要手段。通过实施强加密标准，可以防止未经授权的访问和数据泄露。同时，建立严格的访问控制机制，确保只有授权用户才能访问敏感数据，从而保护村民的个人信息和乡村治理数据。

3. 数据分级分类管理

对数据进行分级分类管理，根据数据的敏感性和重要性，制定不同的保护措施。这有助于集中资源和注意力于最需要保护的数据上，同时也提高了数据管理的效率和针对性。

4. 安全审计与监控

建立安全审计机制，定期对乡村治理的数据使用和访问进行审查，确保所有操作都符合安全政策和法规要求。同时，部署实时监控系统，以便及时发现和响应潜在的安全威胁。

5. 应急响应机制

构建应急响应计划，以便在数据泄露或安全事件发生时迅速采取行动。这包括建立应急响应团队、制定详细的应对流程和预案，以及进行定期的演练，确保在真实事件发生时能够迅速有效地响应。

6. 数字安全教育与培训

提高乡村居民和治理人员的数字安全意识至关重要。通过教育和培训，普及基本的网络安全知识，如密码管理、识别网络钓鱼攻击等，增强乡村社区对网络安全威胁的认识和防范能力。

7. 法律法规与政策支持

制定和完善相关法律法规，为数字安全与数据保护提供法律基础。这包括对个人数据保护、网络安全和网络犯罪的明确规定，以及对违规行为的处罚措施。

8. 跨部门协作

数字安全与数据保护需要跨部门的协作和信息共享。建立跨部门协作机制，确保在乡村治理的不同领域和层面上，都能够实现对数据的安全保护。

9. 技术更新与迭代

随着技术的不断进步，数字安全威胁也在不断演变。因此，乡村治理的数字安全体系需要定期更新和迭代，以应对新出现的安全挑战。

10. 社区参与与透明度

鼓励乡村社区参与到数字安全与数据保护的实践中来，提高政策的透明度，让村民了解他们的数据如何被收集、使用和保护。这有助于建立村民对数字乡村治理的信任。

通过这些措施，可以构建一个全面、综合的数字安全与数据保护体系，为乡村数字化转型提供坚实的安全保障，确保乡村数字生态的健康、稳定运行，并建立起乡村数字化转型的信任基石。

第二节　数字素养的培养与提升

一、数字素养的基本界定

数字素养是一个多维度的概念，自 Gilster 首次提出以来，随着信息化进程的深入发展，其定义和内涵不断演化和扩展。Eshet-Alkalai 认为数字素养是一系列复合技能，不仅包括基本的图像、视频处理能力，还涵盖超媒体操作、信息甄别、社会情感以及实时思考等多方面的技能。Marin 则将数字素养视为一个动态的过程，强调了个体在不断学习和实践中，对数字工具的熟练使用、数字资源的合理利用、新知识的构建、媒体表达的创新以及与他人的有效沟通等能力的重要性。数字素养不仅关乎技术操作，还包括认知、情感和社交等多方面的技能。

在国际层面，数字素养被普遍视为 21 世纪公民的核心能力之一。欧盟委员会将数字素养细化为信息、交流、内容创建、安全和问题解决五个领域，而英国联合信息系统委员会则提出了一个包含信息通信技术、数据与媒体理解、数字创作与创新、数字交流与合作、数字学习与发展、数字身份与健康等六个方面的数字能力框架。这些框架反映了数字素养在不同领域的应用和重要性。

数字素养的形成是一个渐进的过程，虽然个体的先天因素在一定程度上影响了数字素养的水平，但更多的是通过社会实践和经验积累而发展起来的。因此，数字素养是一个动态的、不断发展的概念，它体现了个体对数字化环境中信息、技术、趋势的理解和应用能力。

在数字乡村建设的背景下，数字素养的概念更为广泛，涉及政府、企业和农民等多个主体。政府的数字素养直接影响其制定和实施数字乡村建设政策的能力；企业的数字素养则关系到其提供技术支持和服务的水平；而农民的数字素养则包括他们对数字技术的接受度、使用能力和相关技能的掌握。提高农民的数字素养需要通过持续的培训和实践来实现。

数字素养的提升对于数字乡村建设至关重要，它不仅影响着各主体在数字化环境中的行为和决策，也是推动乡村数字化转型的关键因素。因此，加强数字素养的培养和提升，是实现数字乡村治理现代化和促进乡村振兴战略实施的重要途径。

二、数字素养的必要性

数字素养在数字乡村治理中的必要性不言而喻，它是推动乡村数字化转型和实现可持续发展的关键因素。

首先，数字素养对于创设数字乡村治理政策生态至关重要。自《数字乡村战略要点》发布以来，我国数字乡村建设步入了全面推进的新阶段。政府在这一进程中发挥着主导作用，需要通过制定综合政策、合理规划资源配置，并更新法律法规来营造一个有利于数字乡村建设的政策环境。这要求政府具备高水平的数字素养，以便深刻理解数字乡村建设的发展理念、现状、规律和实施路径，从而制定出科学、合理和可持续的数字乡村建设政策，确保数字乡村建设的有序进行。

其次，数字素养为提供坚实的技术支持打下基础。数字乡村建设不仅需要政策的引导，更离不开技术的支撑。数字技术的广泛应用已经成为推动农村社会数字化改革的主要动力，促进了农村电子商务、网络直播等新业态的发展，为农村经济的繁荣注入了新的活力。数智企业作为技术的提供者和创新者，其数字素养的高低直接影响到数字乡村建设的技术供给水平。因此，提升数智企业的数字素养，对于构建完善的数字基础设施、实现数字乡村有效运行具有重要意义。

最后，数字素养为提供有效的数字乡村应用路径提供了保障。数字化农村的根本目标是提升农民的生活质量、促进农村经济的发展和提高农村治理的效率。要实现这一目标，数字乡村建设必须以人民为中心，建立与乡村人口知识结构相适应的发展模式，满足农民最迫切的需求。农民的数字素养水平决定了他们能否有效参与数字乡村建设，分享数字化带来的红利。因此，提高农民的数字素养，对于推动数字乡村建设的应用落实、满足农民对美好生活的追求具有重要作用。

数字素养在数字乡村治理中发挥着至关重要的作用。政府、企业和农民等不同主体的数字素养水平，共同影响着数字乡村建设的成效和农村数字化的吸引力。提升各主体的数字素养，是实现数字乡村治理现代化、推动乡村振兴战略实施的关键途径。

三、乡村数字素养的现状

乡村数字素养的现状是一个复杂的现象，它既包含了显著的成效也面临着一定的不足。

首先，从成效方面来看，政府对数字乡村建设的认识有了显著提升。在政策决策和实施过程中，政府各部门积极贯彻数字农村发展战略，强调数字化发展的战略地位。2021年的《全网城农村发展水平评价报告》显示，政府部门在数字农村发展水平评价工作中表现出高度重视，自愿参与的县城数量不断增加，实现了全覆盖，提高了数据质量。这种认知的提升为数字乡村建设提供了坚实的政策支持和指导。

数智企业的积极参与也为数字乡村建设带来了活力。企业如阿里巴巴、拼多多、联想、网易、京东、华为等，它们将数字技术、实践经验等应用于农村数字化进程，从不同维度提供技术、资金和人才等支持，推动了数字乡村建设的发展。此外，农民的数字素养也在逐步提升。随着互联网普及率的增加和智能手机的普及，农民对数字技术的熟悉度不断提高，这为他们参与数字乡村建设提供了更多机会，增加了农村数字化的吸引力。

然而，乡村数字素养的不足也同样明显。政府在数字乡村建设的具体实施过程中面临着挑战。一些地方政府对数字乡村建设的思路不够清晰，将其视为政治任务而非发展机遇，缺乏因地制宜的规划能力和应对潜在问题的知识与技能。数智企业在农村业务方面也存在陌生感。由于它们主要经营城市市场，对农村地区和农产品了解不足，这限制了它们在数字乡村建设中的作用。农民的数字化应用能力同样有待提高。一些农村地区的非网民比例较高，他们因技能不足、文化水平限制、设备缺乏和年龄因素等原因无法享受数字化服务带来的便利。

要推动数字乡村建设的顺利实施和乡村数字化转型，就需要政府加强数字素养，数智企业深入了解农村市场，帮助农民提高数字化应用能力，以满足农村地区对美好生活的需求，实现乡村振兴战略的目标。

四、提升乡村数字素养的对策

乡村数字素养是实现数字乡村治理现代化的关键因素，其现状的改善和发展需求促使我们必须采取一系列具体措施。

首先，成立数字乡村建设发展智囊团队是提升数字乡村治理水平的重要策略。考虑到数字乡村建设的复杂性和创新性，政府有必要组建一个由多领域专家组成的智囊团队。这个团队应涵盖来自高等院校、研究机构和政府部门的专业人士，他们将负责开展深入的政策研究、技术评估和战略规划实施。这样的跨领域合作将为政府决策者提供宝贵的见解和指导，帮助他们更全面地理解数字乡村建设的技术应用、政策制定和实施策略，从而有效应对数字乡村治理的挑战。

其次，政府数字素养培训计划的推进对于提升政府工作人员在数字乡村建设中的执行能力至关重要。政府工作人员，尤其是县域层面的县委书记和其他关键干部，需要深入理解数字乡村建设的战略和政策。为此，政府可以通过开设专题培训班、制定政策指南和提供在线培训资源来增强工作人员的数字素养。这些培训将提高他们对数字乡村治理复杂性的理解，并提供必要的操作指导。

再次，农民数字素养的提升是数字乡村治理成功的基础。政府应制定全面的农民数字素养提升计划，确保农村居民能够熟练使用数字技术，积极参与数字乡村建设。这可能包括提供数字技能培训、普及数字设备、推动数字化教育和在线资源的共享等。此外，政府可以与教育机构和社区组织合作，鼓励农村居民参与数字素养提升活动。

最后，数字素养培育需要财政支持。数字乡村建设，尤其是在基础设施和技术开发方面，需要大量的资金投入。政府应增加对数字乡村建设的财政支持，特别是对中西部地区和偏远农村地区。支持措施可以包括数字基础设施建设、数字技术研发和农民数字化培训计划等。同时，政府可以通过建立数字乡村发展基金、吸引投资和采用公私合作伙伴关系（Public-Private Partnership，PPP）模式来吸引更多资金，支持数字乡村建设。

第三节　治理主体的多元化

在乡村数字治理的多元体系中，“主体”扮演着至关重要的角色。这些主体，包括政府、村社、村民、数字化企业和社会组织等，通过相互作用、参与、改造和控制，共同构成了社会治理的核心力量。它们在组织网络结构中相互交织，协同工作以实现公共利益的最大化，并妥善处理共同利益与利益分歧。

一、政府角色

传统上，乡村治理以政府为主导，形成了“强政府”模式，但这往往导致村民对治理活动的冷漠。随着数字技术的引入，政府的治理方式正在发生变革。政府正逐步下放权力，增加个体和组织的自主权，促进不同主体间的互相学习和协作，推动乡村治理主体的扩展和治理结构的优化。

政府在数字乡村治理中承担着多重功能。首先，政府负责制定和规划数字乡村发展战略，确立数据管理政策，确保信息安全和隐私保护。其次，政府负责资源的分配，包括财政资金、技术支持和人力资源，以支持数字乡村治理的建设和运行。此外，政府还扮演着监管者的角色，确保法律法规的遵守，保障数据的合规使用和信息安全。政府还提供数字化公共服务，满足村民和社区的需求，并在数字化乡村治理中维护社会稳定，解决农村问题，处理冲突，确保乡村民众的安全感和满意度。

政府的角色还包括协调者和中介者，促进不同利益相关者之间的合作；作为监管者，确保数字化企业和社会组织的合法合规运营；作为服务提供者，为乡村居民提供必要的数字化公共服务。政府的权利和义务基于法律和法规，旨在维护公共利益，保障数字乡村治理的顺利进行。

在数字乡村治理的具体实践中，政府通过政策制定和宣传，投资和支持数字化基础设施建设，监管和执法以确保合规性，以及提供公共服务和社会调解，展现了其价值和作用。这些措施不仅提高了政府治理的透明度和效率，也增强了乡村居民的参与感和获得感。

二、村社角色

数字技术的广泛应用极大地改变了乡村治理的面貌，特别是在村社（农村社区）层面，这些变化为乡村社会带来了深远的影响。村社，作为乡村治理的基本单元，已经从传统的信息传达者和协调者，转变为数字化时代中的社会网络枢纽。它们利用互联网平台，组织和协调村庄事务，极大地促进了村民参与决策和讨论的机会。

在这一转型过程中，村社的功能得到了扩展和加强。它们不仅是社会组织与协调的中心，协调村庄内部的社区活动、村务管理和资源分配，而且还代表了村庄居民的共同利益，向政府及其他治理主体传达村民的声音和需求。此外，村社还管理和提供基础公共服务，如基础设施维护、社区活动和文化传承，以及领导和支持社区发展项目，推动村庄的可持续发展。

村社的角色也变得更加多元和关键。它们作为中介与协调者，架起了政府与村民之间的桥梁，协调农村事务，争取资源和服务。作为治理参与者，村社参与到村庄治理的各个方面，包括计划制定、决策和资源分配。同时，作为监督者，村社能够监督政府政策的实施，确保政府行为的合法性和透明度。作为社区建设者，村社致力于改善村庄的基础设施、公共服务和生活质量。

村社在数字乡村治理中的权利与义务也得到了明确。它们有权代表村民争取资源、权益和服务，制定内部规则和制度，向政府反映问题，以及提供基础的社区服务。这些权利和义务确保了村社在乡村治理中的积极作用和责任。

在数字乡村治理的具体实践中，村社的表现形式和价值作用体现在多个方面。作为信息中介，村社将政府政策、资源信息和村民需求传达给相关方，促进合作和问题解决。通过电子治理支持，村社利用数字技术提高村务管理的效率和透明度。同时，村社促进社区数字化参与，鼓励居民使用数字工具连接政府资源、获取服务和参与在线决策。此外，村社还利用数据分析和数字工具进行数据驱动的决策，更好地理解村庄需求，制定有效的发展计划和政策。

三、村民角色

在数字乡村治理的背景下，村民作为核心参与者，其角色和功能经历了显著的转变和扩展。数字技术的应用不仅加强了政府与村民之间的联系，而且为村民提供了更多参与社会治理的途径和手段。

首先，村民在数字乡村治理中的功能角色得到了显著增强。他们不再仅仅是被动的政策接受者，而是成为了决策过程中的积极参与者。村民可以通过各种数字化渠道，如村民代表大会和公民参与平台，参与到数字化项目计划、数据管理政策和数字化公共服务的设计中。这种参与不仅包括对政策的反馈和建议，也涵盖了对政策执行的监督和评价。

其次，村民在获取信息和利用信息方面的能力得到了提升。通过数字化工具，村民可以方便地获取农业技术、政府政策和市场价格等信息，这些信息对于提高他们的决策能力和改进农业生产和生活方式至关重要。同时，村民也可以通过数字化平台享受政府提供的在线教育、医疗咨询和政务办理等公共服务，这些服务极大地提高了他们的生活质量和便捷性。

再次，村民在社区建设中的作用也得到了加强。他们可以通过数字化工具参与到文化活动、环境保护和乡风文明建设等社区事务中，共同促进社会和谐。这种参与不仅增强了村民对社区的归属感和责任感，也有助于形成积极向上的社区氛围。在权利和义务方面，村民在数字乡村治理中的权利得到了明确和保障。他们有权参与治理的各个环节，有权获得准确和及时的信息，同时也有义务积极参与社区建设和维护社区的和谐与稳定。这些权利和义务的明确，为村民参与数字乡村治理提供了法律和道德上的支持。

最后，村民在数字乡村治理中的表现形式和价值作用也得到了体现。他们可以通过数字投票和在线意见反馈参与治理决策，可以通过农业 APP 和在线培训课程提高农业生产效率，可以通过社交媒体和在线社区参与社区活动，可以通过在线医疗咨询和远程教育提高健康和教育水平，也可以通过数字平台报告问题并进行监督举报。

村民在数字乡村治理中的作用日益凸显，他们的积极参与和互动对于推动数字乡村治理的有效实施具有重要意义。村民不仅是数字乡村治理的受益者，更是实践者和推动者。通过不断提升村民的数字素养和参与能力，可以更好地发挥他们在数字乡村治理中的作用，实现乡村治理的现代化和乡村振兴的目标。

四、数智企业角色

数智企业，作为乡村治理的新兴力量，正以其独特的技术优势和社会责任感，为乡村经济社会的数字化转型注入新动能。这些企业，以阿里巴巴、腾讯等为代表，凭借其技术驱动力和互联网精神，正成为推动乡村数字治理发展的“创新先锋”。

首先，数智企业在乡村治理中扮演多重角色。它们不仅是数字化服务的提供者，为乡村地区提供农业技术、智能农机、电子商务平台和数据分析等解决方案，帮助提升农业生产效率和居民生活质量；还是创新和技术的引领者，通过研发新技术和工具，支持乡村数字化转型。此外，数智企业在促进就业、推动经济增长方面也发挥着重要作用，为乡村地区的年轻人提供就业机会，促进经济多元化发展。同时，它们还负责数据管理和隐私保护，确保数据的安全性和合规性。

其次，在权利和义务上，数智企业享有商业自由和创新的权利，同时也承担着合规和法律遵守的义务。它们必须遵循数据隐私法、食品安全法等法律法规，确保其数字化活动合法合规。此外，数智企业还承担着社会责任和可持续发展的义务，需要在数字乡村治理中发挥作用，保护环境，提升社区生活质量。

再次，在数字乡村治理的表现形式和价值作用上，数智企业通过提供数字农业支持，如农业物联网、智能农机和农业数据分析，帮助农民提高生产效率，减少资源浪费。它们开发的数字化公共服务平台，如在线教育和医疗咨询，提高了村民的生活质量。通过创建数字化市场和电子商务平台，数智企业帮助农民拓宽销售渠道，增加收入和就业机会。

最后，数智企业还推动社会创新和可持续发展，促进社区经济繁荣和环境保护。在数据管理和安全保障方面，数智企业确保数据安全性，维护村民权益和数字乡村治理的可信度。

数智企业在数字乡村治理中扮演着至关重要的角色。它们不仅是技术提供者和创新者，更是乡村经济社会发展的重要推动者。通过它们的努力，乡村地区的数字化转型得以加速，为乡村振兴战略的实施提供了坚实的技术支撑和创新动力。同时，数智企业也需要在推动发展的同时，注重社会责任和可持续发展，确保数字乡村治理的长远效益和公平性。

五、社会组织角色

社会组织在数字乡村治理中扮演着不可或缺的角色，它们作为连接政府、企业、村民等不同主体的桥梁，对于推动乡村治理的现代化具有重要作用。

首先，社会组织作为民间组织和社区服务的提供者，通过教育、卫生、文化等多样化服务，满足村民需求，提升生活质量。它们还承担社会监督的角色，确保公共资源的合理分配和透明度。此外，社会组织促进社区建设和互助，通过活动和项目改善村民生活环境，同时也是信息传播和宣传的重要力量，推动数字技术的普及。

其次，社会组织拥有自由组织和运作的权利，能够自主决定组织结构和运作方式。它们参与数字乡村治理的民主决策过程，代表村民利益，参与政策制定和项目实施。社会组织有责任确保透明度和合法性，向社区和捐助者报告资金使用情况，同时承担提供社区服务、促进社区可持续发展的责任。

再次，社会组织通过数字化项目和社区服务，如在线教育、医疗服务、文化活动等，满足村民需求，促进社区发展。它们通过社会监督提高治理透明度和质量，组织公民参与，增强决策的合法性。数字教育和培训提升村民的数字技能，而社区活动和项目增强社区凝聚力，改善生活环境。

最后，社会组织在数字乡村治理中的作用不仅限于提供服务和监督，它们还通过促进多元主体之间的协同合作、整合利益、解决矛盾，推动实现互利共赢的治理格局。在互联网时代，这种社会关系的重构为村民提供了更好的相互联系平台，围绕共同议题和利益，共享信息、交流互动，共同推动公共行动，维护和发展乡村社会秩序。

随着数字技术的进一步发展和应用，社会组织将继续在乡村治理中发挥关键作用，通过创新服务模式、提升参与度、加强监督和透明度，为乡村社区的全面振兴和可持续发展贡献力量。通过这些努力，社会组织将帮助构建一个更加开放、包容、高效的数字乡村治理体系。

第四节　治理场域的拓展与深化

一、场景应用

2021 年 7 月 23 日印发并实施的《数字乡村建设指南 1.0》是由中央网信办、农业农村部、国家发展改革委、工业和信息化部、科技部、市场监管总局、国家乡村振兴局等部门相关司局组织编制并联合发布的指导性文件，其目的是为落实乡村振兴战略，推动数字乡村建设。该指南的主要内容有：

(1) 总体参考架构：提出数字乡村建设的宏观架构，涵盖信息基础设施、公共支撑平台、数字应用场景以及建设运营管理等关键环节。

(2) 信息基础设施：强调加强乡村宽带网络、移动通信网络、物联网等基础设施建设，提升乡村数字化接入能力。

(3) 公共支撑平台：提倡构建统一的数据共享交换平台、公共服务平台，以促进数据资源的有效整合和利用。

(4) 数字应用场景：鼓励发展智慧农业、农村电商、远程教育、远程医疗、智慧旅游等数字化应用，以提升乡村治理水平和居民生活质量。

(5) 建设运营管理：指导如何科学规划、组织实施和运维管理数字乡村项目，确保可持续发展。

该文件的发布与实施，体现了国家对乡村数字化转型的高度重视，并通过数字化手段促进农村经济社会全面发展，缩小城乡数字鸿沟，助力实现全面乡村振兴。各地方在推进数字乡村工作时，需结合本地实际情况，参照该指南进行具体实践。从《数字乡村建设指南 1.0》可以看出，数字应用场景主要包括“乡村数字经济、智慧绿色乡村、乡村网络文化、乡村数字治理、信息惠民服务”等内容。本质上，即一个“数字 N”的情境应用，体现为“数字经济、数字生态、数字文化、数字民生、数字治理”五大重点治理领域。

1. 数字经济领域的应用

在数字经济的背景下，乡村产业的振兴正通过数字生产的方式得到推动，这涉及农民的脱贫增收、农业的高质量发展、乡村产业的融合以及农村经济的现代化转型。研究领域广泛，尤其集中在智慧农业、农村电商和数字普惠金融等方面。智慧农业作为数字乡村战略的关键路径，其运营管理、内在模式、驱动机制及实践逻辑已被系统阐述。该领域的创新遵循了从技术到应用再到增收的逻辑，通过流程重组、产业融合、运筹优化到质量管理的运营机制，有效实现了农业生产的信息化和智能化。此外，农村电商的发展和数字普惠金融的普及，对于促进乡村减贫、增加农民收入以及推动乡村振兴具有显著的正面影响。尽管如此，乡村智慧旅游以及农业科技创新等新业态的研究仍需进一步深化和拓展。

2. 数字生态领域的应用

数字生态领域的研究聚焦于如何利用数字监测技术来构建一个人与自然和谐共生的乡村生态环境。这包括对农村人居环境的监测、生态资源(如湖泊、森林、湿地等)的监测保护、农田和养殖环境的智能化监测，以及对农村生态脆弱区的识别与监测。尽管已有少量研究关注农村人居环境的相关问题，例如垃圾分类、生活污水处理和公共空间的智慧治理，但该领域的研究仍需在理论建构和经验研究上加强。

目前，由于技术设备的不足、技术使用的不规范以及配套技术的不完善，数字技术在农村生态环境监测中的实际应用受到了限制。例如，蒋培通过对浙西芦荻镇的案例分析，探讨了智能扫码技术在农村垃圾分类中的应用，并强调了社会关系与技术知识体系构建的重要性。颜海娜则研究了互联网与河长制结合的河道治理模式，展示了信息管理系统、巡检 APP、微信应用等技术平台在实际治理中的应用逻辑。这些研究表明，数字技术在推动乡村生态文明建设中具有重要潜力，但其有效实施需要综合考虑技术、社会和文化等多方面因素。

3. 数字文化领域的应用

数字文化领域致力于探索如何利用数字传播技术来增强乡村文化资源的保护、传承与发展。这包括乡村文化的网络传播、文化资源的数字化保护、三农网络文化的创作以及网络文化环境的引导与整治。研究重点在于揭示乡村数字文化的传播机制、内容供应、内在动力及其发展路径。例如，互联网的兴起为挖掘、培养和展示中国农耕文明、乡村生活以及具有地方特色的“土味文化”提供了新的途径。

此外，数字媒介在收集、整理、存储和归档乡村文化资源方面发挥了重要作用，促进了三农文化的创新策划与内容生产。提升农民的媒介素养、推动县级媒体的融合、探索满足农民需求的乡村数字文化供应模式，是实现乡村文化传承与发展的关键。通过数字创意产品的开发，可以激活文化元素，丰富乡村文化产品供应；同时，通过地名与产品名的结合，可以塑造具有地方特色和文化底蕴的“地方品牌”，推动乡村文化的创新与升级。

4. 数字民生领域的应用

数字民生领域专注于分析如何通过数字平台提升乡村公共服务的质量，涵盖了数字教育、智慧医疗、智慧养老等关键方向。尽管现有研究倾向于将教育、医疗、养老和就业等内容纳入乡村公共服务的整体框架中进行讨论，但对这些议题的深入分析仍有待加强。我们普遍认为，农村数字服务能力、服务流程、服务资源以及居民的数字素养等方面的不足，是制约乡村公共服务数字化转型的主要障碍。在数字教育方面，乡村学校在数字信息设备接入、教师信息技术能力、学生数字使用素养等方面与城市存在显著差异，因此，从制度设计、人才培养、主体协同等角度构建农村教育的技术治理实践路径至关重要。在智慧医疗和养老方面，目前仅有少量研究关注智慧医疗的供给逻辑和数字养老的服务体系，而对乡村医疗机构信息化、远程医疗、智慧养老机制及其伦理风险等问题的探讨尚显不足。一些研究已经开始对乡村智慧医疗的脱域共同生产和村民参与逻辑进行理论阐述和实证分析，为推动乡村公共服务的数字化转型提供了有益的启示。

5. 数字治理领域的应用

数字治理领域着眼于通过技术嵌入促进乡村社会的可持续发展与数字化转

型。这一领域的研究议题广泛，包括智慧党建、数字政务、网上村务、智慧应急和智慧综治等。

智慧党建的研究着重于农村党务信息化管理、媒体化宣传及工作环节的数字化整合。其目标是提高乡村党建工作的一体化与智能化水平，通过线上线下融合、党务政务融合，推动乡村治理能力与治理体系的现代化。例如，宗成峰和朱启臻认为“互联网+党建”能够引领乡村治理机制的创新，实现工作理念、阵地、方式、范围和效果的综合性变革。

数字政务的研究关注于乡村政务的“一网通办”“一站式服务”和“政务一体化”，旨在利用数字技术推动政务服务向乡村基层延伸。鉴于农村居民对教育、医疗、交通、户政等“互联网+政务服务”的高期望和需求，通过理念重塑、技术增能和组织再造，可以提升乡镇政务的便携性和效率，实现政民互动和数字化供给。

对于网上村务、智慧应急和智慧综治的研究，目前尚待深入。网上村务的研究重点包括村务信息发布、乡村财务公开、村民网络监督和村民网上自治等内容。智慧应急的研究着重于乡村自然灾害、公共卫生安全等突发事件的预防、应对与恢复处置。智慧综治则集中于乡村网格化治理、乡村治安信息化、乡村法治数字化等方面，其根本目的是提高乡村治理的精准度。

总而言之，数字乡村治理是一个持续推进、不断迭代更新的过程。目前关于数字乡村应用场景的研究相对分散，许多问题仍处于初步探索阶段，部分场景的探究尚未全面展开。因此，基于乡村的差异性和地方特色，结合乡村资源禀赋、现实基础和发展目标，进一步探讨并构建符合乡村地方优势的应用场景和重点领域，是未来研究的方向，这将有助于有计划、有重点地推进数字乡村的分类有序治理。

二、治理场域

（一）乡村数字化党建

数字乡村治理的兴起为乡村治理结构和功能带来了深刻的变革，其中数字化党建作为关键的创新实践，对加强和改进乡村治理具有重要意义。

首先，数字化党建通过整合大数据、互联网等信息技术，推动了党建工作的网络化、信息化和数据化。这种深度融合不仅提升了党务管理的效能，也强化了基层党组织在乡村振兴中的核心作用。数字化党建综合平台的建立，如党务信息数据库、党员组织活动系统等，实现了党务、村务、财务等信息的数字化整合和公开，增强了党组织的协调整合能力，为乡村治理提供了有力的数据支撑和决策参考。

其次，数字化党建的实施，通过建立数字化档案和党员电子档案系统，实现了对党员和支部活动的自动导入、分类管理和集中处理。这种管理模式的创新，不仅提高了党员管理的效率，也促进了党建工作的科学化和现代化。例如，湖北省秭归县的“智慧党建云平台”和青海省贵南县的全国党员管理信息系统，都是数字化党建成功实践的典型案例。

再次，数字化党建通过叠加智能化模块，实现了管理的精细化和精准化服务。通过手机APP、微信公众号等数字平台，村民可以方便地查询党务信息，监督党员干部行为，参与党内活动，实现了党群互动和社情民意的畅通传递。同时，党务工作者也能够更高效地完成工作任务，提升党建工作的质量和效益。

最后，数字化党建在推动乡村治理现代化方面发挥了重要作用。通过数字化手段，基层党组织能够更准确地把握群众需求，提供个性化服务，增强与群众的联系。这种创新服务方式不仅提升了党建工作的科学性和效益，也为乡村治理和乡村振兴战略的实施提供了有力支持。

（二）乡村数字化村务管理

乡村数字化村务管理代表了乡村治理模式的一次革新，它通过数字技术的应用，极大地拓宽了村民参与村务管理的渠道和方式，提高了村务管理的透明度和效率。

首先，数字化村务管理通过建立数字公共空间，为村民提供了在线议事和参与村务管理的平台。这种模式利用移动互联网的优势，打破了传统村务管理中时间和空间的限制，使得村民无论身处何地，都能够参与到村庄的治理中来。例如，微信群、乡村钉等数字治理平台的建立，为村民提供了一个便捷的在线议事厅和矛盾调解社，使得村民能够广泛地讨论村庄事务，积极提供建议和意见。这种在线参与方式，不仅提高了村民的参与度，也增强了村民对村务管理的知情权和监督权。

其次，数字化村务管理强调村务信息的在线公开和村民的在线监督。通过数字治理平台，村务信息，包括乡村集体资产资源管理状况、农村资金分配、村级低保政策等，都能够及时、全面地公开给村民。这种公开透明的方式，不仅提高了村务管理的规范性和公信力，也有效地解决了村务信息不对称和资金支出不透明等问题。同时，村民的在线监督，也为村务管理提供了有效的约束和激励机制。

再次，数字化村务管理推广了积分管理制度，将村民的日常行为、村规民约以及其他乡村治理相关事项量化为积分指标，通过民主程序制定积分评价办法。这种制度的实施，不仅激发了村民参与村务管理的积极性，也为乡村治理提供了一种有效的激励和约束机制。通过积分奖励兑换等方式，村民的参与度和参与质量得到了显著提升。

最后，数字化村务管理的推广和创新，为乡村治理提供了更为开放和民主的途径。这种模式不仅确保了村民的知情权和参与权，也充分释放了农民的主体地位，激发了村民自治的积极性。通过数字化手段的运用，乡村治理变得更加精准、高效和透明，为乡村振兴战略的实施提供了坚实的支撑。

（三）乡村数字化综合治理

乡村数字化综合治理是当前社会发展的重要议题，它在维护社会秩序和确保社会稳定方面发挥着关键作用。随着经济社会的快速发展，乡村社会的传统结构正在发生深刻变化，人口流动加剧，对乡村治理提出了新的挑战。传统的治理模式在应对这些问题时显得力不从心，因此，数字化转型成为提升乡村治理效率和精准度的有效手段。

首先，数字化乡村综合治理平台的建立，是实现乡村治理现代化的关键一步。通过整合不同政府部门的数据资源，构建起一个互联互通的信息系统，不仅打破了信息孤岛，还实现了对公共安全、环保、交通秩序等多领域的全方位监管。例如，浙江省绍兴市柯桥区杨汛桥镇的一体化数字综治平台，通过整合各方资源，强化了综合治理的协作联动，显著提升了治理效率。

其次，推动政府业务部门的数据融合和流程再造，是提高乡村治理效率的另一重要策略。通过建立统一的业务流程，促进了信息和数据的无缝流通，加强了部门间的协作，简化了办理流程，缩短了办理时间。浙江省临安区的“新临居”平台，就是一个典型的例子，它通过创新的五步流程，实现了对流动人口和出租房的精细管理。

最后，创新“互联网＋网格管理”的线上线下联动模式，进一步推动了乡村治理的精细化。通过网格化管理，将地区划分为多个网格，每个网格配备网格员，负责日常巡查和信息采集，及时发现问题并上传至数字治理平台。这种方式不仅提高了问题处理的时效性，还增强了治理的精准度。例如，广西壮族自治区恭城县的“组甲微网格”微信群，通过网格信息员的及时上报，实现了基层治理的精准化和高效化。

（四）乡村数字化应急管理

乡村数字化应急管理是应对现代社会风险挑战的关键策略，它在保障乡村社会稳定和促进经济持续发展中扮演着至关重要的角色。随着工业化、市场化、信息化等现代性力量的深入，乡村社会正经历着从传统封闭向多元、个体化和风险化形态的转变。这一转变带来了社会利益的多元化、地区发展的不平衡以及群体需求的多样化，同时也加剧了乡村社会面临的不可预测风险，如疫情传播和社会治安隐患等。因此，提升乡村应急管理的数字化水平，构建一个全面、高效、科学的应急管理体系，显得尤为迫切。

首先，数字化应急管理的核心在于集成应急数据，构建一个全面的应急管理中心。这一战略通过引入创新性的数字化工具和技术，如物联感知技术，实现了对高风险领域的实时感知和数据接入。浙江省富阳区推出的“应急管理一张图”平台，就是一个典型的例子，它通过风险清单化和全过程管理，有效提升了应急处置和管理水平。

其次，数字化乡村治理的另一个重要方面是挖掘数据价值，提高风险研判的准确性。通过传感器设备、智能终端等技术手段收集的海量数据，经过深入分析和算法优化，能够揭示事件的普遍和特殊规律，从而提高预测精度，增强决策的可预见性和可控性。浙江省桐乡市的人流趋势预警研判技术，就是一个通过技术提高应急管理决策准确性的实例。

再次，数字化乡村治理战略还强调建立全周期闭环，实现可视化的应急态势展现。通过系统自动预警、事件处置反馈、多层闭环管理等手段，确保了应急事件的全过程管理，提高了应急资源的科学调度和应急指令的及时到达。重庆市大足区的“大喇叭＋平安监控”模式，就是一个通过数字化手段实现应急资源科学调度的实践案例。

最后，乡村数字化应急管理的实践表明，通过技术创新和数字化理念的广泛应用，可以显著提升乡村应急管理的效率和决策准确性，增强公共安全和社会风险的应对能力。这些策略和实践不仅解决了传统应急管理中存在的问题，还为乡村社会的和谐稳定和可持续发展提供了有力支撑。

（五）乡村数字化环境治理

乡村数字化环境治理是实现乡村可持续发展的关键路径，它对于改善乡村生态环境、促进经济社会与自然环境的和谐共生具有重要意义。随着改革开放以来乡村经济的快速发展，环境问题也日益凸显，包括自然生态环境破坏、生产环境污染和人居环境恶化等。这些问题的存在，不仅影响了乡村居民的生活质量，也制约了乡村经济的长远发展。因此，运用数字技术提升乡村环境治理水平，构建智能高效的生态环境管理信息化体系，已成为乡村环境治理的必然选择。

首先，构建乡村生态环境大数据服务平台是数字化环境治理的基础。通过整合地理信息、遥感影像、气象数据等基础支撑数据，以及水、大气、土壤等环境监测数据，可以建立一个全面、动态的环境监测和预警系统。例如，浙江省桐乡市推出的“智慧环保”系统，通过数据中心和移动终端的配合，实现了排污许可证后执法监管的全程监管，提高了环境监测和预警的能力。

其次，数字化管理系统的建设是提升乡村环境治理效率的重要手段。依托视频监控、污水监测、智能井盖等物联感知设备，可以建立农村生活污水、垃圾分类和空气指数等监测网络，实现数字化的人居环境管理。如浙江省德清县采用无人机和遥感影像技术，生成了全域生态环境整治的“三维感知一张图”，实现了智慧化的人居环境管控。

再次，创新环境治理决策模式是数字化环境治理的核心。通过物联网、互联网和云计算等技术，实现政府、企业和居民等各主体的数据共享，提高决策的科学性和效率。例如，通过智能算法对排污数据进行关联分析，实现对排污企业的外部监督，同时系统具备自动预警功能，实时警告环境超标情况，增强了乡村环境数字化监管的效能。

最后，乡村数字化环境治理的实施，不仅需要技术的支撑，还需要政策的引导和社会的参与。政府应发挥主导作用，鼓励科技企业参与平台建设，同时加强农村居民的环保意识教育，提高他们的参与度。通过这些措施，可以构建一个精准、科学、依法的环境治理体系，促进乡村经济社会与生态环境的协同发展。

第四章　数字乡村治理能力现代化

第一节　技术进步与治理标准化

随着国家治理现代化的深入，乡村治理也在逐步融入现代元素，其中治理技术的现代化和治理标准的规范化尤为关键。标准化作为国家治理体系的核心，有助于明确和规范国家治理制度，减少因地域差异导致的治理差异性，为乡村社会关系带来稳定的秩序。自 2012 年《社会管理和公共服务标准化工作“十二五”行动纲要》发布以来，中国推出了众多乡村治理相关的国家标准和地方标准，涵盖党支部建设、社会治安、美丽乡村建设等方面，使法律和政策更具体可操作，有效降低了治理成本，补充了社会规范，避免了治理失效。然而，现行乡村治理标准体系存在分散、碎片化的问题，缺乏一体化的制定、执行、监督和反馈机制。此外，标准制定时过分强调群众的客观属性，忽略了治理中的主观因素，可能导致执行标准的主观性和随意性，甚至破坏现有秩序，引发新矛盾。因此，乡村数字治理亟需建立一个系统集成的标准框架，清晰定义治理内容、路径和效果，并深入探讨标准化的必要性及适应乡村实际的体系框架，以解决现有问题，更好地服务国家治理现代化。这要求标准制定不仅要反映国家治理意图，还要吸纳民智、体现民意，减少个人因素影响，降低自由裁量权滥用，推动乡村治理法治化和现代化。

一、乡村治理标准化生成逻辑

激励性规制理论为政府在处理市场失灵问题，特别是由垄断和信息不对称引起的高交易成本问题时，提供了一个理论框架。该理论强调政府应通过制定特定的规则和限制，运用其法定权力来优化社会福利。

这一理念在习近平主席关于加强标准化工作的阐述中得到了体现，他在第三十九届国际标准化组织大会上强调标准化工作的紧迫性和重要性，视其为推动经济社会长远发展的关键。[①] 自此，标准化作为一种治理工具，在社会管理和公共服务领域逐渐普及，成为基层政府提升治理效能、优化资源配置的重要手段，与激励性规制理论中追求成本效益最优化的目标不谋而合。

标准化体系在乡村治理中的应用，标志着从传统的人情与血缘规则向更加规范化、系统化的治理模式转变。例如，枫桥镇的社会管理和公共服务综合标准项目，自 2014 年试点以来，因其显著成效而受到国家领导人的高度评价，并逐渐成为全国基层治理的范例。这一过程不仅体现在国家标准中对乡村治理的具体规范，还通过美丽乡村建设标准等具体实践，实现了治理供给与公众需求的有效对接，彰显了"以民为本"的治理理念和对美好生活的追求。然而，标准化治理的实施并非无懈可击，其在实践中往往侧重于结果控制，而对乡村治理的内在逻辑和文化价值考虑不足，更多是作为国家治理意图的传达工具，而非完全基于乡村社会的自发需求。

标准化治理的"量化"转向，是对城市化与现代化进程中不确定性的回应。相较于以往依赖主观评价和民众满意度的传统治理方式，标准化通过设定量化指标，既限制了基层治理中的自由裁量权，减少了治理过程中的不确定性，又在秩序、自主性、公正性、效率和安全保障等方面为乡村治理提供了新的价值导向。这种"量化"变革，体现了对治理过程的精细化管理，旨在构建一个既有序又充满活力的乡村社会秩序。

乡村治理标准化的核心价值在于，它作为一种"软法"手段，不仅为乡村治理理念的形成和传播提供了有力支撑，也为基层政府的行动提供了规范性框架。然而，要充分发挥标准化治理的潜力，还需进一步优化其设计与实施，使之更好地契合乡村社会的实际需求，将国家的治理意志与乡村的实际情况有机结合，以促进乡村的现代化转型和长期繁荣。这要求标准化治理不仅要关注制度的纠正与完善，确保规范的适用性和公众导向，还要强化实施过程中的监督与反馈机制，从而在推进数字乡村治理和实现乡村全面振兴的道路上迈出坚实步伐。

二、乡村治理标准化的体系框架

随着现代化的进程，乡土社会面临着许多挑战，如结构断裂、利益分化、不稳定

---

① 第三十九届国际标准化组织大会（The 39th ISO General Assembly）于 2016 年 9 月 9 日至 14 日在北京召开。这次大会是中国自 1999 年以来第二次承办国际标准化组织（ISO）大会，由中国国家质量监督检验检疫总局、国家标准化管理委员会以及北京市人民政府共同承办。会议期间，来自 ISO 的 163 个成员国及多个国际组织和区域组织的大约 600 位代表出席了会议。习近平主席在贺信中强调了标准化工作对于全球经济和社会发展的重要性，指出标准是国际经贸合作的通行语言和规则，对于促进世界贸易发展、推动全球治理体系变革具有基础性、战略性作用。

因素增加等问题。尽管如此,乡村治理仍然采用传统的简约式悬浮管理方式。为了应对这一挑战,中央政府推出了一系列政策和国家标准,如新农村建设和乡村振兴战略。一些地区,如枫桥镇,率先探索了乡村标准化治理的路径,并取得了令人瞩目的成就。这一实践有助于解决乡村治理政策碎片化和行为随意性的问题,提高乡村治理的现代化水平。然而,要实施标准化治理,必须满足一定的条件,如健全的政治、经济和社会生态环境,正式标准与非正式标准之间的融合,以及行政、自治和社会标准体系的集成。标准化体系需要具备高度结构化的框架,以分解政策文件,将散乱在各地的村规民约整合为工作指南,从而提高基层治理效能。数字乡村治理的引入可为这一过程提供有力支持,其标准化的体系框架如图 4-1 所示。

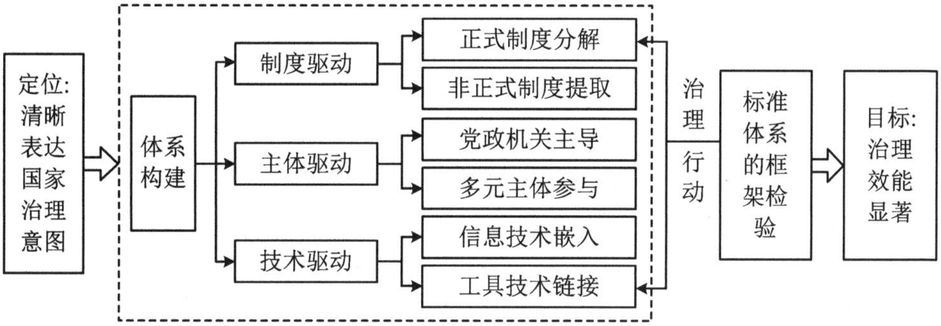

图 4-1　乡村治理标准化的体系框架

1. 乡村治理标准化的体系框架定位可以被视为国家治理意图的清晰表达

乡村振兴战略的目标,即实现“产业兴旺、生态宜居、乡风文明、治理有效、生活富裕”的乡村发展,反映了国家对于农村发展和乡村社会治理的明确意愿。这一目标不仅着眼于农村经济的繁荣,还强调了居民的生活改善、权益保障,以及乡村治理的有效性。党的十九大以来,乡村治理体系得到进一步完善,增加了“自治、德治和法治”的治理体系,并涵盖了广泛的治理范围。这使得乡村治理涉及政治、经济、社会等多个领域,需要统一和明晰的治理标准来满足国家治理的要求。

在这一过程中,“标准”作为国家意愿和社会意愿的结合和表达起到了关键作用。“标准”将抽象的法律规定转化为具体的技术要求和方案,通过党委政府的主导和民众广泛参与,将国家治理意图清晰地传达出来。标准化体系虽然无法覆盖所有领域和要素,但它能够反映国家的治理意图,吸纳民智,体现民意,同时将正式和非正式制度的优势转化为实际治理效果。标准化在乡村治理中的应用将国家权力嵌入乡村社会,减少个人因素对治理的影响,降低一线人员滥用自由裁量权的机会。它还有助于解决标准制定与执行之间的不平衡问题,推动乡村治理的法治化和现代化。数字乡村治理可以进一步支持这一进程,促使国家治理愿景得以更有效的实现。

2．乡村治理标准化的体系框架构建必须注重多元嵌入

多元嵌入这一概念源于经济学与社会学领域的研究，旨在调和微观社会行动与宏观社会结构之间的复杂关系。多元嵌入包括主体嵌入、内容嵌入，以及路径嵌入等，在乡村治理标准化实践中起着关键作用。

(1) 制度驱动：乡村治理涉及正式制度和非正式制度。正式制度包括国家确认的法律法规和政策文件，而非正式制度包括长期形成的价值理念、伦理规范、风俗习惯等。这两种制度都具有约束性，但在实践中常常存在制度之间的冲突。因此，标准化的目标是将正式与非正式制度融合，使其相互协调。这要求制度的本土化和自治化，以减少制度刚性引发的问题，同时提高基层政策执行者对标准的接受度。

(2) 主体驱动：标准制定的主体包括政府管理部门、社会组织和自然人等多元主体。这些主体在标准的制定过程中具有权利和能力。在乡村治理标准化实践中，国家标准、地方标准和学术标准都在不同程度上发挥作用。然而，这种分散性和碎片化的问题需要解决，以确保标准化体系框架的合理性与操作性。合作与咨询是构建标准体系的关键，确保标准体系的广泛接受。

(3) 技术驱动：技术驱动并不仅指乡村治理中的技术，还包括标准化体系框架的构建技术。这需要考虑标准化主体与内容、正式与非正式制度之间的适应性。技术工具如主题图、本体工具、语义网和关联数据等都可以广泛使用，以建立统一的结构化知识库，快速转换异源异构数据，从而提高标准体系框架的适用性与操作性。

乡村治理标准化的体系框架构建需要综合考虑制度、主体和技术的驱动模式。这三种模式应以乡村振兴的要求和乡村治理现代化为核心，包括制度驱动、多元主体驱动和技术驱动。这将有助于引导乡村治理的现代化实践，推动乡村社会的清晰化和法治化，详细乡村治理标准体系的框架结构见表 4-1。

表 4-1　乡村治理标准体系的框架结构表

模　式	维　　度	指　　　　　标
制度驱动	党建引领规范化	组织建设，队伍建设，引领带动
	正式制度	法律法规，政策文件，红头文件
	非正式制度	价值信念，村规民约，风俗习惯，道德伦理
主体驱动	村庄服务精准化	政务服务，便民服务，志愿服务
	村民自治制度化	制度完备，组织规范，民主表达
	产业发展市场化	价值取向，发展方向，三产融合
技术驱动	村庄治理智慧化	战略目标清晰，数字赋能，信息共享
	生态环境品质化	村庄更新，环境优美，安全保障，生产生活方式绿色

3. 乡村治理标准化的体系框架在实践中需要经受理性行动的检验

理性行动理论强调，社会中的行动者在选择行动方案时，会受到社会结构、规范和关系的限制。乡村治理标准化的体系框架是一个复杂的系统，涉及政府、居民、社会力量等多个行动者，他们基于社会规范和复杂的社会结构的相互协作，决定着体系框架的成败。

（1）以枫桥镇的成功经验为例，他们在面临众多挑战的情况下，采用了创新性的方法，将德治、自治和法治相结合，形成了新的乡村治理体系。通过标准化项目试点在全县的推广，这一体系框架得到了可靠性验证，并发布了《乡村治理工作规范》，成为全国首个地方性标准，得到国家领导的认可并开始在全国推广。

《乡村治理工作规范》是全国首个系统、综合、全面的乡村治理地方标准规范，它在中国浙江省湖州市安吉县正式发布并实施。这一规范由浙江省标准化研究院、美丽乡村标准化研究中心等多家单位共同起草完成。发布日期可追溯到 2018 年 9 月 12 日。该规范以“余村经验”为基础，融合了安吉农村发展治理的实践经验，内容全面，涉及乡村治理的多个方面，具体包括“支部带村”“发展强村”“民主管村”“依法治村”“道德润村”“生态美村”“平安护村”和“清廉正村”等核心要点。这些内容旨在为乡村治理提供一套标准化的操作框架，指导乡村在党组织领导、经济发展、民主管理、法治建设、道德建设、生态保护、安全维护及廉洁自律等方面的工作。通过这一规范的实施，安吉县及更广泛地区的乡村能够有据可依地推进治理现代化，提升乡村治理能力和水平，促进乡村振兴战略的深入实施。同时，规范的出台也为其他地区提供了可借鉴的经验和模式，推动全国乡村治理工作的标准化、规范化发展。随着后续年份中乡村治理工作的不断深化，可能会有更新或补充的标准规范出台，以适应新的发展需求和挑战。

（2）以成都市百佳示范社区的经验为例，他们在城乡社区发展治理委员会的支持下，出台了示范社区的工作手册，旨在推动城乡社区的标准化治理。尽管在一定范围内获得了认可，但这些标准并没有得到普遍推广，也没有升级为地方性标准。这些情况表明，乡村治理标准化的体系框架虽然在市场需求和政府权威的支持下得到多元主体的认同和执行（如枫桥经验），但也可能因市场、权威和信任关系而遭遇阻碍和中止（如百佳示范社区的情况）。

这说明乡村治理标准化的体系框架虽然建立在多元的价值和理论逻辑之上，但仍需要接受理性行动的检验。成功的体系框架将从复杂的标准中脱颖而出，成为行业、地方和国家标准，从而持续推动乡村善治。乡村治理标准化的体系框架的构建与成功不仅仅是个体的理性行动，更是基于公共理性的公共选择结果，是基层组织积极响应“以人民为中心”的价值导向而作出的集体决策。这种理性行动将在数字乡村治理的背景下更加复杂和关键，因为数字技术的应用将进一步影响和塑造乡村治理的模式和效能。

三、乡村治理标准化的实现路径

自国际标准化管理委员会提出社会治理和公共服务的七项标准后，中国便全面推进了社会治理的标准化进程，乡村治理标准化体系框架也在这一背景下逐步形成，明确体现了国家对乡村社会治理的坚定意志。然而，尽管地方政府对质量监控给予了高度重视，但面对众多标准，他们仍难以实现全面监测。因此，建立一个既持续又高质量、可复制和可推广的乡村治理标准体系框架显得尤为重要，这需要通过一系列综合措施来实现。

首先，乡村治理标准化必须以党政的主导和多元协同为基础。标准化旨在建立秩序，是制度产生和运行的关键过程。在党委和政府的引领下，乡村治理标准化已经制定了包括农村基层党建、美丽乡村建设、产业发展和乡村治理现代化等多个领域的具体行动计划。随着标准化治理需求的增长，地方政府越来越多地委托第三方机构对公共政策进行标准化，目的是提升行政效率和降低执行成本。但是，不同标准制定主体之间的术语不一致可能导致乡村干部过分关注标准的操作性，而忽视了标准制定的初衷。因此，乡村治理标准化需要在党政的主导下，注重以人民为中心的标准化质量，确保标准成为乡村高效治理的共同语言，同时平衡公共权力与个人权利的关系。

其次，乡村治理标准化的本质属性是传统与现代的共生。在城市化进程中，农村地区面临空心化和老龄化的挑战，乡村治理的基层队伍也面临着知识结构老化、缺乏法治思维和信息技术应用能力的问题。这导致乡村治理更容易回归传统路径，出现理念和制度的冲突。尽管如此，传统制度在乡村治理中仍然扮演着重要角色。新时代的乡村治理在强调信息化、法治化和现代化的同时，也需要赋予传统文化以新的治理内涵，促进传统与现代的和谐共生，推动乡村治理向现代化转型。

最后，乡村治理标准化体系的动态监测和调整是实现规范与灵活统一的关键。该体系框架包括总体组成类别和层次结构，构建时需在保留基础标准的同时，设定个性标准以适应不同标准间的差异，并建立灵活性标准，允许根据不同区域和条件制定不同的标准。通过对标准执行效果的动态监测和及时调整，确保标准体系框架能够适应乡村治理的发展需求。

在数字乡村治理的背景下，上述原则的重要性进一步凸显。数字技术的应用不仅塑造和影响乡村治理的模式和效率，也对乡村治理标准化体系框架提出了新的适应性要求。因此，该框架必须在确保党政主导和多元协同、传统与现代共生、以及规范与灵活性动态统一的基础上，进一步促进数字乡村治理的有效实施，以实现乡村治理能力的全面提升。

第二节　基层治理能力的强化

数字乡村治理模式是一种创新治理方式，它与传统依赖个体经验和有限数据的治理不同，以大数据为基础，运用智能化系统生成治理方案。这种模式通过整体性治理体制和尖端技术如大数据、深度学习算法，提升治理主体的能力。它能有效识别和解决基层治理问题，优化资源配置，提高治理效能，已在中国基层治理中广泛应用。

基层政府的数字乡村治理能力是衡量智能治理水平和绩效的关键，且各地区之间存在差异。这些差异与数字治理体制的构建、基础设施建设、系统平台运行状况，以及治理服务的供给数量和质量紧密相关。数字乡村治理模式的推广应用，对提升基层政府治理能力和促进乡村振兴战略具有重要意义。

一、基层政府数字乡村治理能力类型

基层政府的数字乡村治理能力涵盖了四个关键方面，这些方面共同构成了数字乡村治理体系的核心。

首先，数据整合能力是基层政府数字乡村治理的基础。在传统治理模式中，决策多依赖于个体经验和有限的数据资源。数字乡村治理模式通过大数据分析，提升了对基层治理需求和问题的精准识别，优化了资源配置。智能化的数据采集终端和深度学习算法的应用，使得数字乡村治理系统能够实时监控并分析人员流动、交通情况等关键指标，及时发现潜在风险，从而提升治理效率和响应速度。然而，数据碎片化和壁垒问题仍需通过有效措施加以解决，以实现数据的高效整合。

其次，基础设施供给能力是数字乡村治理的物质前提。现代化的治理体系需要摄像头、传感器、数据存储系统、云计算平台等基础设施的支持。这些设施的建设和维护需要相当的财政投入，并且随着技术的发展，还需要定期的更新和升级。基础设施的完善程度直接关系到数字乡村治理模式的有效实施。

再次，系统运行能力是数字乡村治理的中枢。具备深度学习算法和强大计算能力的数字乡村治理系统，能够处理和分析大量数据，实时识别治理需求和风险，生成治理方案。这一系统通过对数据的深入分析，为基层治理提供了科学的决策

支持，增强了治理的预见性和适应性。

最后，服务供给能力直接关系到数字乡村治理的成效。数字乡村治理的目标是提供多元化、高质量的服务，满足民众的需求。智能政务服务终端和应用软件的普及，提高了政府服务的可达性和便捷性，增强了民众的获得感和满意度。为了实现这一目标，需要不断增加智能服务终端的部署，并优化服务流程，确保服务质量。

数字乡村治理模式的推广和应用，对提升基层政府治理能力和绩效具有重要意义。这一模式不仅提供了现代化的治理工具和方法，还响应了新时代基层治理的需求，为乡村振兴战略的实施提供了坚实的支撑。

二、基层政府数字乡村治理能力建设障碍

数字乡村治理作为现代信息技术与乡村治理深度融合的产物，正逐步成为提升基层治理效能的关键路径。然而，其实施过程中遭遇的挑战，尤其是针对基层政府的能力建设而言，凸显出多维度的梗阻现象，需通过系统性策略予以破解。

首要，挑战在于基层治理体制的碎片化，这直接制约了数据整合能力的提升。传统的科层制结构导致跨层级、跨部门协同机制缺失，数据孤岛现象普遍，妨碍了信息的高效流动与共享。在此背景下，数字乡村治理所需的多元主体协同与数据驱动决策难以实现。因此，重构治理体制，打破部门壁垒，推动数据资源共享机制的建立，成为提升数据整合能力的关键。政策与法规层面的创新，如确立数据开放标准和跨部门合作规范，对于促进上下级政府及不同部门间的有效联动至关重要。

其次，基层政府财力的局限性显著影响了数字乡村治理基础设施的供给与维护。智慧治理系统的构建、日常运维以及技术更新升级均需大量资金支持，这对于财政资源有限的多数基层政府而言，无疑是一大难题。解决之道在于探索多元融资渠道，包括政府加大投入、引入社会资本参与，以及采用公私合作模式等，以减轻财政压力，确保基础设施建设的可持续性。

再次，专业技术人员的短缺限制了数字乡村治理系统的有效运行。智能技术的深度应用要求具备相应技术背景的人才队伍，而当前基层政府在这方面的人力资源储备不足，制约了系统效能的发挥。强化人才培养与引进机制，加强与高校、科研机构及企业的合作，开展针对性培训，对于提升技术支撑能力尤为关键。同时，提高农村居民的数字素养，缩小“数字鸿沟”，也是不容忽视的一环。

最后，服务意识的淡薄阻碍了数字乡村治理服务供给质量的提升。尽管技术赋权为提高服务质量提供了可能，但若缺乏以民为本的服务导向，智能技术的应用则可能流于形式，无法真正满足民众的多元化需求。强化基层政府的服务意识，转变治理思维，从“管理”向“服务”转变，是提升数字乡村治理效能的内在要求。这涉

及智能政务应用的持续优化、响应机制的敏捷化，以及服务供给的个性化定制，旨在通过技术手段增强民众的获得感与满意度。

基层政府在推进数字乡村治理能力建设过程中面临的挑战，要求从体制创新、资金筹措、人才培养以及服务理念转变等多方面入手，形成系统性解决方案。通过这些努力，不仅能够克服当前的梗阻，还能为实现乡村治理体系与治理能力现代化奠定坚实的基础。

三、基层政府数字乡村治理能力提升

随着数字乡村治理模式的兴起及其在国家治理实践中不断拓展和深化的应用，加强基层政府数字乡村治理能力建设成为新时代中国基层治理工作的紧迫任务。然而，当前存在碎片化的治理体制和运行机制、基层政府财政有限、缺乏基层专业技术人才和基层政府服务理念待提升等多重因素制约着我国基层政府数字乡村治理能力的提升。为推动基层政府数字乡村治理能力建设，应采取一系列有效措施。

第一，必须构建适应智慧治理模式的基层治理体制和运行机制。这包括通过整合部门资源、强化政府协同合作，以及推动信息流畅和决策响应能力的提升，以应对跨部门、跨层级的治理挑战。第二，应推动基层政府智能化转型，重点加强数字乡村治理基础设施的建设。这需要加大投入，以确保数字乡村治理系统的可靠性、安全性，以满足不断增长的数字治理需求。第三，需要加强基层政府数字乡村治理专业技术人才的培养和引进。鉴于现有人才短缺，应鼓励培训现有公务员，并招聘专业人才，以确保数字乡村治理系统的有效操作和维护。第四，必须强化基层政府的服务意识，使其更加注重满足民众需求，推动数字乡村治理理念在管理中的深入应用，以提升基层政府的服务供给能力。

1．建立与数字乡村治理模式相适应的治理体制和运行机制

数字乡村治理作为一种新型的技术治理模式，以数据为支撑，数据的共享和开放互通是其顺利运行的基石。此外，数字乡村治理强调不同层级政府、地区政府以及政府内部部门之间的协作与协同，这是提高数字乡村治理模式效能的至关重要因素。当前碎片化的基层治理体制和运行机制妨碍了基层政府数字乡村治理能力的提升，因此迫切需要建立与数字乡村治理模式相匹配的基层政府数字乡村治理体制和运行机制。

第一，需要改变目前基层政府数字乡村治理工作的多头管理模式，该模式由多个部门分别负责基层政府数字乡村治理系统的建设和管理，因此既不利于资金和资源的高效利用，也会妨碍数字乡村治理工作的有序推进。在解决这一问题时，可以引入县级数据资源管理部门，使其负责主导基层政府数字乡村治理系统的建设和管理工作。目前，在基层政府数字乡村治理中，涉及通信和信息基础设施建设、智慧社区建设、智慧乡村建设等多个领域，由网络和信息部门、住房和城乡建设部门、农业和农村部门以及数据资源管理部门各自承担一部分职责。这种多部门参与的模式不仅影响了资金和资源的有效利用，还对数字乡村治理工作的深入推进带来阻碍。因此，有必要对这些职能进行整合，由数据资源管理部门全面负责基层政府数字乡村治理系统的建设和管理工作。第二，需要明确定义数据所有者、数据管理者和数据使用者等相关主体的职责和权益边界。同时，消除地区、层级和部门之间的数据壁垒，推动建立统一的基层治理数据库，建设完善的乡镇、街道和部门政务信息系统数据资源共享和交换机制，以实现治理数据资源的向基层开放和为基层治理服务。通过提升基层政府的治理数据整合能力，可有效提高基层政府数字乡村治理能力。

2. 加大对基层基础设施建设的资金投入

数字乡村治理基础设施是数字乡村治理模式有效运行的物质支持。目前，我国在基层政府数字乡村治理领域取得了快速进展，但是在基层，特别是乡村地区的数字乡村治理基础设施依然存在不足，已有基础设施也需要升级改造。这一问题严重妨碍了基层政府数字乡村治理能力的提升。

为解决这一问题，各级地方政府应当加大对基层，尤其是乡村地区数字乡村治理基础设施建设的资金投入力度。在建设工作上，应当采用与城镇地区相同的标准，推动乡村地区数字乡村治理基础设施的快速发展。同时，对于已有的基础设施，也需要进行保养和升级改造，以确保其性能和功能得以提升，为基层政府数字乡村治理能力的增强提供可靠的硬件支持。此外，存在着各地基层政府数字乡村治理系统和数字乡村治理平台技术标准不统一的问题，这既给上级政府的管理工作带来困扰，也导致了大量资金的浪费。为解决这一问题，各级地方政府应当注重统一不同社区和乡村使用的数字乡村治理系统和治理平台标准，以便更有效地节省资金，推进各地基层政府数字乡村治理系统和数字乡村治理平台的互联互通，从而进一步提高数字乡村治理能力。

3. 加强基层政府数字乡村治理专业技术人才队伍的培养和供给

数字乡村治理作为一种技术治理模式，对于智慧治理系统和数字乡村治理平台的建设、运行和维护都需要专业技术人员的参与。然而，基层政府往往面临缺乏大数据、人工智能、物联网和移动互联网等领域专业技术人才的问题。在实际数字乡村治理建设中，由于技术人才匮乏，许多基层政府不得不将数字乡村治理系统和数字乡村治理平台的开发和运行工作外包给相关技术企业，这不仅增加了资金投入，还加剧了基层政府对外部企业技术的依赖。

为解决这一问题，基层政府应增加在大数据、人工智能、物联网和移动互联网等领域的技术人才招聘力度。此外，还应增加现有从事基层政府数字乡村治理工作的人员的技术培训力度。在招聘和培训方面采取综合措施，以构建一个具备足够技术能力的专业团队，以确保基层政府数字乡村治理系统和数字乡村治理平台的安全有序运行。此外，国有通信企业在数字乡村治理领域发挥着重要作用，可以将数字乡村治理系统和数字乡村治理平台等硬件和软件的研发工作交由这些企业来完成，以确保数字乡村治理能力的提升与基层治理秩序的安全相一致。

4. 推动从智慧管理理念向数字乡村治理理念转变

基层政府在国家治理体系中具有特殊地位，承担着繁重的治理任务。其所秉持的治理理念对基层治理绩效和政府治理能力产生深远影响。在传统政府治理范式向数字乡村治理模式转变的过程中，基层政府需要从智慧管理思维向数字乡村治理理念转变，从而增强其数字乡村治理服务供给能力。

首先，需要积极推动基层政府从智慧管理思维向数字乡村治理理念转变。数字乡村治理着重利用大数据、人工智能、区块链、云计算和物联网等智能技术，通过多元治理主体的共同参与和密切协作，实现更多公共事务和社会事务的处理。当前，各级政府和政府部门都致力于将这些智能技术应用于政府治理实践，促进政府治理的智能化转型。然而，这些努力尚不能被视作真正的数字乡村治理，而只能被视为智慧管理。数字乡村治理的目标是使更多基层民众能够通过智能政务终端参与基层治理，享受政务服务、政务信息查询和行政效率提升等方面的便利。因此，从智慧管理思维向数字乡村治理理念的转变，以提升数字乡村治理服务供给能力，应成为强化基层政府数字乡村治理能力建设的核心内容之一。

其次，应依托智能政务服务终端和政务应用软件，加强数字乡村治理服务供给。要增加智能政务服务终端的数量，同时提升其服务功能。目前，基层政府在推广智能政务服务终端方面投入不足，且这些终端主要放置在县区级政务服务中心，仅能处理有限的政务服务事项，使得一些特殊群体难以使用。通过增加终端数量，将其置于街道、乡镇政务服务大厅和大型社区，提升终端的语音办理功能，有望为更多基层民众提供便捷的智能服务。

最后，还需要优化智能政务应用软件的操作界面，减小使用难度，提高用户体验。加强为民服务意识，加大应用软件的研发和改进力度，建设便捷的智慧社区信息系统，推出易于使用的应用软件，使民众能够方便地使用这些工具，使智能政务应用软件真正成为连接基层政府与民众的桥梁。这些措施有望在数字乡村治理中增强基层政府的服务供给能力。

第三节　治理能力评价体系的构建

一、乡村治理数字化框架结构

乡村治理的复杂性和多元性涉及包括社会组织、企业、农民在内的多方利益相关者。在这一背景下，数字化手段被广泛认为是推动社会治理的重要工具。数字信息的双向流动不仅促进了不同治理主体间的相互协同，而且有助于构建一个各方共赢的治理格局。乡村数字治理框架的建设，旨在重新定义治理主体和治理客体的责任与权利，构建一个高效、科学和民主的治理机制，以促进乡村治理的全面发展。

首先，乡村治理的主体包括基层乡镇政府、社会组织、村委组织和村民等，它们共同构成了一个多元协同共治的治理体系。数字化治理技术的应用，为这些不同主体提供了强有力的支持，使他们能够共享信息资源，实现高效协同合作。这种技术的应用，不仅提高了治理效率，而且增强了治理主体间的协调性。

其次，乡村治理的客体涵盖了乡村经济、基层民主政治、社会安全与秩序、公共产品和服务等多个领域。数字化的推动，使得这些领域的事务相互关联，数字信息的开放、透明、流动和循环，为乡村治理带来了深刻的变革。数字化的提升，不仅确保了农民的信息获取权、参与决策权、表达意见权和监督权，而且激发了农民对乡村经济高质量发展的热情，促进了基层民主政治的快速发展。

最后，乡村治理的数字化框架结构，是基于数字技术构建的，它明确了各治理主体如何运用数字工具参与治理客体。这一框架不仅为乡村治理提供了高效的数字工具，促进了协同决策和信息共享，而且推动了乡村治理的创新和发展。通过这一框架，可以更有效地整合和利用数字资源，提高治理的精准性和响应速度。

乡村治理的数字化转型，不仅是技术应用的创新，更是治理理念和治理模式的深刻变革。通过构建多元协同共治的治理主体、开放数字驱动的治理客体和数字化治理的框架结构，可以更有效地推动乡村治理的全面发展，实现乡村社会的和谐与进步。

二、指标体系构建原则

在构建乡村治理数字化的指标体系时，必须遵循一系列原则以确保其科学性、合理性和有效性。

1. 普适性原则

在设计乡村治理数字化的指标体系时，首要原则是普适性，这意味着指标体系必须具备广泛的适用性和一般性，能够跨越不同地区、文化和经济条件，对乡村治理的数字化转型进行全面评估。普适性原则要求指标体系不仅要反映普遍的治理需求，还要能够适应乡村治理的具体实践和特殊性。

为了实现这一目标，指标体系的构建必须基于对乡村治理数字化共性与特性的深入理解。共性指的是所有乡村地区在数字化转型过程中普遍面临的挑战和需求，如基础设施建设、数据管理、服务提供等。特性则是指特定乡村地区在数字化过程中的独特需求和条件，这可能包括地理环境、文化传统、经济发展水平等因素。普适性原则还要求指标体系的设计要具有足够的灵活性，以适应不同乡村地区的特殊需求。这需要在指标的选择和权重分配上进行细致的考量，确保指标体系既能够反映乡村治理的普遍规律，又能够捕捉到特定地区的具体情况。

2. 以人民为中心

乡村治理数字化指标体系的构建，首要遵循的原则是“以人民为中心”的治理理念。这一原则源自党的十九大报告，强调了满足人民对美好生活追求的重要性，并将其作为乡村治理结构的核心。

“以人民为中心”作为乡村治理数字化指标体系构建的核心原则，不仅是对党的根本宗旨的坚持，也是新时代中国特色社会主义思想在乡村治理领域的具体体现。这意味着在推进数字化转型的过程中，必须始终把增进农民福祉、促进人的全面发展放在首位，确保数字化成果惠及每一位乡村居民。为此，构建的指标体系应深入考量民众的实际需求与期望，确保数字化项目的设计与实施能够精准对接村民的实际需求，从源头上解决他们在生产、生活、文化娱乐等方面的迫切问题，切实提升村民的获得感。

在操作层面，“以人民为中心”的治理理念要求乡村数字化转型注重“用户友好”，即无论是政府服务平台、信息传播渠道，还是各类数字化服务工具，都应力求简洁易用，确保不同年龄层次、教育背景的村民都能无障碍地享受到便利。例如，通过建立线上一站式服务平台，集成政务服务、农业生产指导、教育培训、健康咨询等功能，让村民足不出户就能办理事务、获取信息。同时，通过数字化公众满意度调查、线上反馈机制等，实时监测和响应民众对各项服务的评价与建议，形成持续改进的闭环，增强村民的安全感和满意度。

此外，“以人民为中心”还体现在通过数字化手段促进资源优化配置，加快基础设施建设，改善乡村生活环境。具体指标如宽带网络普及率、农村电商发展指数、远程医疗服务覆盖率等，不仅衡量了乡村数字化建设的硬件水平，也反映了村民生活质量的提升。这些指标的设定与跟踪，旨在引导政府资金和社会资本有效投入，支持乡村教育、医疗、交通、环保等多领域协同发展，构建起覆盖全面、服务均等、高效便捷的乡村公共服务体系，最终实现共建共治共享的乡村治理格局，让乡村振兴战略的实施真正符合人民期待，惠及全体人民。

3. 三治融合

指标体系需要贯彻“三治融合”理念，即自治、法治、德治的有机结合。

首先，自治是基础，强调人民群众的主体地位，通过村民自治、社区自治等形式，让群众直接参与到治理决策制定中来，实现自我管理、自我服务、自我教育和自我监督。数字化技术在此过程中扮演着桥梁的角色，通过建立线上议事平台、意见征集系统等，保障民众的知情权、参与权和监督权，使决策过程更加公开透明，同时也提高了治理效率和响应速度。其次，法治是保障，确保所有治理行为都在法律框架内有序进行，保护公民的合法权益不受侵犯。数字化技术的应用，如在线法律咨询、智能合约、电子诉讼服务等，极大地提升了法律服务的可及性和便捷性，增强了法治宣传教育的覆盖面和影响力，使得法治精神深入人心，形成遇事找法、解决问题靠法的良好社会风尚。最后，德治是引领，通过弘扬社会主义核心价值观，倡导诚实守信、尊老爱幼、邻里和睦等传统美德，营造良好的社会风气。数字化手段在此方面也大有可为，比如通过社交媒体、在线学习平台等推广道德模范事迹，开展线上道德讲堂，利用大数据分析识别并奖励好人好事，有效促进社会文明程度的提升。因此，要求在基层治理中实现三种治理方式的融合，以构建完善的治理体系。数字化技术在这一过程中发挥着至关重要的作用，它不仅能够提高治理的透明度和协同效能，还能够通过信息公开度、法治水平和文明建设水平等指标来衡量“三治融合”的实施效果。

4. 智能化、精准化和科学化

智能化、精准化和科学化是乡村治理体系与治理能力现代化的关键特征与原则，指标体系的设计围绕这些目标展开，旨在通过数字化技术的深度融合，赋能乡村治理的每一个角落。

首先，智能化是指运用人工智能、大数据、云计算等先进技术，提升乡村治理的自动化处理和智能决策能力。业务范围覆盖率和技术研发水平作为核心指标，分别衡量了智能化服务的广度和深度。高覆盖率意味着更多的乡村治理领域被智能化技术覆盖，从环境监控、灾害预警到公共服务供给，智能化系统的广泛应用能显著提高治理效率和响应速度。同时，技术研发水平则反映了乡村治理在智能化道路上的创新能力，包括算法优化、平台搭建、信息安全防护等，这些技术进步是实现高效精准治理的基石。

其次，精准化强调的是根据乡村的具体情况和民众的个性化需求，提供定制化服务和解决方案。数据应用能力是实现精准化治理的重要指标，它不仅要求数据采集的全面性和实时性，更侧重于数据分析的深入性和应用的有效性。通过对海量数据的挖掘分析，可以精准识别乡村发展的瓶颈、农民的需求痛点，从而精准施策，比如优化资源配置、定制化农业技术推广、个性化健康医疗服务等，切实提升乡村治理的针对性和实效性。

最后，科学化治理意味着依托科学方法和理性决策，确保乡村治理决策的合理性和预见性。农村民营企业信息化水平和电子商务发展水平是科学化治理成效的直观体现。前者通过评估企业在生产、销售、管理等环节的信息化应用程度，反映乡村产业现代化水平；后者则关注电子商务在农村市场的渗透率、交易规模和服务质量，电子商务的发展不仅能拓宽农产品销售渠道，促进农村经济结构优化，也是实现资源高效配置、市场快速响应的科学途径。同时，农业现代化水平的提升，借助智能农机、精准农业技术等，科学指导农业生产，提升农业综合效益，进一步巩固乡村治理的科学化基础。

5. 全面客观与可持续

全面客观地评估乡村治理数字化的成效，是对治理工作进行精准把脉和科学引导的关键步骤。这一过程不仅关注短期绩效，更重视长期影响，确保乡村发展的可持续性。全面性体现在指标体系的多维度覆盖上，既包括基础设施建设、信息技术应用的硬实力指标，也涵盖乡村治理结构优化、民众参与度提升等软实力指标。通过这种全方位的审视，能够更真实、全面地反映出数字化转型在乡村治理中的实际成效，避免片面追求单一指标的提升而忽视整体的和谐发展。

客观性则是确保评估结果真实可靠的重要保障，这意味着在数据收集、处理和分析过程中，要严格遵循科学方法，减少主观臆断的影响。通过引入第三方评估、交叉验证数据来源、采用标准化评估工具等方式，可以有效提升评估的客观性和公正性。这样获得的评估结果，能够更加准确地反映出数字化治理的真实水平和潜在问题，为政策调整和资源优化配置提供有力依据，避免决策失误，确保每一步改革措施都精准发力，有效推进。

可持续性是乡村治理数字化的长远目标，旨在构建一种既能适应当前需要，又能促进未来发展的治理体系。通过持续追踪上述指标的变化趋势，政策制定者可以及时调整策略，确保数字化进程与乡村经济、社会、环境的可持续发展目标相协调。例如，通过监测乡村数字经济的健康发展、数字技能培训的普及程度以及数字基础设施的升级迭代情况，可以确保数字化转型步伐与乡村实际发展需求相匹配，避免资源浪费和“数字鸿沟”的加剧。同时，注重生态保护和传统文化传承的数字化策略，能够促进乡村经济、社会与自然环境的和谐共生，为乡村的全面发展铺就一条绿色、包容、可持续的道路。

三、指标体系设计

在构建乡村治理数字化的指标体系时，我们必须基于一系列明确的原则和依据，以确保该体系能够全面评估数字化进程对乡村治理的影响和贡献。

首先，指标体系的构建必须围绕乡村振兴战略，重点推动农业和农村领域的数字化发展。这包括促进智慧农业的建设，以及完善通信等基础设施。在“十四五”规划期间，实现这些目标需要综合考虑专门的规划、资金支持和政策框架。确保乡村网络基础设施的建设和移动通信工具的普及是推动乡村治理数字化的关键。这要求我们不仅要关注资金的投入，还要建立相应的制度和政策，以保障资源的有效配置和利用。

其次，乡村振兴战略的实施强调了创新乡村治理体系，推动乡村善治。数字化治理背景下的善治，不仅涉及乡镇政府权力系统的数字化改革，也包括村民自治系统的数字化建设。这两个系统需要相互融合，形成一个统一的整体。善治的核心在于实现公权力的透明化和公开化，确保治理的公平、公正，并体现依法治理的理念。

再者，在设计评价指标体系时，我们应关注以下几个关键领域：① 政府对数字化建设的支持，这包括顶层设计、制度建设、基础设施建设和资金投入等基础保障要素；② 数字化平台建设，这涉及技术人员投入、技术研发和业务覆盖范围等技术支持指标；③ 数字化数据管理，包括数据生产水平、管理制度、数据安全和应用能力等有效手段；④ 数字化应用效果，这需要评估乡村政务服务能力、公务公开度、数字化公众满意度、乡风文明建设水平、农村民营企业信息化水平、电子商务发展水平和农业现代化水平等。

最后，指标体系的设计应确保这些关键指标能够全面反映乡村治理数字化的各个方面，实现对数字化效能的综合评估。这不仅有助于我们了解数字化在乡村治理中的应用效果，而且可以为政策制定者提供重要的决策支持信息，帮助他们识别关键领域和改进方向，制定更加有效的政策和措施，推动乡村治理体系与治理能力的现代化发展。通过这种综合评估，我们可以确保乡村治理数字化进程的可持续性和高效性，为乡村的全面发展奠定坚实的基础。

四、乡村治理数字化效能评价指标体系

在构建乡村治理数字化效能的评价指标体系时，我们首先需要确立一级指标，这些指标能够全面反映乡村治理数字化的关键领域，见表4-2。

表4-2 乡村治理数字化效能评价指标体系表

一级指标	二级指标	测 度 点
政府对数字化建设的支持	顶层设计	数字化建设规划完整度
	制度建设	数字化规章制度普及度
	基础设施	农村宽带连通率 移动网络覆盖率 移动设备普及率
	专项资金	财政投入占区县GDP比重
数字化平台建设	技术人员投入 技术研发水平 业务覆盖范围	大专以上人员数量 相关专利个数 覆盖规划领域业务数量 覆盖经营领域业务数量 覆盖环境领城业务数量 覆盖服务领域业务数量 覆盖治理领域业务数量
数字化数据管理	数据生产水平	数据库所含的信息量
	数据管理制度	数据管理制度数量
	数据安全程度	数据安全事故数量
	数据应用能力	涉及事务的件数
数字化应用效果	乡村政务服务能力	政务处理效率
	党务、政务、村务公开度	网络信息公开率
	数字化公众满意度	信息反馈应答率
	乡风文明建设水平	村民平均受教育年限 文化活动场所数量
	农村民营企业信息化水平	信息化水平达标企业数量
	电子商务发展水平	农村电商普及率
	农业现代化水平	科技信息推广率

1．政府对数字化建设的支持

政府在推动乡村治理数字化进程中扮演着至关重要的角色。一级指标“政府对数字化建设的支持”涵盖了顶层设计、制度建设、基础设施和专项资金等方面。这些测度点反映了政府在制定政策、构建基础设施、提供资金支持等方面的积极作用。具体来说，数字化建设规划的完整度、规章制度的普及度、农村宽带和移动网络的覆盖率，以及财政投入在区县 GDP 中的占比，都是衡量政府支持力度的关键指标。

2．数字化平台建设

数字化平台建设是实现乡村治理现代化的基石。该一级指标下的二级指标包括技术人员投入、技术研发水平和业务覆盖范围，这些指标通过大专以上人员数量、相关专利个数和不同领域的业务覆盖数量来具体化。这些测度点揭示了技术人才和研发活动对数字化平台建设的贡献，以及平台在不同乡村治理领域的应用广度。

3．数字化数据管理

数据是数字化治理的核心资源。“数字化数据管理”一级指标关注数据生产水平、数据管理制度、数据安全程度和数据应用能力。数据库的信息量、管理制度的数量、数据安全事故的数量以及涉及事务的件数，都是衡量数据管理成熟度的重要指标。

4．数字化应用效果

数字化应用效果是评估乡村治理数字化成效的直接体现。该一级指标包括乡村政务服务能力、政务公开度、数字化公众满意度、乡风文明建设水平，以及农村民营企业信息化水平、电子商务发展水平和农业现代化水平等。这些指标通过政务处理效率、网络信息公开率、信息反馈应答率等测度点来评估数字化技术在提升治理效率、透明度和公众参与度方面的实际效果。

这一体系不仅关注政府的支持和数字化平台的建设，还涵盖数据管理和数字化应用的实际效果，为乡村治理的数字化转型提供明确的评价标准和改进方向。通过这种评价，可以确保乡村治理数字化进程的健康、高效和可持续发展。

第四节　多维度治理能力分析

一、文化维度的乡村数字治理分析

在乡村数字治理的实施过程中，文化维度的考量至关重要，它涉及乡村组织和民众的数字意识与素养。

1．文化认同与数字治理理念的融合

乡村数字治理的首要任务是增强居民对数字治理的认同感。这要求我们重新构思信息传播模式，利用数字平台进行科学化的新闻与舆论工作。通过这种方式，可以建立一个积极健康的舆论环境，满足民众的需求，避免数字理论与政策的空洞宣传。数字平台的互动性为提升乡村居民的数字治理认同感提供了有力工具。

2．深化数字治理理念的普及与理解

数字治理理念的普及需要通过持续的对话和深入的解释来实现。乡村居民应被引导理解数字治理的实质，而主要参与者需要以易懂的语言传达这些理念，并及时回应民众的疑问。这种深入的解释和阐释有助于居民建立数字意识，并促进数字治理理念在乡村社会中的广泛接受。

3．创新数字治理理念的传播策略

有效的传播策略对于数字治理理念的广泛接受至关重要。应采取线上线下相结合的方法，利用社交媒体和视频平台等在线渠道，以及数字体验馆和居民互动活动等线下方式来传播数字化知识。这种双管齐下的传播策略不仅能够弥补传统口头传授的不足，还能够让乡村居民实际体验到数字技术带来的便利。

4．建立数字治理的长远影响力

在数字治理的推进中，需要超越传统的说服和信息传达方式，建立具有长远影响力的数字治理文化。这要求我们将认知问题与实际问题相结合，运用权威性和非权威性影响力，解决居民对数字治理的疑问，建立与居民之间的情感联系。通过这种方式，可以逐步提升居民的数字意识和素养，为乡村数字治理的深入实施打下坚实的文化基础。

文化维度在乡村数字治理中起着至关重要的作用。通过增强认同感、深化理念普及、创新传播策略和建立长远影响力，可以有效地提升乡村居民的数字意识和素养，为乡村治理的数字化转型提供坚实的文化支撑。

二、经济维度的乡村数字治理分析

乡村数字治理作为推动乡村振兴战略的关键手段，其发展不仅需要政策支持和文化认同，更离不开经济基础的支撑。

1. 资金支持与乡村数字治理

乡村数字治理的实施基础在于财政资金的充足支持。政府需贯彻优惠政策，整合资源，加大对乡村数字治理的投入，特别是在数字化硬件设施上的投入，以构建一个稳固的资金扶持体系。此外，资金支持应向偏远和数字化发展薄弱的地区倾斜，以促进基本公共数字化服务的均等化，并增强乡村地区的自我发展能力。

2. 多元化投融资机制的建立

为解决资金和技术分布不均的问题，需建立多元化的投融资机制，鼓励社会各界参与乡村基础设施建设和技术投入。通过政府平台吸引资本，扩展融资方式，确保资金来源的多样化，增强数字治理项目的可持续性，从而为乡村数字治理提供坚实的经济基础。

3. 技术支持与乡村数字治理的融合

技术支持是乡村数字治理的另一大支柱。需引入智能化农机、供应链管理、区块链、人工智能等先进技术，构建软硬技术相结合的数字技术体系，实现乡村数字技术的全面升级。同时，挖掘数据算法的内在价值，将数字技术与治理理念有机融合，完善乡村数字治理的技术架构，促进经济层面的发展和创新。

4. 综合提升乡村数字治理的经济效能

乡村数字治理的推动需要综合考虑经济因素，包括资金支持、投融资机制和技术融合。通过加大财政投入、建立多元化投融资渠道和强化技术支持，可以有效激发乡村数字治理的内生动力，促进乡村经济的数字化转型。这不仅有助于缩小城乡数字鸿沟，还能提升乡村地区的竞争力，实现经济的可持续发展。

经济维度在乡村数字治理中扮演着至关重要的角色。通过确保资金的充足投入、建立多元化投融资机制和强化技术支持，可以为乡村数字治理提供坚实的经济基础，推动乡村治理体系和治理能力的现代化，实现乡村全面振兴的战略目标。

三、社会维度的乡村数字治理分析

乡村数字治理的发展不仅是一项技术工程，更是一种社会运动，它要求构建一个包含多元主体参与的新型社会关系格局。

1．部门协同与数据共享

在乡村数字治理中，强化部门协同是关键。通过充分利用大数据技术的优势，可以构建一个以核心部门为主导的多元协同治理格局。统一开放的数据标准的建立，有助于实现乡村信息共享服务系统的构建，推动治理数据的开放和跨部门的数据传递。这不仅能够消除数据孤岛，还能打破各自为政的壁垒，实现数据资源的优化配置和高效利用。

2．多元主体参与的促进

确保多元主体的有效参与是乡村数字治理的另一核心要素。这需要建立一个公平、平等、资源共享的机制和平台，普及数据知识，利用社交网络等现代通信手段，激发村民的参与热情。同时，相关部门应及时响应村民的需求和意见，确保他们能够通过数字技术平台享受公共服务，有序参与乡村事务的决策和管理。

3．区域协作与资源整合

乡村数字治理还应促进区域间的协作，利用互联网和大数据技术，加强不同村庄之间的合作与联合。通过资源整合，可以充分发挥各村庄的优势，弥补资源不足，减少资源浪费。这种区域协作有助于形成联动效应，提升乡村整体的治理能力和服务水平。

4．与外部机构的合作

最后，乡村数字治理需要与外部机构建立合作关系。在数据治理框架和政策的基础上，应建立开放的政府数据战略，鼓励外部利益相关者的参与。通过管理数据价值链的各个阶段，并支持开放政府数据的应用，可以创造更多的社会和经济价值。这种合作有助于引入新的观点和资源，推动乡村数字治理的创新和发展。

乡村数字治理的社会维度分析强调了部门协同、多元主体参与、区域协作和与外部机构合作的重要性。通过这些措施，可以构建一个全面、多层次、高质量的协作机制，推动乡村数字治理的高质量发展，实现多元主体参与和高效的数字化社会关系格局。

四、政策维度的乡村数字治理分析

乡村数字治理的发展离不开政策体系的支撑，这一体系对于确保治理方向和进程具有至关重要的作用。

1．产业政策的完善与农业数字化转型

产业政策在乡村数字治理中扮演着基础性角色。政策制定者需构建易于操作且注重实效的农业发展保障制度，提高政策的针对性，促进农业数字化的升级和转型。这包括逐步完善农业补贴政策，引导农产品价格机制的建立，降低农民在数字农业中的风险，推动农业向市场多元化和数字化发展。

2．人才政策的优化与乡村人才吸引

高素质人才是乡村数字治理的关键资源。政策体系应涵盖人才的发展、激励和保障政策，鼓励有想法和能力的青年投身乡村数字治理。同时，政策应注重外部人才的发掘，激发乡村内外人才的活力，形成综合性的人才体系，确保乡村数字治理的人才供给。

3．乡村发展政策的因地制宜

乡村发展政策应根据当地实际情况和特点制定，将国家层面的政策要求与当地乡村的发展情况、资源分布、地理环境等条件相结合。这种因地制宜的政策制定有助于细化乡村数字治理政策，使之能够适应不同地区的需要，确保政策的实施在考虑到地方条件的基础上充分细化。

4．土地保障政策的完善与农民权益保护

土地保障政策是处理农民、土地和数字化技术关系的核心。通过深化土地制度改革，推动农地的数字化改革，确保土地资源的合理配置和使用，满足数字治理所需，同时保护农民的权益。这些政策的完善将有助于推动乡村数字治理的发展，确保政策体系能够更好地服务乡村数字治理的需求。

政策维度在乡村数字治理中起着至关重要的作用。通过完善产业政策、优化人才政策、建立因地制宜的乡村发展政策和完善土地保障政策，可以为乡村数字治理提供坚实的政策支撑，推动乡村治理体系和治理能力的现代化，实现乡村全面振兴的战略目标。

五、生态维度的乡村数字治理分析

乡村数字治理的生态维度分析强调了构建一个全面的生态系统，以提升治理能力和水平。以下是对生态维度下乡村数字治理分析的重新表述，旨在增强学术性和逻辑性，并进行适当扩写。

1．行政层面的整合与协同

在行政层面，乡村数字治理要求不同行政职能部门之间实现深度协同合作。这涉及整合和优化各部门的功能和数据资源，以消除隔阂，形成一个统一高效的行政治理体系。关键措施包括推动数据信息库的共享，确保信息流动畅通，以及科学设置信息数据平台的接口，以满足乡村治理的实际需求。这种整合有助于提升政策执行的一致性和效率。

2．技术层面的创新与融合

技术层面的创新是乡村数字治理的关键。需要实现信息收集、分析和共享等数字治理技术的有效整合。通过构建跨层次、跨领域的协作平台，将电子政务、电子农业等技术平台深度融入乡村治理。这不仅提高了技术应用的广泛性和深度，而且为乡村治理提供了更加科学、精准的技术支持。

3. 互动层面的沟通与协作

互动层面的构建旨在促进乡村治理主体之间的多边协作，推动数字治理的融合。为此，需要提供沟通协作的渠道，并建立关系规范以协调各治理主体之间的合作关系。设计数字生态系统的规则，为参与主体提供行为准则，提高行为一致性和与数字治理的融合度。通过建立内部标准，促进治理主体之间的协同，形成有效的一对多和多对多的互动关系。

4. 运行层面的监管与激励

运行层面的关键在于提供数字控制技术，建立参与者和治理主体之间的信任关系，并限制不良行为。从认知层面激励和控制乡村数字治理主体的参与行为，推动生态系统的良性运转。通过模块化设计和界面优化，引入监管和沟通规则，控制治理主体的行为。同时，利用数字技术促进知识共享、信息传播、相互理解和信任建立，从而提升乡村数字治理生态系统的效能和协同作用。

乡村数字治理的生态维度分析强调了行政整合、技术创新、互动协作和运行监管的重要性。通过这些措施，可以构建一个高效、协同、透明的乡村数字治理生态系统，为乡村治理带来持久的改进和提升。

第五章　我国数字乡村治理现状分析

第一节　我国数字乡村治理成效评估与案例分析

随着数字化治理的不断推广，乡村治理体系正在经历积极变革，乡村智慧应急能力也显著增强，信息化、数字化成为提升乡村治理水平的关键支持。《中国数字乡村发展报告(2022年)》(该报告由中央网信办信息化发展局、农业农村部市场与信息化司共同指导，农业农村部信息中心牵头编制，以下简称《报告》)，该《报告》全面总结2021年以来数字乡村发展取得的新进展、新成效。

一、农村党务、村务、财务网上公开的成效

根据2021年的评估数据，我国在推动农村基层治理透明度方面取得了显著进展。具体来看，"三务"即党务、村务、财务的网上公开率已显著提升至78.4%，相较于上一年度增长了6.3个百分点。其中，党务、村务、财务的在线公开率分别达到了79.9%、79.0%和76.1%，反映出各行政村在信息公开方面的积极性和透明度正在不断增强。

在党员教育和党建活动方面，全国党员干部现代远程教育网络已完成升级改造，实现了全媒体覆盖，为农村基层党员干部和群众提供了一个在线学习的平台。这一"互联网+党建"模式不仅提升了教育的可达性，也增强了党建活动的互动性和实效性。此外，基层政权建设和社区治理信息系统的覆盖范围也得到了显著扩展，目前已覆盖48.9万个村委会和11.7万个居委会。这一系统实现了行政村(社区)基础信息和统计数据的快速报送，极大地提高了信息管理的效率和准确性。

在资产管理方面，全国农村集体资产监督管理平台的上线试运行，整合了包括农村承包地、集体土地、集体账面资产和集体经济组织等在内的各类数据。这不仅提高了农村集体资产的监管效率，也为农村集体经济的健康发展提供了数据支持。

同时，农村宅基地管理信息平台的建设也在稳步推进，目前已有105个农村宅基地改革试点县（市、区）建立了宅基地数据库。这标志着宅基地管理正在向数字化、规范化的方向发展。

最后，全国农村房屋综合信息管理平台和农村房屋基础信息数据库的建设启动，将进一步推动农村地区房屋管理的信息化进程，为农村住房政策的制定和实施提供坚实的数据基础。

我国各行政村在数字乡村治理方面取得了积极的成效，不仅提高了治理透明度和效率，也为农村地区的可持续发展和乡村振兴战略的实施奠定了坚实的基础。

二、“互联网＋政务服务”的实施进展

全国一体化政务服务平台的建设，旨在提升农村地区的政务服务支持能力和服务效能。目前，该平台已在农村地区取得了显著进展：

1. 县级政务服务平台的建设与覆盖

截至目前，全国已成功建设355个县级政务服务平台。这些平台的建立，是国家电子政务外网实现100%县级行政区域覆盖和96.1%乡镇覆盖的重要里程碑。这一广泛的覆盖率，为乡村居民提供了更加便捷和高效的政务服务，显著提升了他们的满意度。

2. 政务服务模式的创新与推广

政务服务“一网通办”模式已在农村地区得到广泛推广。这种模式通过简化流程、减少纸质文件的使用，实现了政务服务的数字化转型。评估数据表明，2021年全国县级范围内，六类涉农政务服务事项的综合在线办理率已达到68.2%，这一比率的提高，反映了政务服务数字化的深度和广度。

3. 政策推动下的信息化应用

在推动“积分制”和“清单制”政策的过程中，多个地方政府积极采用互联网技术和信息化手段。这些技术的应用不仅促进了积分管理的精细化、透明化和实时化，还提高了清单管理的规范性、透明性和便捷性，从而增强了政策执行的效率和公信力。

4. 健康码在乡村地区的应用

健康码的引入和应用，是乡村地区数字化转型的又一实例。通过健康码，乡村地区实现了核酸检测、疫苗接种等疫情相关数据的共享。这不仅为乡村地区的精准疫情防控提供了数据支持，也为农民工的有序流动提供了便利，体现了数字化在提升社会治理能力方面的重要作用。

全国一体化政务服务平台的建设和应用，不仅提高了乡村地区政务服务的效率和质量，也推动了政务服务的数字化转型。通过这些措施，乡村居民能够享受到更加

便捷、高效的政务服务，同时也为乡村地区的疫情防控和社会治理提供了有力的支持。这些进展为实现乡村振兴战略和提升乡村治理现代化水平奠定了坚实的基础。

三、互联网＋基层社会治理行动实施

在乡村地区，“互联网＋基层社会治理”行动的深入实施标志着数字化转型在提升社会治理效能方面迈出了重要步伐。

1．数据资源整合与共享的推进

各地政府积极响应国家号召，推动基层社会治理数据资源的建设和共享。通过在行政村（社区）层面进行数据的综合采集，实现了资源的高效整合。这种整合不仅涉及一次采集、多方利用的模式，而且通过网格化管理，实现了数据的精细化和动态更新。这一过程的创新之处在于，它将人力资源与大数据技术相结合，为社会治理提供了更为精准和高效的决策支持。

2．公共服务与社会治理水平的提升

“互联网＋基层社会治理”行动的实施，推动了公共服务和社会治理水平的持续提升。数据驱动的方法论使得政府能够更快速地响应民众需求，优化资源配置，提高服务的针对性和有效性。例如，通过分析收集到的数据，政府可以识别公共服务的薄弱环节，及时调整政策，以更好地满足农民群众的需求。

3．农民群众安全感的增强

随着社会治理数字化的推进，农民群众的安全感得到了显著增强。一方面，数字化手段提高了治理的透明度，使农民能够更清楚地了解相关政策和措施，从而提高了他们对政府工作的信任感。另一方面，通过数字化平台，农民可以更方便地参与到社会治理中来，提出自己的意见和建议，这种参与感和归属感的增强，进一步提升了他们的安全感。

“互联网＋基层社会治理”行动的实施，不仅提高了乡村地区社会治理的效率和质量，而且增强了农民群众的安全感和满意度，为乡村的可持续发展和全面振兴奠定了坚实基础。

四、公共安全视频图像应用系统的推广成效

2021 年，我国在行政村中推广公共安全视频图像应用系统取得了显著成效，覆盖率提升至 80.4%，相较于前一年增长了 3.4%。

1．系统覆盖率的提升及其效益

公共安全视频图像应用系统的广泛部署，显著增强了乡村地区对关键公共安

全领域的监控能力。该系统在多个方面展现出其卓越的性能：监测农村水域安全、水位临界报警以及提供全景监控。这些功能的实现，不仅提高了乡村地区对自然灾害和意外事故的响应速度，还有效提升了预防和应急处理的能力。

2. 对留守儿童的特别关注

特别值得一提的是，该系统在关注农村留守儿童和预防溺水等意外事故方面取得了显著成效。通过技术手段的应用，增强了对留守儿童的安全保护，减少了因监管缺失导致的悲剧发生，体现了社会治理中对弱势群体的关怀和支持。

3. 儿童福利管理信息系统的辅助作用

此外，儿童福利管理信息系统的引入和应用，进一步增强了对农村留守儿童的关爱和服务。该系统在 2021 年 7 月至 2022 年 6 月期间，共收集了 75.5 万名留守儿童的信息，为这些儿童提供了更加精准和细致的福利。通过信息的收集和分析，政府部门能够更好地了解留守儿童的需求，制定和实施更加有效的保护措施。

4. 社会治理精细化的体现

公共安全视频图像应用系统和儿童福利管理信息系统的结合使用，体现了乡村社会治理向精细化、智能化转型的趋势。这种转型不仅提高了治理效率，还增强了对个体权益保护的重视，尤其是对农村留守儿童这一特殊群体的关注，彰显了社会治理的人文关怀。

公共安全视频图像应用系统的推广和儿童福利管理信息系统的应用，共同推动了乡村地区社会治理现代化的进程。这些措施的实施，不仅提升了乡村公共安全水平，还体现了对农村留守儿童等弱势群体的特别关怀，为构建和谐、安全的乡村社会环境提供了有力支撑。

五、打击农村地区网络犯罪的成果

针对农村地区网络犯罪的上升趋势，政府已经采取了一系列积极的应对措施。

1. 专项行动的开展

政府特别针对电信网络诈骗和互联网金融领域的犯罪行为，开展了深入的专项行动。这些行动重点打击了涉及村镇银行、“三农”信贷、P2P 网贷平台以及非法网络支付等互联网金融犯罪活动。通过这些专项行动，政府展现了对网络犯罪零容忍的态度，并致力于维护农村地区的金融安全和秩序。

2. 对弱势群体的特别关注

政府特别关注了农村留守人员，这一群体由于信息获取渠道有限、防范意识较弱，更容易成为网络犯罪的受害者。为了提高他们的防范能力，政府加强了预警和劝阻措施，通过教育和宣传，提高了农村留守人员的自我保护意识。

3. 紧急拦截机制的完善

为了最大限度地减少农村居民的财产损失，政府完善了对受骗资金的紧急拦截机制。这一机制能够在第一时间内响应诈骗事件，迅速采取措施，阻止资金的非法转移，保护了农村居民的合法权益。

4. 技术与法律手段的结合

在打击网络犯罪的过程中，政府不仅依靠技术手段，如大数据分析、网络监控等，还加强了法律手段的运用。通过完善相关法律法规，明确网络犯罪的界定和处罚措施，提高了法律的威慑力，为打击网络犯罪提供了坚实的法律基础。

5. 社会共治的推动

政府还积极推动社会共治，鼓励社会各界参与到打击网络犯罪的行动中来。通过建立举报奖励机制、加强社区警务合作等方式，动员社会力量共同维护网络空间的安全。

这些措施的实施，有效提升了农村地区的网络安全防护能力，保护了农村居民的财产安全，为构建和谐、安全的网络环境提供了有力保障。

六、乡村智慧应急能力的提升案例

乡村地区在提升智慧应急能力方面取得了显著进展，特别是在农业防灾和疫病防控领域。

1. 监测和预警系统的强化

乡村地区不断加强农业防灾和疫病防控能力，通过建立和完善监测与预警系统，有效提升了对气象信息和家情的响应速度与准确性。2021 年秋冬期间，洪涝灾害和 2022 年长江流域的气象干旱得到了有效应对，这得益于监测和预警系统的及时介入和调度。

2. 数字化监测预警系统的改进

全国范围内的农作物重大病虫害数字化监测预警系统得到了显著改进。该系统与 22 个省级平台和 4000 多台物联网设备实现了对接，为及时发现和防治小麦条锈病、稻飞虱、草地贪夜蛾等重大病虫害提供了坚实的技术支持。这种数字化转型不仅提高了防控效率，也为农业可持续发展提供了保障。

3. 动物疫病防治信息系统的升级

国家动物疫病防治信息系统也进行了升级，新增了对非洲猪瘟等重大疫病的监测和报告功能。这一升级对于早期发现和控制动物疫病的传播具有重要意义，有助于减少畜牧业的损失，保障公共卫生安全。

4. 通信应急能力的提高

在偏远地区，水利设施的通信应急能力得到了显著提升。通过配备卫星设备、卫星电话和无人机等资源，有效弥补了公用通信网络在水利应用场景中的不足，确保了在极端条件下通信的畅通和应急响应的及时性。

5. 林草防火预警系统的优化

林草防火预警系统经过优化升级，扩大了森林草原火灾的监测范围，提高了预警能力。这一改进对于预防和及时应对森林草原火灾具有重要作用，有助于保护生态环境和人民生命财产安全。

6. 应急广播体系的建设

在老少边及欠发达地区，县级应急广播体系建设工程的深入实施，显著提升了应急响应的效率。应急广播作为信息传播的重要渠道，在灾害预警、应急指挥和信息发布中发挥了关键作用。

从监测和预警系统的强化到数字化监测预警系统的改进，从动物疫病防治信息系统的升级到通信应急能力的提高，再到林草防火预警系统的优化和应急广播体系的建设，这些措施共同构建了一个更加科学、高效的应急管理体系，为乡村地区的可持续发展和居民安全提供了有力保障。

第二节　我国数字乡村发展水平的量化比较分析

为了全面掌握和推进农业农村信息化发展，中央网信办信息化发展局联合农业农村部市场与信息化司，委托农业农村部信息中心，基于连续 3 年（2020—2022 年）的全国县域农业农村信息化监测评价工作，试行开展了数字乡村发展水平评价。这一评价工作不仅为政策制定者提供了决策支持，也为各地区数字乡村建设提供了明确的方向和目标。评价工作采用了量化的方法，通过收集和分析大量的数据，对福建省及其他地区的数字乡村发展水平进行了客观的评估。

一、指标体系

针对当前数字农业和农村发展面临的新形势和新要求，已建立了一个客观度较高、社会认可度较广的评价指标体系。此指标体系遵循关键绩效指标（Key Performance Indicator，KPI）的基本原则，保持了一定的稳定性，同时经过适度修订和完善，以更好地适应当下的要求。该指标体系涵盖 6 个一级指标，分别为发展环境、基础支撑、生产信息化、经营信息化、乡村治理信息化和服务信息化。在这6个一级指标下，包括15个二级指标和20个三级指标，共同构成了一个较为细致的评估框架，以全面反映数字农村和农业的现状和进展。这一指标体系的设计旨在提供更全面、深入的评价，以推动数字农村和农业领域的可持续发展，详细评价指标体系见表5-1。

表5-1　数字乡村发展水平评价指标体系

一级指标	二级指标	重点评估要素
发展环境	财政投入	乡村人均农业农村信息化财政投入等
	社会资本投入	乡村人均农业农村信息化社会资本投入等
	机构设置	县级农业农村部门内设信息化机构建设情况等
乡村网络基础设施	互联网普及程度	互联网普及率、行政村5G通达率等
农业生产信息化	信息技术在农业生产领域应用情况	大田种植信息化率、设施栽培信息化率、畜禽养殖信 息化率、水产养殖信息化率等
	农产品网络销售情况	农产品网络销售额占比等
经营信息化	信息技术在农产品质量安全追溯领域应用情况	接入自建或公共农产品质量安全追溯平台的大田种植业、设施栽培业、畜禽养殖业、水产养殖业农产品产值占比等
乡村治理信息化	基层监督	党务、村务、财务网上公开行政村覆盖率等
	政务服务	涉农政务服务事项在线办事率等
	网格治理	公共安全视频图像应用系统行政村覆盖率等
	村级事务管理	村级在线议事行政村覆盖率等
	应急管理	应急广播主动发布终端行政村覆盖率等
服务信息化	村级综合服务	村级综合服务站点行政村覆盖率等
	农技推广服务	农技推广服务信息化率等

二、数据来源

《中国数字乡村发展报告(2022年)》针对本次评价数据采取县(市、区)农业农村部门自愿填报，市(地、州)、省(区、市)农业农村市场信息化部门逐级审核把关的方式获得，共收集到2708个县(市、区)2021年的基础指标数据。经审核、清洗，纳入本次评价的有效样本县(市、区)为2660个,除香港、澳门和台湾地区外,基本覆盖全国其余所有涉农县域,其中东部地区1759个、中部地区853个、西部地区1048个,覆盖49.7万个行政村(含农村社区)。

三、数据分析方法

采用层次分析法(Analytical Hierarchy Process,AHP)进行数据分析。首先,对填报的各项指标进行计算,得出各指标的三级子指标值。接着,对这些三级子指标值进行归一化处理。最后,按照预先设定的权重,逐级计算指标值,并得出总体发展水平的评估值。

四、数据分析

1. 数字农业农村整体发展水平

2021年全国数字乡村发展水平达到39.1%,其中东部地区为42.9%,中部地区为42.5%,西部地区为33.6%。高于全国平均水平的有12个省(区、市),见表5-2。

表5-2　数字乡村发展水平高于全国平均水平的省(区、市)

省(区、市)	发展水平(%)	省(区、市)	发展水平(%)
北京	40.2	福建	40.1
天津	42.1	江西	42.0
上海	57.7	湖北	52.2
江苏	58.7	湖南	45.2
浙江	68.3	广东	46.4
安徽	55.0	重庆	43.0

注:表中的"全国数字乡村发展水平"为2660个有效样本县(市、区)综合测算的结果。数据来源:中国数字乡村发展报告(2022年),下同。

针对福建省各县区(市),综合测算显示,截至2021年,福建省的县域数字农业农村发展整体平均水平约为40.1%。在各县(市、区)中,仅有13个地区,占比约15.5%,数字农业农村发展水平超过了50%。相应地,有53个县(市、区)数字农业农村发展水平为30%～50%,占比约63%。其余占比约21.5%,数字农业农村发展水平低于30%。此数据表明,福建省内部存在明显的数字发展不均衡,南部地区,如福州、厦门、泉州等,数字农业农村发展稍高,而北部地区,如宁德、南平、三明等，整体数字农村发展水平相对略低。

2．农业农村数字化建设投资环境

据测算，2021 年全国县域农业农村信息化建设的财政投入占国家财政农林水事务支出的 1.8% 。从中央到地方，各级、各地积极引入社会资本投资建设数字乡村，财政资金“ 四两拨千金” 的撬动作用得到较好发挥。分区域看，东部地区社会资本投入 562.4 亿元，占全国社会资本投入的 58.9%，县均投入 7410.0 万元，乡村人均投入 231.8 元。分省份看，县均社会资本投入位居全国前 10 名的省(区、市)见表 5-3，乡村人均社会资本投入位居全国前 10 名的省(区、市)见表 5-4。

表 5-3　县均社会资本投入位居全国前 10 名的省(区、市)

省(区、市)	县均社会资本投入(万元)	省(区、市)	县均社会资本投入(万元)
北京	4634.5	安徽	4262.6
天津	7244.8	山东	3980.5
上海	8439.5	湖北	4639.2
江苏	14834.0	广东	7189.4
浙江	28851.6	重庆	8740.1

表 5-4　乡村人均社会资本投入位居全国前 10 名的省(区、市)

省(区、市)	乡村人均社会资本投入(元)	省(区、市)	乡村人均社会资本投入(元)
天津	291.5	湖北	126.1
上海	188.1	广东	180.9
江苏	350.1	重庆	220.6
浙江	1108.4	贵州	124.4
福建	139.7	宁夏	278.0

由表 5-4 可见，关于数字农业农村建设的投资环境，福建省仍面临一些挑战。福建省县均投入较全国县均农业农村信息化社会资本投入有很大差距，县均社会资本投入不在全国前 10 名的省(区、市)，乡村人均社会资本投入也仅有 139.7 元，仍需加大财政和社会资本投入，以提高数字农村的发展水平。

3．农业生产数字化应用率

2021 年全国农业生产信息化率为 25.4%，较上年增长了 2.9 个百分点。分区域看，东、中、西部地区的农业生产信息化率分别为 29.2%、33.4% 19.1%。分省(区、市)看，见表 5-5，农业生产信息化率高于全国平均水平的有 13 个省(区、市)，而福建省低于全国平均水平不在表中[为便于说明，“省(区，市)”将简称为“省份”。]。

表 5-5　农业生产信息化率高于全国平均水平的省份

省(区、市)	农业生产信息化率(%)	省(区、市)	农业生产信息化率(%)
天津	30.5	江西	29.4
河北	28.5	河南	29.3
黑龙江	27.7	湖北	48.5
上海	49.6	湖南	32.5
江苏	48.2	广东	28.0
浙江	45.3	重庆	26.5
安徽	52.1	—	—

福建省的农业生产数字化应用水平在整体上相对较低，尤其在不同农业领域之间存在明显的差异。具体来说，福建省的种植业领域，平均信息技术应用率仅为15.06%，相较于全国平均应用率，存在2.3%的下降。然而，在植物栽培领域，平均应用率为31.2%，尽管相对较低，但降幅相对较小，约为9.8%。畜牧业的数字化应用率在福建省平均为23.85%，较全国平均水平低8.95%。与之相对，水产养殖业的平均应用率为4.81%，低于全国平均应用率4.27%。因此，数据清晰表明，虽然福建省的农业生产领域整体存在一定的数字化差距，但在高经济效益领域，如设施栽培和畜牧业，更容易推广和应用现代数字信息技术，包括物联网、大数据、云计算以及移动互联等。

4. 行政村电商服务站点覆盖率

2021年农产品网络销售额占农产品销售总额的14.8%。分区域看，东部沿海省份农产品电子商务发展继续走在前列，中部和西部地区紧随其后，东部地区农产品网络销售额占比为17.7%，中部地区为15.6%，西部地区为10.6%。分省份看，见表5-6，农产品网络销售额占比高于全国平均水平的有12个省份，但福建省与广东、浙江等其他沿海省份相比，没有优势。

表 5-6　农产品网络销售额占比高于全国平均水平的省份

省(区、市)	农产品网络销售额占比(%)	省(区、市)	农产品网络销售额占比(%)
上海	19.4	湖北	21.8
江苏	26.1	湖南	17.6
浙江	42.1	广东	27.5
安徽	22.4	陕西	15.8
福建	15.8	甘肃	16.3
江西	15.3	宁夏	15.0

福建省近年来在农村电商服务站点的建设方面取得显著成效。84 个县(市、区)的电商服务站点覆盖率已接近 90%，并且有一半的地区已实现了 100%的覆盖率。此外，益农信息社覆盖率也高达近 80%，其中 60 个县(市、区)实现了 100%的覆盖率，占总样本数的 70%。福建省积极推进“电子商务进农村”和“信息进村入户”工程，这些农村电商服务站点根植于农村，服务“三农”，真正将服务落到实处，让农民成为最大受益者。

5. 数字化技术在农产品经营流通领域的应用

随着国家和地方、公共和自建农产品质量安全追溯管理信息平台的持续完善，越来越多的农产品应用互联网技术和信息化手段实现了质量安全追溯。2021 年通过接入自建或公共农产品质量安全追溯平台，实现质量安全追溯的农产品产值占比为 24.7%，较上年提升 2.6 个百分点。分区域看，东部地区为 31.8%，中部地区为 22.9%，西部地区为 17.1%。分省份看，见表 5-7，农产品质量安全追溯信息化率高于全国平均水平的有 10 个省份。

表 5-7　农产品质量安全追溯信息化率高于全国平均水平的省份

省(区、市)	农产品质量安全追溯信息化率(%)	省(区、市)	农产品质量安全追溯信息化率(%)
北京	27.5	福建	34.3
天津	31.4	湖北	36.6
上海	87.3	湖南	28.2
江苏	52.1	广东	33.5
浙江	67.1	西藏	28.3

农产品电子商务在福建省已经成为农产品交易的重要渠道。据数据显示，福建省农产品质量安全追溯信息化率为 34.3%，但相对全国东部地区平均数字 31.8%，仅高出 3%。

6. 数字化技术在农村治理中的应用

2021 年“ 三务”网上公开行政村覆盖率达到 78.3%，较上年提升 6.2 个百分点。其中，党务、村务、财务分别为 79.9%、79.0%、76.1% 。分区域看，东部地区“三务 ”网上公开行政村覆盖率为 78.4% ，中部地区为 83.8%，西部地区为 72.3%。分省份看，见表 5-8，“ 三务”网上公开行政村覆盖率高于全国平均水平的有 17 个省份。

表 5-8　“三务”网上公开行政村覆盖率高于全国平均水平的省份

省(区、市)	覆盖率(%)	省(区、市)	覆盖率(%)
天津	95.3	山东	81.9
内蒙古	89.0	湖北	98.7
吉林	79.0	湖南	98.9
上海	100.0	广东	94.7
江苏	100.0	重庆	95.4
浙江	99.9	四川	80.5
安徽	99.5	甘肃	90.0
福建	79.7	宁夏	95.0
江西	88.9	—	—

数字化技术已逐渐成为福建省农村治理的新手段。数据显示，福建省“三务”网上公开行政村覆盖率 79.7%，低于周边省份，距离较大。通过全国数据看，在农村党务、财务和村务中，信息技术的应用率逐渐提高，数字化技术已经成为农村治理的新手段。

村级在线议事是指通过“智慧村庄”综合管理服务平台、微信群、QQ 群等信息化平台对村级事务进行讨论或决策，为村级组织落实基层群众自治制度提供了信息化支撑。2021 年全国村级在线议事行政村覆盖率为 72.3%。分区域看，东部地区为 75.9%，中部地区为 75.4%，西部地区为 64.0%。分省份看，见表 5-9，村级在线议事行政村覆盖率高于全国平均水平的有 14 个省份，福建省位次较低。

表 5-9　村级在线议事行政村覆盖率高于全国平均水平的省份

省(区、市)	覆盖率(%)	省(区、市)	覆盖率(%)
北京	97.1	山东	73.0
上海	100.0	湖北	95.7
江苏	99.6	湖南	85.9
浙江	95.5	广东	91.1
安徽	97.9	重庆	92.6
福建	77.4	四川	73.8
江西	75.9	宁夏	75.4

总体来看，福建省的数字农业农村发展整体水平存在差异，数字化建设投资环

境有待改善，农业生产数字化应用率相对较低，但农村电商服务站点覆盖率高，数字化技术在农产品经营流通领域逐渐得到应用，数字化技术也在农村治理中发挥着越来越重要的作用。要进一步推动数字农村发展，福建省可以加大数字农村建设的资金投入，提高数字技术在农业生产和农村治理中的应用，以促进数字农村的可持续发展。

五、相关建议

福建省在数字乡村建设方面取得了显著的成效。通过量化评价分析，可以发现福建省在基础设施建设、信息技术推广应用、农业产业数字化转型等方面均取得了积极的进展。这些进展不仅提升了农业生产效率，也为农民带来了实实在在的收益，增强了乡村治理的现代化水平。同时，通过与全国其他地区的比较分析，福建省可以借鉴先进的经验和做法，不断优化和提升自身的数字乡村发展策略。

1．提高数字农业农村建设重要性的认识

建议加强福建省各级政府，尤其是基层政府对数字农业农村建设重要性的认识。针对不同地区的特点，应以产业数字化、数字产业化、资源数字化为主线，明确数字农村建设的战略定位和发展目标。需要实时监测和评估当地农村数字化建设水平，以科学的数据为决策制定提供支持，尤其是制定适用于不同地区的数字农业农村发展政策。

2．建立长期、稳定的经费投入机制

福建省需要建立一个长期、稳定的数字农业农村建设经费投入机制。政府可以继续增加对农业农村数字化项目的财政支持，特别是在项目方案设计、组织论证和建设实施等方面提供更多资金支持。这将有助于确保数字农村建设的可持续性和高效性。

3．技术支撑的加强

福建省在数字乡村建设中，首先需要加强技术支撑。这包括积极推动数字技术在农业生产经营中的应用，如引入智能农业设备、精准农业技术以及先进的信息技术，旨在提高农业生产效率和农民的经济收入。政府的角色在于激励科研机构与农民之间的紧密合作，确保科研成果能够转化为实际生产力。同时，政府还应致力于培养大数据技术和应用创新型人才，为数字乡村建设提供坚实的技术基础和人才保障。

4．试验示范的推进

福建省应加强试验示范工作，支持农村地区建设集成农业物联网、云计算、移动互联等新一代信息技术的创新平台。通过建立应用示范点，推广成功的数字化实践，以点带面，促进数字技术的广泛应用。此外，利用媒体宣传、优秀成果展示和经验交流活动，可以有效提升数字乡村建设的社会认知度，营造积极的建设氛围，提高数字技术的应用水平。

5. 加大政策支持力度

为了确保数字乡村建设的顺利进行，福建省应充分发挥政策支持和地理位置优势，制定具有针对性的扶持政策。这包括提供财政补贴、税收优惠等激励措施，吸引更多的社会资本投入数字乡村建设。同时，政府应加大对关键领域的财政投入，如基础设施建设、技术研发和人才培养等，为数字乡村建设提供持续发展的动力。

6. 建立示范项目

通过建立示范项目，福建省可以探索和总结数字乡村建设的有效模式和经验，为其他地区提供可借鉴的范例。示范项目应涵盖数字技术在农业生产、乡村治理、公共服务等方面的应用，展示数字乡村的综合效益，激发更广泛的社会参与和创新。

7. 营造可持续发展环境

福建省应致力于营造一个有利于数字乡村建设持续发展的环境。这不仅包括技术、资金和政策的支持，还涉及制度创新、市场机制完善以及农村信息化服务体系建立。通过这些措施，可以确保数字乡村建设的长期性和可持续性，为实现乡村全面振兴和农业农村现代化奠定坚实基础。

通过这些综合性措施，可以有效地推动福建省数字乡村建设，实现乡村的全面振兴和可持续发展。

第三节　实践案例的深入探讨

一、贵州数字乡村建设案例

（一）案例分析

在推动乡村振兴和脱贫攻坚的过程中，贵州省住房和城乡建设厅以数字化为基础，结合信息化和大数据技术，成功打造了“贵州数字乡村建设监测平台”和相应的移动端应用“贵州数字乡村 APP”。

数字乡村建设监测平台整合了贫困户名单、农村危房改造信息、农村生活垃圾收运信息以及传统村落信息。通过区域化系统管理和权限分级，实现了乡村治理的现代化。一线干部能够通过手机 APP 将现场核实的信息上传至平台，实现了危房改造关键信息的一目了然，从而提高了管理效率。

贵州数字乡村 APP 作为全省住房信息管理系统的一部分，该移动应用打通了小程序、公众号等多渠道，实现了移动网络多终端覆盖。工作人员通过 APP 能够实现移动办公、实时监测和高效监督，实现了乡村建设、治理和游览等多功能的一体化。这使得数字乡村的信息普及到每一个家庭，手机成为乡村振兴的重要工具。

通过大数据辅助科学决策，政府能够更加科学化地进行决策，提高政府治理水平。平台不仅帮助扶贫部门管理贫困户信息，还实现了全域农村生活垃圾收运设备的全自动管理，动态监测运行情况，促进服务和管理水平的提升。

通过 VR 技术，工作人员全方位搜集和储存了贵州农村的风光风貌。用户可以通过"传统村落数字博物馆"在数字乡村 APP 中体验贵州乡村的美景风貌，全方位展现山山水水、花草树木、房屋桥梁，实现了线上旅游的文化之旅。

通过数字化平台建设，成功实现了广大农村实体产业与市场的数字化对接，推进了乡村数字经济的发展。这为美丽乡村的共同缔造作出了卓越贡献，同时拉动了乡村旅游业的发展。

（二）案例启示

贵州数字乡村建设监测平台通过信息整合实现高效管理，提升了危房改造等乡村治理工作的效率。贵州数字乡村 APP 通过多渠道覆盖，普及信息至每户，促进了乡村振兴。这些实践为其他地区提供了数字化推动乡村治理现代化和产业发展的范例，有助于实现乡村全面振兴。

二、湖南省益阳衡龙桥镇"智慧大脑"案例

湖南省益阳市赫山区衡龙桥镇通过"小投入、小平台、小机制"的创新方式，成功实现数字乡村治理的升级。以"三小三大（小投入、小平台、小机制；大跃升、大融合、大提升）"为核心理念，该镇成为湖南省数字乡村试点，通过数字技术为基层治理装上了"智慧大脑"。

（一）案例分析

1. 小投入，大跃升

衡龙桥镇通过多渠道整合资金，建成智慧治理综合指挥调度中心，布设 406 路

高清摄像头，实现全域视频监控和数据资源的集中共享，提升了治理效率。与企业深度合作，整合移动公司和科技公司资源，共同推进数字乡村建设。这种多元共建的模式有效解决了资金和技术的问题，推动了数字化治理的发展。将全镇划分为98个网格，实现横向到边、纵向到底的基层管理服务体系。通过网格化管理，促进了矛盾纠纷的解决和政务服务的提升。

2. 小平台，大融合

通过智慧治理平台实现“五长联动”，以网格员为核心，实现一人次完成多个任务，有效减少了巡查人员和次数，提高了工作效率。在智慧治理平台中融入党建、应急、综治等关键工作，构建信息汇聚高地，为党委政府提供决策依据。随着数字治理工作的不断深入，刑事案件、治安案件、交通事故的发生率得到了显著控制实现了大幅度下降。整合各类视频监测终端，引入无人机巡航、红外感知、AI人脸识别等功能，搭建智慧防控体系。数字化平台的运用使得安全监管实现了“零延时”，能够及时处置各类安全隐患。

3. 小机制，大提升

将数字乡村建设纳入镇党委“书记工程”，形成统筹调度机制，实现项目建设进展的及时汇报和问题解决。充分发挥了党委政府的领导作用。通过建立三级联动微信群，实现群众点单、网格接单、平台派单的问题扁平化闭环管理机制。数字化治理工作促使了问题解决的高效率。设立“网格化＋扁平化”治理办公室，负责智慧平台调度运营、网格群管理回应、网格员管理考核等工作，形成了完善的运营管理机制，提升了治理效能。

（二）案例启示

衡龙桥镇采用“小投入、小平台、小机制”策略，成功升级了数字乡村治理，突出了创新思维在数字化转型中的重要性。通过与企业合作解决资金技术难题，展示了多方参与合作的效益。智慧治理平台整合关键工作，提升了决策智能化水平。其他地区可借鉴此模式，注重信息集成与智能化决策，推动数字治理发展。

三、江西省新余市渝水区农村集体产权数字化管理

（一）案例分析

在江西省新余市渝水区，下村镇杭桥村通过创新“党支部＋村集体＋村民入股”模式，成功将征地拆迁款折算成个人股份，利用村庄宅基地旧址建设标准厂房，引进企业、学校，为村集体带来了400余万元的租赁收入，同时带动周边1000多名

农民在园区务工。渝水区在解决农村集体资产资源混乱问题的同时，通过数字化管理实现了公正、公平、公开的农村产权交易，夯实了乡村治理基础。

1．农村集体产权管理模式创新

利用征地拆迁款，杭桥村创新性地将资金折算成个人股份，实现了农民的利益最大化。通过“党支部＋村集体＋村民入股”这一模式，村庄宅基地旧址得到充分利用，建设标准厂房，吸引企业和学校落户，为村集体增加了租赁收入。同时进行数字化管理。渝水区针对农村集体资产资源管理混乱的问题，进行全面清理，收回资源面积1.4万多亩（1亩≈666.67平方米，后文此类状况不再赘述）、资产面积5500多平方米，追回拖欠金额201万元。所有集体资产资源建立了电子档案，实现了数字化信息监测管理和信息共享，建立了农村产权交易预警机制，有效防止了资产资源流失。

2．构建农村产权交易市场体系

渝水区建立了以农村产权交易中心为龙头的城乡统一的农村集体资产资源交易市场体系。在渝水区设立综合平台，成立新余市振兴农村产权运营管理有限公司，设立农村产权交易中心，为各类农村产权流转交易提供服务。形成产权交易市场三级网络联动机制。在乡镇设立农村集体产权交易服务窗口，负责前期工作，包括业务培训、信息传送、交易申请、资料初审等。在村级设立信息服务室，负责产权流转信息收集、统计上报以及产权标的现场勘测等工作。

3．网上竞拍交易与规范市场

渝水区通过农村产权交易中心推行农村集体资产资源网上竞拍交易。截至2022年9月，共挂牌项目793笔，挂牌面积5.1万亩；成交项目695笔，成交金额6916.43万元。其中，网上公开竞拍成交22笔，竞拍成交金额1693.4万元，最高溢价率超过200%。渝水区农村产权交易中心的良性运行，不仅最大限度地体现了农村集体产权的市场价值，而且预防了农村基层微腐败的发生，让乡村治理更加科学高效。

（二）案例启示

杭桥村采用“党支部＋村集体＋村民入股”模式，将征地拆迁款转化为个人股份，优化了农民利益。渝水区利用数字化管理提升农村产权交易的公正性和透明度，建立了电子档案和预警机制，规范了市场秩序。此外，渝水区构建的农村产权交易中心和三级网络联动机制，为其他地区提供了规范市场建设和促进产权流转的有效模式。

四、贵州贵阳“数字下乡，村务上网”实践

（一）案例分析

贵阳市在推动乡村振兴的过程中，通过数字技术的应用，积极推进乡村数字治理工作。龙泉村的农房改造和“村村”APP以及花梨镇的“黔农e村”平台等项目展示了数字化技术在农村治理中的多样应用，为乡村振兴提供了新思路。

1. 闲置农房盘活平台“村村”APP

“村村”APP是贵阳市首个市级的闲置农房盘活平台。通过该平台，农村群众可以发布闲置农房信息，吸引城市投资者对农房进行入股改造。改造完成的民宿可以在平台上提供出租，实现了闲置农房的盘活。投资者入股改造后，获得20年的房屋使用权，可以选择自住或对外出租。租金收益按六成归投资者，平台公司和原户主各占二成。通过数字化管理，已完成改造的民宿数量达80多间，投入运营36间，户均年增收1.2万元左右。

2. 建设“黔农e村”数字服务平台

“黔农e村”是贵州省农村信用社“黔农智慧乡村数字服务平台”下的一款APP。该平台通过数字化手段，让农民随时随地查阅自己账上的各项补贴、务工收入等信息，极大地方便了农民的日常生活。通过“黔农e村”的“三资”管理平台，村务管理流程实现线上化。例如，从发起申请到审批结束，一笔购置农机款的流程仅用了两个小时。这种高效的村务管理大大提升了村集体经济的发展效能。

3. 利用资源，提升服务

通过“村村”APP，农村的闲置资源得到了有效的利用，投资者和农民共同分享了盈利。这为农村经济的多元化发展提供了契机。“黔农e村”平台的推出，让农民可以更便捷地了解各类政策、村集体财务、资金使用等重要信息，为农村群众提供了更加全面的服务。数字化管理使得村务管理流程更为高效，从而更好地适应市场变化，例如在农机购置等方面能够更灵活地应对市场需求。

（二）案例启示

“村村”APP创建了市级农房盘活平台，利用数字技术优化农房资源配置，激活农村经济。“黔农e村”平台则通过数字化手段提升农民生活便捷性，实现村务管理线上化，提高管理效率。这些实践为其他地区提供了推动资源多元利用、提高村务管理效能的数字化管理经验。

五、北京平谷区安固村"数字惠农智慧兴村"案例

（一）案例分析

北京市东北部的平谷区安固村以其数字乡村治理的创新举措吸引了社会关注。通过数字技术，安固村在信息化、数字化方面取得了显著的成果，为乡村振兴提供了有力的支持。

1. 便捷的线上服务

安固村通过联通赠送的数字乡村管理服务平台，实现了书记信箱、民情上报、曝光台、审批代办等功能的线上服务。这使得村委会能够更加及时、高效地处理村民的反馈和诉求，提高了治理的精准性和实效性。通过该平台，安固村实现了全村村民基本信息的导入，确保每户至少有一人在数字平台中，实现了数字平台在安固村的全覆盖。这为乡村治理提供了更全面的数据支持。

2. "数字乡村实景一张图"

安固村以三维地理信息为基础，应用物联网、大数据、遥感影像等技术，构建了"数字乡村实景一张图"。通过大屏展示，将村内1600余户的家庭情况以微缩3D地图方式呈现，为乡村治理、乡村生态、乡村产业、乡村服务等提供了可视化支持。

3. 基层治理新模式

安固村在数字平台的帮助下建立了"微网格"基层治理新模式。这种模式推动了村内事务在"网格内"协调，解决在"村庄里"的问题。通过"12345市民热线"等渠道，实现了对村民需求的及时响应和解决。安固村通过数字平台建立了"电子证明"服务，让村民在网上提交需要的材料，由村委会审核通过后进行盖章，最大限度地减少了村民跑腿的次数，实现了政务服务的数字化和便捷化。

4. 数字治理成效

通过数字平台的监控功能，解决了安固小学门口交通拥堵的问题。通过村民的反馈，及时协调学校调整放学路线，提高了交通安全性。村民通过数字平台可以随时查看涉农补贴、助农政策等与自身相关的信息，村集体资金的使用情况也得到了清晰的展示，增强了群众对村务的监督能力。"微网格"基层治理新模式的推行，使得村内事务能够更快速、高效地得到解决，提升了基层治理的效能。

安固村通过数字化、信息化手段，为乡村振兴探索了一条新的路径。未来，他们计划利用数字技术赋能乡村振兴，将赤松茸基地打造成智慧农业示范基地，为乡村经济的可持续发展注入新的活力。

（二）案例启示

安固村利用数字乡村管理服务平台提升了治理效率，实现了线上服务，如书记信箱和民情上报。创建的"数字乡村实景一张图"提供了治理的可视化支持，优化了决策制定。此外，"电子证明"服务简化了村民的政务服务流程。其他乡村可借鉴这些数字化实践，提高信息传递效率和政务服务便捷性，增强基层治理。

六、浙江杭州激发乡村主体力量的实践

（一）案例分析

在乡村振兴的大背景下，杭州市通过加大对数字技术与乡村治理的深度融合，探索激发乡村主体力量，提升数字治理水平的有效途径。这一探索的核心是关注并激发乡村干部和村民的参与力量，以实现数字治理的更好实施，促进乡村的善治。

1. 宣传引导与认知转变

通过宣传引导，杭州市明确数字治理是为了更好地实现乡村善治。重点树立鲜明的正确导向，引导乡村干部和村民认识到数字治理的重要性，以积极的心态和正确的价值观参与其中。加强对乡村数字治理平台的推介，通过"接地气"的方式和通俗易懂的语言，向乡村干部和村民介绍数字平台及其功能、操作技巧，从而提升平台使用的顺畅性和明晰度，降低操作门槛，增加用户的收获感和幸福感。通过宣传典型案例，杭州市倡导先进典型引路、示范带动。及时发现和总结本地乡村数字治理的优秀实践，积极借鉴先进地区经验和做法，以正能量引导乡村干部和村民积极参与本村的数字治理，强化其主体意识和共同体意识。

2. 顶层设计与制度规范

强化党的领导，统筹信息、资源、队伍、制度等要素，健全"自治、法治、德治、智治"相结合的乡村治理体系。完善联动工作机制，确保各主体各尽其位、各尽其能，形成乡村数字治理的有机整体。推进村级组织、村党员干部制度建设，贯穿于应对问题、解决问题、化解矛盾整体过程之中。坚持法治思维，推动村级组织的制度建设，形成法治氛围。明确数字治理中的权利、规则，并规范各参与主体的行为，避免出现"无序"和"违法"现象。通过梳理相关法律法规，有效区分行政性事务和乡村自治事务，推动镇街部门之间信息共享、整合各类数字平台，规范信息采集和上报标准，确保信息传递的准确性，让村干部有更多时间投入到乡村发展和为民服务中。突出实干实效，明确乡村干部乡村治理及数字运用的考核范围、指标和实施细

则。建立监督制度，优化考核方式，根据实际情况进行调整，确保乡村治理“减负不减责”。

3. 创新技术服务与黏合度提升

加大数字治理平台技术创新，优化服务内容，简化操作流程，提升平台的安全性、可靠性和便捷性。通过定期升级，解决使用中的问题，提升乡村干部和村民的使用体验。在数字治理平台下，创设和深化特色场景运用，如农产品销售、办事服务、信息获取等。通过这些特色场景，吸引乡村干部和村民，让其在使用中感受到数字技术所带来的红利，增加数字平台使用的黏性。充分利用微信群、QQ 群等信息交流平台，设计和开展线上交流活动，促进村民之间、村民与村干部之间关系的融洽和谐。开设专用线上村情民意收集反馈渠道，保障事事有回应有落实，强化村干部、村民的利益诉求。

4. 技能培养与能力提升

建立常态化教育培育体系，通过线上线下培育形式，深入实施“送法下乡”“送技下乡”等活动，提高乡村干部和村民综合能力。搭建村干部和村民参与治理实践平台，组织动员根据自身情况参与相关治理活动，开展数字治理演练，提升村干部和村民的治理水平。加强基层单位对乡村干部工作的支持，推进村干部为村民多办实事，加强日常联系，让村民切实得实惠，增强对村干部及其工作的认同和支持。利用数字技术，结合传统的“大数据＋积分制”“道德榜”等激励手段，激励或约束村民行为，营造积极向上的氛围，吸引村民更好地参与乡村数字治理。

通过以上措施，杭州市成功激发了乡村主体力量，提升了乡村数字治理水平，为实现共同富裕和乡村振兴注入了新的动力。

（二）案例启示

杭州市通过宣传提高乡村干部和村民的数字治理意识，强化党的领导，完善“四治”结合的治理体系，提供制度保障。技术创新提升了数字治理平台的安全性和便捷性，增强用户体验。常态化教育培育体系提升了干部和村民的数字治理能力，结合传统激励手段，营造积极的参与氛围。这些措施有效提升了治理效能，为共同富裕和乡村振兴注入新动力，为其他地区提供了推进乡村治理现代化的经验。

七、甘肃庆阳董志镇数字乡村治理新模式

（一）案例分析

在甘肃省庆阳市西峰区董志镇，数字乡村治理赋予了乡村新的活力，通过建设

数字乡村综合信息服务平台，该镇成功探索了“互联网+”治理模式，实现了信息的进村入户，全面提升了乡村治理水平。

1. 五大模块构建全面治理体系

数字乡村服务中心涵盖了智慧党建、村务管理、便民服务、平安乡村、智慧广播等五大模块。这五大模块共同构建了全面、多层次的乡村治理体系，涵盖了政治、经济、社会、文化等多个方面，实现了对乡村的全面管理。

通过数字平台，实现对党组织的信息化管理，提高党建工作的精准度和效率，确保党的政策得以全面贯彻执行。通过数字化手段，对全镇重点村组、重要路段进行日常巡查。这使得问题可以第一时间被发现、通报和解决，保障了乡村的基本秩序。利用数字平台，提供村民便捷的服务。例如，通过智慧广播、手机 APP 等方式，方便政府与群众沟通，提供便民服务，宣传政策法规、农业知识等。通过大规模的监控系统，实现了联防联控。村务中心干部可以通过监控系统对村庄的情况进行实时监测，及时发现问题并进行处理。通过手机 APP、文字转语音、广播室播音等多种方式，实现了信息的广泛传播。这不仅提高了政府与村民的互动效率，还丰富了文化生活，为宣传政策和提高群众文化素养提供了便利。

2. 智能科技深入乡村促进乡村振兴

董志镇充分利用“5G+互联网+云”模式，将智能科技的触角延伸到农村。21 个行政村近 500 个摄像头的安装，不仅提高了治安水平，也使得数字治理得以全方位、全天候地进行。通过摄像头的实时监测和乡村大喇叭的使用，建成了强大的应急管理系统。这为乡村的安全提供了坚实的保障，实现了全镇范围内的联防联控。董志镇依托 5G 技术，实现了信息进村入户。这意味着即使是偏远的村庄，也能够享受到数字化治理带来的便捷服务，缩小了城乡之间的信息鸿沟。

3. 数字治理为乡村振兴注入活力

作为庆阳市西峰区数字乡村试点乡镇，董志镇通过数字治理，成功为乡村振兴注入了新的活力。数字乡村综合信息服务平台成为推动信息化、数字化、智能化和精细化的关键力量，为乡村的可持续发展提供了坚实支撑。

通过数字化手段，董志镇提升了乡村治理的信息化水平，实现了对全镇的全面监管，使治理更加精准高效。通过数字治理，该镇不仅解决了基层治理的难题，也为乡村振兴提供了智能化的支持。数字科技为农业生产、村民生活提供更多可能性，推动了乡村振兴。

（二）案例启示

董志镇利用智慧党建、村务管理等五大模块的服务平台，实现了乡村治理的全面升级。数字平台提升了党建效率，确保政策执行，并通过 5G 技术缩小城乡信息差距，强化应急管理。智能科技的融入推动了农业生产和生活的数字化，为乡村振兴注入活力。这一模式为其他乡村进行数字化转型和提升治理水平提供了借鉴。

八、天津市王顶堤村“三网一台”服务机制

（一）案例分析

王顶堤村在推动党建信息化方面取得了显著成就，通过引入现代信息技术手段，不断提升党建行政化水平，为加强基层党组织服务和提高党员素质创造了有利的条件。这一创新实践的核心是建立“三网一台”服务机制，充分利用互联网、通信网络、广播电视网络等全方位信息传播渠道，以满足不同层次基层党员的需求。

1. 建设村集体网站设立党建专题版块

通过村集体网站设立党建专题版块，王顶堤村实现了对全村党员群众及时准确地发布时事政策、上级文件精神、村政建设目标思路以及村党委的工作信息。这为促使党员群众更加积极参与村政建设决策提供了一个公开化的沟通平台。通过手机短信网的灵活运用，基层党组织成功地管理了党员信息，提前向党员发送党日活动、党员远程教育学习计划等信息，保障了党员在每次党日活动中的出勤率。此外，不定期发送党员干部廉政警示的名句格言，时刻提醒村党员干部保持党的纯洁性。

2. 充分利用市、区远程教育网络资源

基层党组织充分利用市、区远程教育网络资源，通过远程教育网实施党员集中教育学习、培训制度。结合党员需求，开展个性化点播学习，为党员提供规范化的服务平台。每周班子例会和每月党日活动前，党员都会集中学习远程教育网上的“两学一做”相关内容，以此不断提升党员的思想政治觉悟。

3. 善用有线电视台宣传上级指示精神

王顶堤村还善用有线电视台，定期通过电视直播向全村党员群众宣传上级党委的指示精神和本村党建工作的重大事项。通过有线电视台播报，村党委能够及时传达党的政策、法律法规、社会公德等内容，同时根据党员群众的需求，有针对性地选播科技致富、健康养生、文艺体育等电视节目，既传递知识，又满足了党员群众的精神文化需求。

王顶堤村基层党建工作的信息化模式在强化党员管理、丰富党建教育、创新党组织服务等方面取得了显著成效。其成功之处在于不断更新维护各类党建平台，避免了建而不用的问题，并充分听取群众意见，扩充了党员教育资源，真正贯彻了党全心全意为人民服务的宗旨在农村基层的具体体现。

（二）案例启示

通过“三网一台”机制，整合互联网、通信、广电网络，提供多层次党建服务，增强信息传达的广泛性和全面性。利用现代技术如互联网、短信、远程教育提升党建效率和覆盖面，强调科技手段的灵活应用。建立村集体网站，提供透明沟通渠道，促进党员参与。远程教育网的个性化点播学习满足党员需求，有线电视台的及时播报确保党员掌握最新政策，共同提升组织信息化水平。

九、浙江省浦江县薛家村乡村治理数字化管理平台试点

（一）案例分析

浙江省浦江县在杭坪镇薛家村进行了乡村治理数字化管理平台的试点，以应对全村事务繁杂、工作效率亟须提高的问题。薛家村依山傍水，风景宜人，充分发挥资源优势，建成了“生态乐园”“沙滩公园”和“农耕文化园”，并致力于发展乡村旅游业。

为满足全村乡村治理的需要，浙江省浦江县在薛家村推出了乡村治理数字化管理平台。该平台将在籍人口、特殊人群、集体资产、集体荣誉、村规民约等方面进行可视化展示，方便进行人口管理、资产管理、村务公开等，为乡村治理提供基本的数据支持。同时，通过垃圾分类、河道治理、美丽池塘、美丽公路、村口安导、污水处理等六大模块，利用图像识别技术、传感监测与定位设备，实时监测相应场景的异常情况，协助村委会规划工作路线，确保乡村生态环境和基础设施的正常维护与管理，提升了乡村治理的能力，使农村社会综合治理更加精细化和现代化。

考虑到薛家村的农旅特色，管理平台还添加了流动人口统计模块，可自动采集和更新人口流通数据，方便对流动人口进行监测和管理。同时，根据薛家村的产业特点，平台还能打造数字化应用场景，如生态园、美丽田园、农家乐、生态餐厅、民宿、公交车站等，为生态农业产业注入数字动力。以生态田园为例，种植农户和农业专家可以通过平台清楚地查看土地的种植信息、土壤的生态信息、产品销售与产值等数据，为农产品生产与供应提供安全优质的数字保障。

在薛家村的试点中，浦江县在一年左右的时间里对数字乡村的体系平台、技术应用、政策制定、制度设计、发展模式等方面进行了全面探索。特别是建立了数字乡村资源库，构建了两个管理服务平台，即乡村决策分析平台和惠农综合服务平台，同时开发了十套以上的应用系统，逐步实现了乡村资源数据规范化、乡村产业监管数字化、乡村治理智慧化和乡村惠民服务体化等目标，为乡村振兴注入强大

动力。

（二）案例启示

浙江省浦江县引入的乡村治理数字化管理平台整合了人口、资产、荣誉等多维信息，提升了农村治理的数据支持和效率。平台运用图像识别和传感技术实现生态环境的实时监控，增强了生态管理和可持续发展能力。针对地方产业特色，平台创新数字化应用场景，如生态园和农家乐，推动了农产品产销和供应链管理的升级，促进了农村经济的可持续增长。这展示了数字化技术在提升乡村治理和推动产业升级中的重要作用。

十、陕西省"互联网＋"法律服务深入乡村

（一）案例分析

陕西省司法厅在农村社区积极探索并推行"一个顾问＋一个微信群＋一个自助服务系统"模式，通过线下律师定期值守和线上律师随时提供服务的方式，为群众提供高效优质的公共法律服务。这一模式在贫困地区得到了广泛应用，特别是在脱贫攻坚进程中，有效缓解了法律服务资源紧缺的问题。

陕西省司法厅组织了176名优秀律师，与49家省直律师事务所签订了"一村（社区）一法律顾问"援助协议，为252个贫困村的村民提供法律援助、矛盾解决、法律体检和法治宣传等多方面的公共法律服务。通过这一模式，村民可以方便地通过电话、微信等方式与法律顾问取得联系，随时免费解答法律问题，使村民在法律咨询和维权方面得到了有力的支持。

在"互联网＋"时代，陕西省司法厅通过自助法律服务系统，让老百姓足不出户就能申请法律援助、寻求律师咨询服务，并能自动查询法律法规和典型案例。这种贴心的服务使得群众可以轻松地通过自助服务系统进行在线法律咨询，进一步提高了公共法律服务的可及性和便捷性。

通过"一村（社区）一法律顾问"工作，陕西省各地法律顾问以专业的法律知识和技能，助力基层治理。他们重点解决农村的突出问题，特别是在征地拆迁补偿、农村土地流转、老人赡养等容易产生矛盾纠纷的领域，通过法治宣传教育引导群众合法表达诉求，参与矛盾纠纷调解工作。同时，法律顾问协助村（社区）起草、审核、修订村规民约等管理规定，为农村基层治理提供法律意见和帮助，有效提升了基层民主治理法治化水平。

陕西省司法厅的"一个顾问＋一个微信群＋一个自助服务系统"模式充分发挥

了“互联网+法律服务”的优势，为贫困地区提供了全面而便捷的公共法律服务，同时也在促进法治乡村建设、平安乡村构建方面取得了显著成果。

（二）案例启示

陕西省司法厅采取的“一个顾问+一个微信群+一个自助服务系统”的创新模式，成功实现了法律服务资源的多层次整合，有效提升了服务的覆盖广度和深度。这一模式通过微信群和自助服务系统打破了地理限制，使得农村及贫困地区居民能够便捷地获取法律咨询，彰显了互联网技术在提升法律服务均等性和便捷性方面的巨大潜力。同时，法律顾问在基层治理、纠纷调解和规章制定中的参与，体现了法治与社会治理相结合的重要性，为其他地区提供了法律服务与社会发展多方面需求相结合的有益借鉴。通过这种模式，不仅增强了群众对法律服务的可及性，也推动了法治建设和社会治理的深度融合，为构建和谐社会提供了有力支撑。

十一、杭州市浦阳镇通过数据整合共享帮助乡村治理

（一）案例分析

杭州市浦阳镇在浙江省大力推进基层治理体系转型升级的背景下，通过数字化建设和先进的数据整合与共享技术，成功推行了现代化业务办理系统，为村民提供了便捷的线上办事服务。

1. 数字化建设促进业务办理便捷化

通过“最多跑一次”改革，浦阳镇创新性地推出了“一窗通”系统，将33个线上事项办理功能引入村民生活。通过二维码扫描等简单操作，村民可以轻松了解办事指南、基本流程等相关资料，实现了业务办理的便捷化。数字化建设不仅提高了行政效率，也满足了村民日常业务办理需求。

2. 数据整合共享助力基层治理体系升级

浦阳镇充分运用数据整合与共享技术，构建了综合治理工作、市场监管、综合执法和便民服务等四个平台，形成覆盖县乡的基层治理体系。这一模块化管理理念将县乡和部门派驻机构的职能进行归类，有机融合，优化了行政资源配置，解决了基层治理中存在的难题。数据的整合共享为基层治理提供了更多维度的支持，推动了治理体系的升级。

3. 政府主动创新推动数字乡村发展

针对“一号文件”提出的数字乡村概念，浙江省委农村工作会议明确了数字乡村的发展方向，并鼓励各地政府在实施数字化改革中寻找适宜的治理之道。浦阳

镇在政策布局下，紧随数字化改革潮流，实施“最多跑一次”改革，建立数据平台和自动法律服务系统，通过二维码的普及等措施，积极解决了村民办事难、跑路多的问题。这表明政府在数字乡村发展中的主动创新对于促进乡村治理和服务的升级至关重要。

（二）案例启示

浦阳镇通过实施数字化建设，显著提升了村民服务体验，并通过现代化业务办理系统实现了行政事务的便捷处理，使得“最多跑一次”改革落地生效。此外，该镇采用模块化管理理念，整合了不同部门的职能，构建了覆盖多个关键领域的平台，通过数据整合共享推动了基层治理的升级。浙江省委农村工作会议的政策导向进一步鼓励了地方政府的主动创新，浦阳镇紧抓数字化改革机遇，建立了数据平台和自动法律服务系统，有效解决了村民办事难题。这些举措不仅提高了治理效能，也为其他地区提供了可借鉴的经验，即通过政府的主动创新和数字化改革，可以推动数字乡村的发展，实现乡村治理和服务的全面升级。

第六章　福建省乡村数字治理效能评价

第一节　福建省乡村治理现状与必要性分析

一、福建省乡村治理现状

福建省，位于中国东南沿海，是一个拥有丰富自然资源和深厚文化底蕴的省份，东临东海，西接江西省，北连浙江省，南与广东省相邻，东南隔台湾海峡与台湾省相对。福建的地理特点是“依山傍海”，地形以山地丘陵为主，素有“八山一水一分田”之说，其海岸线曲折，岛屿众多。

在新时代背景下，福建省积极推进数字乡村建设，利用信息技术提升乡村治理水平。通过发展数字农业、智慧物流、农村电商平台等，提升乡村经济的数字化水平，同时利用大数据、云计算等技术优化乡村治理结构，提高决策科学性，并且实施了一系列政策，如环境综合治理、新农村建设竞赛等，以改善农村居住环境，提升乡村美学，促进乡村旅游和生态农业发展。漳州市等地区将“富美乡村示范建设”纳入重要发展计划，通过竞赛等形式激励乡村发展。同时，福建省积极探索乡贤治理模式，逐步完善乡村治理结构，加强基层组织建设，推广乡村社会组织规范化管理，推行便民服务代办制，增强乡村自我管理、自我服务能力。

福建省在乡村治理方面正朝着智能化、精准化、科学化方向发展，通过数字化转型、环境美化、治理创新等多元化路径，努力实现乡村治理体系和治理能力的现代化，为乡村振兴战略的深入实施奠定坚实基础。但是，福建在传统农业向现代农业转型的过程中，仍然面临众多方面的挑战。

（一）资源配置的不均衡

首先，在自然资源方面，福建省的地形多样性导致了沿海地区与内陆山区在自然资源上的显著差异。沿海地区得益于其地理位置的优势，拥有较为丰富的海洋资源和较为发达的农业生产条件。相比之下，内陆山区由于地形和气候条件的限制，自然资源相对匮乏。这种不均衡的分布不仅导致了乡村地区经济发展水平的差异，也对乡村治理的统一性和连贯性构成了挑战。

其次，人力资源的不均衡配置也是乡村治理面临的一个严峻问题。随着城市化进程的加速，大量的年轻劳动力流向城市，导致乡村地区尤其是偏远地区出现了严重的人口老龄化和人才流失现象。这种人力资源的不均衡配置，不仅影响了乡村地区的生产力和创新能力，也对乡村治理的质量和效率提出了挑战，因为乡村地区缺乏足够的人力资源来支持治理活动的开展。

最后，基础设施建设的不均衡发展同样对乡村治理构成了挑战。尽管福建省在基础设施建设方面取得了一定的进展，但乡村地区尤其是偏远山区的基础设施建设仍然相对滞后。道路、供水、供电和通信等基础设施的不足，限制了乡村地区对外联系和内部发展，加剧了城乡差距，同时也增加了乡村治理的难度。

（二）信息化水平的不足

首先，网络覆盖率的不均衡性是一个突出问题。福建省的网络基础设施虽然取得了显著的发展，但乡村地区的网络覆盖率仍然存在较大的地域差异。特别是在一些偏远山区和海岛地区，由于地理位置偏僻和人口稀少，网络建设和维护的成本较高，导致这些地区的网络覆盖率和质量远低于城市和平原地区。这种不均衡的网络覆盖状况严重限制了乡村居民获取信息和使用在线服务的能力，影响了他们参与现代社会生活的机会。

其次，乡村地区在信息技术的应用上也存在明显的局限性。一方面，由于缺乏足够的技术支持和维护服务，即使在网络覆盖较好的地区，信息技术的应用也未能充分发挥其潜力。另一方面，乡村企业和农业生产者在信息化管理、电子商务等方面的应用还不够普及，这在一定程度上影响了农业生产效率和农产品的市场竞争力。

最后，农民的数字素养亟须提升。最新文献显示，福建省乡村居民的数字素养普遍不高，特别是在中老年农民群体中更为明显。他们在使用智能设备、互联网应用以及信息识别和处理方面存在较大的困难。这种数字鸿沟不仅影响了农民利用信息化手段改善生产和生活的能力，也制约了乡村治理现代化的进程。因此，提高农民的数字素养，尤其是在中老年农民群体中，对于促进乡村地区的信息化发展和乡村治理现代化具有重要意义。

（三）公共服务的不均等

在教育领域，福建省乡村地区与城市相比存在显著的资源分配不均衡问题。城市学校通常配有更先进的教学设施、更丰富的教育资源以及更专业的教师团队，而乡村学校则常常面临师资力量不足、教学设施老化和教育资源短缺的问题。这种教育资源的不均衡分配导致了城乡学生在教育机会和教育质量上存在明显差距，影响了乡村学生的发展潜力和公平竞争的机会。

医疗服务方面，乡村居民所享受的医疗服务水平普遍不及城市居民。乡村医疗机构往往缺乏必要的先进医疗设备和专业医疗人员，这导致乡村居民在遇到重大健康问题时，常常需要远赴城市就医，不仅增加了经济负担，也可能因延误治疗而影响健康。

社会保障体系的不完善同样是一个突出问题。与城市相比，乡村地区的社会保障覆盖面和保障水平较低。农村地区的养老保险、医疗保险等社会保障项目的参保率不高，保障力度不足，使得许多乡村居民在面临老龄化、疾病或失业等风险时缺乏必要的社会保障支持。

公共服务的不均等问题严重影响了乡村居民的生活质量和社会发展机会，制约了乡村地区的经济社会发展。为了缩小城乡差距，提升乡村居民的福祉，需要政府和社会各方共同努力，加大对乡村地区公共服务的投入和支持，实现资源的均衡分配，提高乡村地区的公共服务水平。

二、数字治理的必要性

数字治理是利用信息技术和互联网平台，对政府治理、社会管理和服务提供过程进行优化和创新的一种治理模式。它涵盖了从电子政务、智慧城市到社交媒体参与等多个方面，通过数据的收集、处理和分析，提高决策的透明度、效率和公众参与度。数字治理的核心在于通过数字化手段，实现信息资源的有效整合和利用，促进政府、企业和公民之间的互动，以及提升公共服务的质量和响应速度。在当前信息化快速发展的背景下，数字治理的重要性日益凸显。它不仅能够提高政府工作的透明度和问责性，还能够通过数据分析和智能化决策，更好地响应社会需求和市场变化。对于乡村治理而言，数字治理能够助力缩小城乡数字鸿沟，提升农村地区的信息化水平，促进农业现代化和乡村振兴。在乡村治理中，数字治理的应用前景广阔。它可以通过建立智能农业系统、农村电子商务平台、远程教育和医疗网络等，提高农业生产效率，增加农民收入，改善农村居民的生活质量。此外，数字治理还能够加强乡村社区的凝聚力，促进文化传承和创新，提高农村居民的获得感和幸福感。

乡村治理体系的现代化是实现乡村振兴战略的关键，它要求福建省乡村地区在治理理念、结构、手段、法治建设、人才培养和社会参与等方面进行创新和优化。

首先，治理理念的更新是推动乡村治理现代化的前提。乡村治理需要从传统的行政管理模式转变为更加注重服务、参与和法治的现代治理模式。这不仅要求在政策制定和执行过程中要保证公平、透明和民主，还要确保公众的广泛参与和监督，以提高治理的质量和效率。

其次，治理结构的优化是提升治理能力的基础。乡村治理结构应以村民自治为基础，鼓励多元主体参与，包括社会组织、企业和个人。同时，需要强化村委会的功能，建立健全的治理机制，以适应现代化治理的要求。

治理手段的创新是提高治理效率的关键。利用大数据、云计算、物联网等信息技术，可以提高乡村治理的智能化和精细化水平。例如，通过建立智慧乡村平台，实现对乡村治理各方面的实时监控和数据分析，从而提高决策的科学性和响应速度。

法治建设的加强是确保治理活动合法性的重要保障。需要完善乡村治理相关法律法规，提高村民的法治意识，并建立有效的法律服务和纠纷解决机制，以确保所有治理活动都在法律框架内进行。

人才培养和引进是乡村治理现代化的重要支撑。通过教育和培训提升现有乡村治理人才的专业能力，并吸引更多优秀人才到乡村工作，可以为乡村治理注入新的活力。

社会参与的扩大是增强治理民主性和有效性的重要途径。通过建立多元化的参与渠道，如社区议事会、公民监督小组等，让乡村居民在治理过程中发挥更大的作用。

在数字化转型的过程中，福建省乡村治理面临着有效利用数字技术提升治理效率、确保数字资源的公平分配、提高农民的数字素养等挑战。这要求乡村治理不仅要关注技术的应用，还要关注技术普及和农民能力的提升，以实现数字技术的普惠性，促进乡村治理体系和治理能力的现代化。

第二节　评价方法与数据框架

通过实证分析，可以深入探讨数字治理在福建省乡村治理中的应用效果和影响，为政策制定者提供科学依据，指导乡村治理的数字化转型，推动乡村振兴战略的实施。研究范围将覆盖福建省内8个地区(厦门市辖下不设县,因此不计入)41个县及其他地区,通过收集和分析相关政策文件、项目实施报告、统计数据以及农村居民的反馈信息,全面评估福建省数字化发展及县域数字治理在乡村治理中的实践成效和潜在挑战。

一、分析框架

(一) 乡村数字治理定义

乡村数字治理是一个多维度、系统性的概念,它涵盖了信息技术在乡村治理中的广泛应用和深度融合。

1. 信息技术的驱动作用

乡村数字治理的核心在于现代信息技术的运用,包括大数据、物联网和云计算等。这些技术为乡村治理提供了新的工具和方法,使得治理活动更加高效、透明,并能够应对日益复杂的治理需求。

2. 县域治理单元

乡村数字治理通常以县域为基本治理单元,这不仅反映了乡村治理的地域性特征,也体现了治理的具体性和可操作性。县域作为连接城市与乡村的桥梁,其治理的有效性直接影响乡村的整体发展。

3. 多领域的综合应用

乡村数字治理不局限于某一特定领域,而是涵盖了智慧农业、普惠金融、电子商务、生态保护、网络文化、数字党建、互联网政务和惠民服务等多个方面。这种跨领域的应用体现了治理的全面性和系统性,有助于形成协同效应,推动乡村社会的整体进步。

4. 精准化、智能化、科学化

乡村数字治理追求通过信息技术实现治理活动的精准化定位、智能化应对和科学化决策。这不仅提高了治理的质量和效果,也使得资源配置更加合理,响应更加迅速,决策更加符合实际需求。

5. 治理机制的重构

数字治理不仅仅是技术的应用,它还涉及对传统乡村治理机制的重构。这种重构改变了治理主体之间的互动方式,优化了权力结构,促进了治理体系的现代化。

6. 农业农村的数字化转型

乡村数字治理的最终目标是通过数字技术的深度融合和应用,实现农业和农村的全面数字化转型。这不仅能够推动乡村振兴，还能够促进农业产业的升级和农村社会的可持续发展。

乡村数字治理是一个全面、系统的过程，它要求在信息技术的支撑下，通过县域治理单元的实践，实现多领域的综合应用，追求治理活动的精准化、智能化和科学化，最终实现治理机制的重构和农业农村的数字化转型。这一过程对于缩小城乡差距、提升乡村居民的生活质量、推动乡村经济社会发展具有重要意义。

（二）农村数字化水平

农村数字化水平的提升对乡村数字治理具有深远的影响。

首先，随着农村数字化水平的提升，信息技术的应用能够显著提高乡村治理的效率和管理质量。数字平台和工具的运用加速了信息的流通，减少了信息传递过程中的失真现象，并为民众提供了便捷的反馈机制。这使得政府和相关机构能够更准确地掌握农村地区的实际情况，从而制定更为精准和有效的政策措施。此外，信息技术的运用还增强了政策制定的科学性、透明度和问责性，为乡村治理的现代化奠定了基础。

其次，数字化技术的发展有助于推动公共服务的均等化。随着数字化水平的提升，农村地区的民生服务得到了显著改善，这不仅促进了农业的现代化，也加速了农村经济和文化的发展。数字化技术的普及和应用，为农村居民提供了更为公平的公共服务，缩小了城乡之间的差距。

在探讨福建省乡村数字治理水平时，首先需要对全国农村数字化水平进行宏观分析。通过对福建省与其他省份的数字化发展进行比较，可以全面了解福建省在乡村数字治理方面的优势与不足，明确其在全国范围内的发展水平。这种比较分析为制定更为精准的发展策略提供了依据，同时也为学习借鉴其他地区在乡村数字治理方面的先进经验和成功做法提供了参考。

为了深入评价农村数字化水平，本研究构建了一个综合性的实证分析框架。该框架通过选取一系列指标，全面反映农村地区在数字化转型过程中的基础设施建设、经济发展、社会服务、创新能力和生活质量等多个方面的情况。首先，利用全国数据进行宏观分析，揭示全国范围内乡村数字化的整体发展趋势和关键模式。这一分析为后续福建省农村数字化水平评估提供了基准或参考框架，有助于确定福建省在全国的相对位置，以及其在农村数字化方面的优势和劣势。

基于上述分析，可以为福建省制定更加精准的发展策略，以促进乡村数字治理的改进和提升。这不仅涉及技术的应用和推广，还包括对治理理念、治理结构、治理手段的创新，以及法治建设的加强和人才培养的重视。通过这些措施，福建省能够在全国范围内提升其乡村数字治理的水平，实现乡村振兴战略的目标。

（三）中国省际农村数字化水平指标体系的建构

本书旨在构建一个全面的省际农村数字化水平指标体系，该体系基于对数字化内涵的深入理解，关注数字农村的发展条件、应用及其所处的环境。指标体系的构建遵循科学性、层次性和数据可获得性等原则，确保所选指标能够全面反映数字乡村的各个方面。

首先，数字化发展水平综合指数被设定为目标层，用以衡量数字经济的整体发展状况。在指标层，根据数字化的内涵和现实背景，共设立了 5 个主要指标：农业农村数字化环境/基础、生产数字化、经营数字化、流通数字化和生活服务数字化。这些指标从宏观层面反映了数字经济所需的先决条件以及数字化与经济活动各方面的融合程度。

其次，在变量的选取上，本书依据科学性、层次性及数据的可获得性等原则，共选取了 20 个具体变量。这些变量旨在量化各个指标的表现，包括互联网普及率、移动电话覆盖情况、光缆线路覆盖率等，以反映数字化基础设施的建设水平；农业生产环境检测情况、农业生产电气化程度等，以衡量生产领域的数字化应用；企业网站数、电子商务活跃度等，以评估经营活动的数字化程度；农村邮政通信服务水平、农村消费品零售水平等，以观察流通领域的数字化发展；以及数字普惠金融投资指数、农民交通通讯支出水平等，以反映生活服务领域的数字化服务水平。

此外，所选指标和变量均具有正向属性，意味着它们的提升将直接促进数字乡村经济的发展。这些指标和变量的正向关联性表明，通过增强这些方面的数字化水平，可以有效推动数字乡村经济的整体进步。

表 6-1 提供了中国省际农村数字化水平的具体指标体系，包括各个指标的名称、对应的变量、单位以及属性。这些指标和变量的设置，为评估和比较不同省份在农村数字化方面的发展水平提供了一个标准化的框架。

表 6-1　中国省际农村数字化水平指标体系

指　　标	变　　量	单位	属性
发展农业农村数字化环境/农业农村数字化基础	互联网普及率（%）		正向
	移动电话覆盖情况	部	正向
	光缆线路覆盖率	万公里	正向
	社会数字产业固定投资	万元	正向
	社会数字服务固定投资	万元	正向

续表

指　　标	变　　量	单位	属性
生产数字化	农业生产环境检测情况(观测站点个数)	个	正向
	农业生产电气化程度	元/千瓦时	正向
	农村数字化基地	个	正向
经营数字化	企业网站数	个	正向
	企业参加电子商务活跃度(%)		正向
	电子商务销售额	亿元	正向
	电子商务采购额	亿元	正向
流通数字化	农村邮政通信服务水平	个/人	正向
	农村消费品零售水平(%)		正向
	农村投递线路(物流)	公里	正向
	已通邮的行政村比重(物流)(%)		正向
生活服务数字化	数字普惠金融县域投资指数		正向
	数字普惠金融县域移动支付指数		正向
	农民交通通讯支出水平(%)		正向
	有效发明专利率(%)		正向

二、评价方法介绍

研究采用熵权 TOPSIS 方法进行分析。通过熵权法结合 TOPSIS(逼近理想解排序法)来确定各方案的相对优劣。全国各省份的数字化水平可以通过多个指标来衡量,选取基础设施建设、经济发展、农业生产与环境、社会服务与消费 5 个方面 20 个具体指标,熵权法通过指标的变异程度来确定权重,比较不同省份的数字化水平,减少了主观因素导致的误差,通过计算各指标的权重和各省份在各指标上的得分,综合评价各省份的数字化水平。TOPSIS 方法通过计算各方案与理想解和负理想解的距离,确定各方案的相对优劣。这种方法能够很好地区分各省份的数字化水平,即使在指标得分接近的情况下,也能够明确地排出优先顺序。同时,熵权 TOPSIS 方法不仅能够提供各省份数字化水平的排序,还能够提供各指标的权重,为决策者提供重要的决策支持信息。这有助于决策者识别关键领域和改进方向,制定更加有效的政策和措施。

上述 20 个指标来源于不同层次,指标值的量纲与数量级存在着显著的差异,需要将这些不同指标进行正规化之后，才具有横向的可比性和实用性，以保证最终估出指数的精准性。

（1）原始数据的标准化处理：

$$\text{正向指标：}\quad x_{ij}=\frac{x_{ij}-\min\{x_{ij}\}}{\max\{x_{ij}\}-\min\{x_{ij}\}}$$

$$\text{负向指标：}\quad x_{ij}=\frac{\max\{x_{ij}\}-x_{ij}}{\max\{x_{ij}\}-\min\{x_{ij}\}}$$

其中，$\max\{x_{ij}\}$为所有年份中指标的最大值，$\min\{x_{ij}\}$为所有年份中指标的最小值，x_{ij}为无量纲化的结果。在对指标进行标准化处理之后，使用的熵值法步骤求出每个指标的客观权重。

（2）构建无量纲化的矩阵 p_{ij}：

$$p_{ij}=\frac{x_{ij}}{\sum_{i=1}^{m}x_{ij}}$$

（3）计算各指标的熵 e_j，其中 m 表示评价年数：

$$e_j=\ln m\times\sum_{i=1}^{m}(p_{ij}\times\ln p_{ij})$$

（4）计算信息熵冗余度 g_j：

$$g_j=1-e_j$$

（5）计算评价对象的熵权 w_j：

$$w_j=\frac{g_j}{\sum_{j=1}^{m}g_j}$$

（6）对指标数据进行加权运算构建加权规范化的矩阵 $\boldsymbol{Z}$：

$$\boldsymbol{Z}=(z_{ij})_{mn}=[w_j\times x_{ij}]_{m\times n}$$

（7）确定正理想解 $\boldsymbol{Z}^{+}$ 和负理想解 $\boldsymbol{Z}^{-}$：

$$\boldsymbol{Z}_j^{+}=(z_1^{+},z_2^{+},\cdots,z_m^{+}),\quad z_j^{+}=\max_i y_{ij}$$

$$\boldsymbol{Z}_j^{-}=(z_1^{-},z_2^{-},\cdots,z_m^{-}),\quad z_j^{-}=\min_i y_{ij}$$

（8）计算评价对象与正负理想值的距离：

$$D_i^{+}=\sqrt{\sum_{j=1}^{m}(z_{ij}-Z_j^{+})^2}$$

$$D_i^{-}=\sqrt{\sum_{j=1}^{m}(z_{ij}-Z_j^{-})^2}$$

（9）计算第 i 个评价对象的得分：

$$C = \frac{D_i^-}{D_i^+ + D_i^-}, \quad i = 1,2,\cdots,m$$

农村数字化发展的贴近度 C 的数据值界于 0～1，C 值越大说明省份农村数字化水平越高，反之则水平越低。

三、数据来源与处理

（一）数据来源

研究数据收集的来源多样，确保了研究的全面性和数据的可靠性。

1. 政府数据库

从国家统计局、各省统计局及各级政府的官方统计数据、年度报告、政策文件中收集数据，包括乡村治理的相关政策、项目实施情况、经济和社会指标等。

2. 社交媒体数据

通过第三方工具收集社交媒体平台上的公开数据，如人大经济论坛等。

3. 第三方研究报告

参考研究机构、高校、非政府组织等发布的研究报告和分析文章，以获取更广泛的视角和深入的见解。

（二）数据处理

在权衡指标体系的全面性和数据可得性的基础上，选取 2012—2021 年为研究样本区间，样本为除西藏、台湾、香港、澳门以外的 30 个省（自治区、直辖市），并对数据进行以下处理：一是采取插值法或类推法对缺失数据进行补充；二是在原始指标的基础上对部分指标进行比重测算，比如开通互联网普及率、企业参加电子商务活跃度和已通邮的行政村比重（物流）。通过数据的收集与处理最终得到 2012—2021 年样本的相关数据，详见表 6-2 和表 6-3，其中表 6-2 中上一行为该省（自治区、直辖市）比重，下一行为该省（自治区、直辖市）当年的全国排名。

表 6-2　中国 30 个省（区、市）2012—2021 年农村数字化水平综合指数

	2012	2013	2014	2015	2016	2017	2018	2019	2020	2021
北京	0.1196	0.1080	0.1383	0.1673	0.1878	0.2106	0.2111	0.2458	0.2693	0.3086
	5	6	4	4	4	5	5	5	5	5
天津	0.0680	0.0760	0.0705	0.0816	0.0822	0.0905	0.0856	0.0820	0.0910	0.1036
	28	22	26	24	26	25	29	29	28	25

续表

	2012	2013	2014	2015	2016	2017	2018	2019	2020	2021
河北	0.1181	0.1151	0.1119	0.1129	0.1235	0.1466	0.1628	0.1997	0.2430	0.2868
	6	5	8	9	8	8	8	7	7	7
山西	0.0834	0.0748	0.0714	0.0765	0.0860	0.0855	0.0906	0.0891	0.0879	0.1007
	19	23	25	26	24	28	26	27	29	27
内蒙古	0.0798	0.0815	0.0843	0.0839	0.0891	0.0949	0.0972	0.1036	0.1069	0.1168
	22	17	18	20	20	19	24	21	23	20
辽宁	0.0738	0.0746	0.0829	0.0857	0.0874	0.0908	0.1000	0.1029	0.1079	0.1144
	26	24	19	19	23	24	19	22	22	21
吉林	0.0865	0.0805	0.0802	0.0870	0.0845	0.0941	0.0989	0.0920	0.1200	0.0952
	18	18	20	17	25	22	22	25	18	29
黑龙江	0.0908	0.0949	0.0935	0.0959	0.1001	0.1084	0.1043	0.1072	0.1085	0.1125
	16	11	14	16	17	16	17	17	21	22
上海	0.0962	0.0791	0.1401	0.1454	0.1729	0.1765	0.1923	0.2145	0.2481	0.3072
	13	19	3	6	6	6	6	6	6	6
江苏	0.1329	0.1384	0.1524	0.1749	0.1904	0.2141	0.2696	0.3210	0.3500	0.3792
	2	2	2	3	3	4	4	3	3	4
浙江	0.1059	0.1108	0.1215	0.1754	0.2435	0.3317	0.4572	0.5810	0.6279	0.7074
	8	6	6	2	2	1	1	1	1	1
安徽	0.1037	0.0890	0.0967	0.1031	0.1099	0.1174	0.1254	0.1306	0.1419	0.1602
	10	15	13	13	13	15	14	14	14	12
福建	0.0781	0.0765	0.0797	0.0984	0.1091	0.1336	0.1489	0.1704	0.2060	0.2528
	23	21	21	15	14	9	9	9	8	8
江西	0.0818	0.0731	0.0747	0.0817	0.0796	0.0948	0.0991	0.1059	0.1215	0.1471
	20	26	23	23	27	20	21	18	16	16
山东	0.1259	0.1283	0.1355	0.1490	0.1833	0.2343	0.2795	0.2846	0.3277	0.4012
	3	3	5	5	5	3	3	4	4	3
河南	0.1053	0.0992	0.1024	0.1096	0.1183	0.1271	0.1387	0.1417	0.1727	0.1884
	9	8	10	10	9	10	10	13	10	10

续表

	2012	2013	2014	2015	2016	2017	2018	2019	2020	2021
湖北	0.1007	0.0989	0.1007	0.1089	0.1167	0.1243	0.1302	0.1434	0.1443	0.1587
	11	9	11	11	11	11	12	12	13	13
湖南	0.1071	0.0922	0.0982	0.1054	0.1107	0.1241	0.1318	0.1456	0.1511	0.1679
	7	12	12	12	12	12	11	10	11	11
广东	0.1649	0.1647	0.1877	0.2201	0.2707	0.3286	0.4061	0.4836	0.5489	0.6454
	1	1	1	1	1	2	2	2	2	2
广西	0.0960	0.0922	0.0876	0.0868	0.0953	0.1021	0.1073	0.1184	0.1341	0.1489
	14	12	16	18	19	17	16	16	15	15
海南	0.1258	0.1191	0.1184	0.1168	0.1175	0.1187	0.1124	0.1219	0.1209	0.1205
	4	4	7	8	10	14	15	15	17	18
重庆	0.0581	0.0566	0.0598	0.0706	0.0786	0.0878	0.0957	0.1047	0.1155	0.1254
	30	30	29	28	28	27	25	19	19	17
四川	0.0971	0.0968	0.1065	0.1190	0.1327	0.1512	0.1706	0.1899	0.1976	0.2091
	12	10	9	7	7	7	7	8	9	9
贵州	0.0759	0.0652	0.0687	0.0761	0.0883	0.0953	0.1025	0.1039	0.1037	0.1089
	24	27	27	27	21	18	18	20	24	23
云南	0.0879	0.0891	0.0925	0.1006	0.1082	0.1221	0.1299	0.1439	0.1509	0.1579
	17	14	15	14	15	13	13	11	12	14
陕西	0.0751	0.0740	0.0735	0.0803	0.0880	0.0946	0.0998	0.1021	0.1090	0.1176
	25	25	24	25	22	21	20	23	20	19
甘肃	0.0816	0.0780	0.0784	0.0828	0.1015	0.0848	0.0861	0.0891	0.0927	0.0997
	21	20	22	21	16	29	28	27	26	28
青海	0.0958	0.0826	0.0863	0.0819	0.0963	0.0900	0.0976	0.0961	0.1012	0.1061
	15	16	17	22	18	26	23	24	25	24
宁夏	0.0601	0.0568	0.0592	0.0649	0.0746	0.0778	0.0775	0.0768	0.0838	0.0878
	29	29	30	30	29	30	30	30	30	30
新疆	0.0683	0.0574	0.0648	0.0696	0.0741	0.0909	0.0877	0.0864	0.0923	0.1009
	27	28	28	29	30	23	27	28	27	26
全国均值	0.0948	0.0908	0.0973	0.1071	0.1200	0.1348	0.1499	0.1659	0.1825	0.2046

表 6-3　分区域农村数字化水平年均综合指数

东部地区（年均增长率 12.5%）	北京	0.1966	西部地区（年均增长率 5.24%）	内蒙古	0.0938	东北地区（年均增长率 3.15%）	辽宁	0.0920
	天津	0.0831		广西	0.1069		吉林	0.0919
	河北	0.1620		重庆	0.0853		黑龙江	0.1016
	上海	0.1772		四川	0.1471		均值	0.0952
	江苏	0.2322		贵州	0.0889	中部地区（年均增长率 5.39%）	海南	0.1192
	浙江	0.3462		云南	0.1183		山西	0.0846
	福建	0.1353		陕西	0.0914		安徽	0.1177
	山东	0.2249		甘肃	0.0875		江西	0.0959
	广东	0.3421		青海	0.0934		河南	0.1303
	均值	0.2111		宁夏	0.0719		湖北	0.1227
				新疆	0.0792		湖南	0.1234
				均值	0.0967		均值	0.1134

四、全国农村数字化水平测度结果分析

图 6-1 为我国四大区域农村数字化水平综合指数的时间趋势演变趋势图。表 6-2 和表 6-3 为根据上述熵权 TOPSIS 测算出的 2012—2021 年各省份农村数字化发展综合指数及四大区域年综合指数均值，由估算结果可以看出，农村数字化发展水平在时空上具有异质性。整体上看，中国农村数字经济发展水平的均值从 0.0948 增长至 0.204，年平均增长率达到 9.04%，分省份农村数字化发展水平有明显提升。具体表现为，2021 年浙江、广东、山东、北京、及上海农村数字化发展水平处于领先行列，福建省处于第八位，年均增长率（14.27%）列第四位，整体发展水平在全国处于前列。但省际差距依旧较为凸显，新疆、宁夏和青海数字经济发展水平仍然较低，其中，2021 年广东的综合指数（0.7074）是宁夏（0.0878）的 8.05 倍，说明省际差距依然巨大。就四大区域而言，四大地区的综合指数呈逐年递增之趋势，其中东部的年均增长率最快为 12.5%，中部为 5.39% 排除在第二位，西部 5.24% 与中部地区相差不大，东北部 3.15% 为最末。从数字化发展水平来看，2021 年东部为 0.3513，中部为 0.1538 次之，紧接着是西部为 0.1254，东北地区为 0.1073。由此可见，东部农村数字化水平明显高于其他地区，原因可能是东部地区整体经济活跃度高，在基础设施、创新、城乡融合发展等方面投入更大，农村具有更好的发展

潜力。总结全国农村数字化发展趋势不难看出，近年来全国范围内数字基础设施建设成效显著，首先互联网普及率和光缆线路覆盖率得到了极大提升，为农村数字建设奠定了坚实的基础；其次数字技术推广应用广泛，农业生产的环境监测、智能化管理以及电子商务等新兴业态得到了快速发展和广泛应用；再者政策支持力度加大，国家和地方政府出台了一系列政策和措施，支持数字乡村建设，推动了相关项目的实施和创新成果的转化；最后农村居民数字素养提升，随着数字乡村建设的推进，农村居民的数字技能和网络应用能力得到了提高。但是提高相对落后地区农村数字化水平、缩小区域之间农村数字化发展水平的差距以避免“数字鸿沟”扩大仍是当务之急。

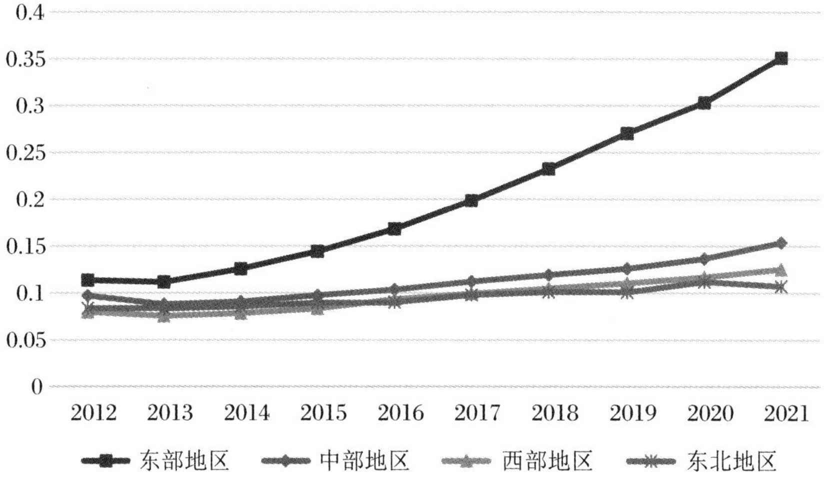

图 6-1　2012—2021 年中国四大区域农村数字化水平综合指数

五、福建省农村数字化综合指数介绍

相较于其他省份，福建省在 2012—2021 年的农村数字化综合指数整体呈现上升趋势，在数字建设方面表现出了积极的发展趋势，2012 年为 0.0781，到 2021 年这一数值提升到了 0.2528，在全国省域范围内排第八位，年均增长率排第四位，显示出福建省在数字化转型方面的努力和成效，表明福建省在乡村数字方面采取了一系列有效措施。福建省的地理位置、经济基础和政策环境都为其乡村数字治理的发展提供了有利条件，其领先不仅体现在基础设施建设上，如提升互联网普及率和改善光缆线路覆盖情况，还包括数字产业的投资、农业生产的智能化以及电子商务的发展等多个层面。然而，与排名靠前的省份相比，福建省仍有进一步提升的空间，特别是在农村网络投资、农村网络支付以及有效发明专利等方面。

第三节　福建省数字乡村治理综合评价与对策建议

先从宏观层面分析全国数据，再从微观层面分析福建省数据，这样的分析方法有助于全面理解福建省在全国乡村数字化水平中的定位，并为制定有效的发展策略提供科学依据。

一、综合性评价结果

通过单独对福建省的数据进行熵权 TOPSIS 分析，可以更深入地探究省乡村数字化发展的具体特点和变化趋势。这有助于识别省内的关键驱动因素和潜在的改进方向。通过对比全国和福建省的分析结果，决策者可以更准确地制定有针对性的策略和措施，以促进福建省乡村数字化的发展，并确保其与全国发展趋势保持一致。与此同时，通过分析 2012—2021 年的长期数据，可以观察到福建省乡村数字化水平的动态变化，这有助于理解其发展趋势，并预测未来可能的变化，见表 6-4 和表 6-5。

表 6-4　福建省 2012—2021 年农村数字化指标权重

指　　标	变　　量	权重(%)
发展农业农村数字化环境/农业农村数字化基础	互联网普及率	1.26
	移动电话覆盖率	0.20
	光缆线路覆盖率	5.45
	社会数字产业固定投资率	4.46
	社会数字服务固定投资率	2.06
生产数字化	农业生产环境检测率(观测站点个数)	4.62
	农业生产电气化率	0.16
	农村数字化基地率	35.28
经营数字化	企业网站率	1.44
	企业参加电子商务活跃度	2.74

续表

指　　标	变　　量	权重(%)
经营数字化	电子商务销售额	6.88
	电子商务采购额	7.47
流通数字化	农村邮政通信服务水平	10.72
	农村消费品零售水平	0.84
	农村投递线路(物流)	0.44
	已通邮的行政村比重(物流)	0.01
生活服务数字化	数字普惠金融县域投资指数	10.55
	数字普惠金融县域移动支付指数	0.64
	农民交通通讯支出水平	2.76
	有效发明专利率	2.03

表 6-5　福建省 2012—2021 年农村数字化水平综合指数

年份	2012	2013	2014	2015	2016	2017	2018	2019	2020	2021
综合指数	0.0781	0.0765	0.0797	0.0984	0.1091	0.1336	0.1489	0.1704	0.2060	0.2528
排序	23	21	21	15	14	9	9	9	8	8

实证分析结果显示，福建省在数字农村建设方面取得了一定的进展。特别是在农村数字化基地建设方面，权重系数高达 35.28%，表明该领域对福建省数字化过程中的贡献最为显著。此外，光缆线路覆盖率、社会数字产业固定投资等指标也显示出福建省在这些方面的努力和成效。

整体而言，福建省的数字乡村建设在全国范围内表现良好，但仍有提升空间。尽管互联网普及率和移动电话覆盖情况等基础设施建设的权重相对较低，但这并不意味着可以忽视这些基础性工作。相反，持续改善网络覆盖和提升互联网服务质量对于缩小城乡数字鸿沟、促进信息资源共享具有重要意义。同时，电子商务活跃度、电子商务采购额和销售额等指标的权重较高，说明电子商务在推动乡村经济发展和提升乡村治理现代化水平方面发挥了重要作用。福建省应继续支持和鼓励农村电子商务的发展，提高农民的电商应用能力，拓宽农产品销售渠道。

二、全国视域下福建省乡村数字化的对策建议

（一）福建省数字乡村建设方面

在宏观和微观层面对福建省数字乡村建设进行深入分析后，本书提出以下对策建议，以提升福建省在全国数字乡村建设方面的地位和效能。

1. 构建具有地方特色的数字乡村发展模式

福建省可利用其独特的地理和文化资源，构建区域性数字乡村发展模式。例如，依托福建省的茶文化和旅游资源，发展以茶叶产业为核心的数字农业平台，利用数字化手段提升茶叶品质监管和市场推广，这不仅能够增强地方特色产业的竞争力，也能够推动地方经济的数字化转型。

2. 推广智慧农业技术应用

鼓励农业生产者采用物联网、大数据、人工智能等先进技术，以提高农业生产的精准度和效率。通过智能监测系统实时监控作物生长状况，优化灌溉和施肥策略，减少资源浪费，从而提升农业生产的可持续性。

3. 创新农村电子商务模式

针对福建省农产品的特色，创新电子商务模式，如社交电商、直播带货等，以提升农产品的线上销售能力。同时，加强农村物流配送体系建设，提高农产品流通效率，降低物流成本，促进农产品市场化和品牌化。

4. 实施数字乡村人才培养计划

与高校、研究机构合作，开展有针对性的数字技能培训，提升农村居民的数字素养。吸引和培养懂农业、懂技术、懂市场的复合型人才，为数字乡村建设提供坚实的人才基础。

5. 加强数字乡村政策支持和资金投入

制定针对性政策，如税收优惠、资金补贴等，以鼓励企业和个人投资乡村数字化项目。加大对农村基础设施建设的投入，提高宽带接入率和网络质量，确保农村居民能够享受到高质量的网络服务。

6. 推动乡村治理数字化转型

利用数字化手段提升乡村治理水平，通过建立村务公开平台，提高村务透明度，增强村民参与乡村治理的积极性。运用大数据分析等技术手段，优化乡村治理决策过程，提高治理效率和决策科学性。

7. 发展数字金融和农村信用体系

扩大数字金融产品的覆盖范围，提高农民的金融服务可获得性。建立和完善

农村信用体系，为农村居民提供更加便捷的金融服务，促进农村经济的发展。

8. 促进数字文化和乡村旅游的融合发展

结合福建省丰富的文化遗产和自然景观，发展数字文化和乡村旅游。利用虚拟现实（VR）、增强现实（AR）等技术，为游客提供沉浸式的文化旅游体验，推动文化旅游产业的创新发展。

通过实施上述建议，福建省将能够在提升乡村数字化水平的同时，促进乡村经济的多元化发展，实现乡村振兴战略目标，并为全国乡村数字化建设提供可借鉴的经验。这不仅有助于缩小城乡数字鸿沟，也将为乡村地区的可持续发展注入新的活力。

（二）福建省乡村数字治理方面

为了进一步优化福建省乡村数字治理，需要挖掘和发挥以下几个方面的潜力，以实现乡村治理的现代化和高效化。

1. 深化数字基础设施建设

尽管福建省在互联网普及率和光缆线路覆盖率方面取得了一定进展，但基础设施建设仍需加强，尤其在偏远地区和农村地区。提升网络速度和稳定性，确保所有乡村地区都能接入高质量的互联网服务，为数字治理提供坚实的基础。

2. 推动数字技术的广泛应用

鼓励农业生产者和乡村治理者采用先进的数字技术，如物联网、大数据分析、人工智能等，以提高农业生产效率和乡村治理效能。通过智能农业设备监测作物生长情况，预测天气变化，优化资源配置，从而提升农业生产的智能化水平。

3. 加强数字治理能力建设

提升乡村治理者和村民的数字素养，通过培训和教育，使他们能够有效利用数字工具进行决策和管理。同时，建立健全与数字治理相关的法规和标准，确保数字治理的规范性和有效性。

4. 促进数字经济与乡村振兴的融合

发挥福建省的地理和资源优势，通过电子商务、乡村旅游等数字经济形态，推动乡村产业升级和经济发展。例如，发展基于地理标志产品的电子商务平台，提升农产品的附加值和市场竞争力等。

5. 创新乡村治理模式

借鉴和引入智慧城市的治理理念和模式，探索适合乡村特点的数字化治理模式。利用移动应用、社交媒体等平台，增强政府与村民的互动，提高政策透明度和公众参与度。

6. 强化数据安全与隐私保护

在推进乡村数字治理的过程中，必须重视数据安全和个人隐私保护。建立健全的数据保护机制，确保在数据收集、存储和使用过程中，村民的个人信息得到妥善保护。

7. 推动跨界合作与资源共享

鼓励政府、企业、高校、研究机构等多方参与乡村数字治理的建设和研究，通过跨界合作，实现资源共享和优势互补。例如，与科研机构合作开展农业科技创新，与企业合作推进数字技术推广应用。

8. 建立长效监测与评估机制

建立一套科学的监测与评估体系，对乡村数字治理的效果进行定期评估，及时发现问题并进行调整。通过数据分析，为政策制定提供依据，确保数字治理措施的有效性和可持续性。

通过上述措施的实施，福建省将能够在乡村数字治理方面取得显著成效，为乡村治理的现代化和乡村振兴战略的实现提供有力支撑。这不仅有助于提升乡村治理的效率和质量，也将为乡村居民带来更加便捷和高质量的生活服务，促进乡村经济的可持续发展。

第四节　福建省县域数字乡村治理的专项分析

一、县域数字乡村指标体系构建

为进一步说明福建省乡村数字治理的情况，根据北京大学新农村发展研究院联合阿里研究院在第八届中国淘宝村高峰论坛“县域数字化”主论坛上发布《县域数字乡村指数(2018)》中收集到的福建省 8 个地市(不包括厦门)40 个县的数字乡村指数进行分析。以县域为基本单元梳理乡村基础设施、乡村经济、乡村生活、乡村治理等方面的数字化内容及具体表征，兼顾生产者和消费者角度选取具体的表征指标，并充分考虑当前乡村发展中新出现的数字化现象，系统构建了县域数字乡村指标体系(表 6-6)。

表 6-6　福建省 2018 年县域数字乡村指标体系

一级指标	二级指标	具　体　指　标
乡村数字基础设施指数(0.27)	信息基础设施指数(0.3)	每万人的移动设备接入数
	数字金融基础设施指数(0.30)	数字金融基础设施覆盖广度
		数字金融基础设施使用深度
	数字商业地标指数(0.2)	单位面积抓取的商业地标 POI 总数中线上自主注册的商业地标 POI 数占比
	基础数据资源体系指数(0.20)	动态监测与反应系统应用
乡村经济数字化指数(0.4)	数字化生产指数(0.4)	国家现代农业示范项目建设
		国家新型工业化示范基地建设
		所有行政村中淘宝村占比
	数字化供应链指数(0.3)	每万人所拥有的物流网点数
		接收包裹的物流时效
	数字化营销指数(0.2)	每亿元第一产业增加值中农产品电商销售额
	数字化金融指数(0.1)	有无直播销售
		是否是电子商务进农村综合示范县
		每万人中的网商数
		普惠金融的数字化程度
乡村治理数字化指数(0.14)	治理手段指数(1.0)	每万人支付宝实名用户中政务业务使用用户数
		所有乡镇中开通微信公众服务平台的乡镇占比
乡村生活数字化指数(0.19)	数字消费指数(0.28)	每亿元社会消费品零售总额中线上消费金额
		每亿元 GDP 中电商销售额
	数字文旅教卫指数(0.52)	人均排名前 100 娱乐视频类 APP 使用量
		每台已安装 APP 设备的排名前 100 娱乐视频类 APP 平均使用时长
		人均排名前 100 教育培训类 APP 使用量

续表

一级指标	二级指标	具　体　指　标
乡村生活数字化指数(0.19)	数字文旅教卫指数(0.52)	每台已安装 APP 设备的排名前 100 教育培训类 APP 平均使用时长
		每万人的线上旅游平台记录景点数
		每万人的线上旅游平台记录景点累积评论总数
		每万人网络医疗平台注册的来自该县域的医生数
	数字生活服务指数(0.2)	每万人支付宝用户中使用线上生活服务的人数
		人均线上生活消费订单数
		人均线上生活消费金额

二、县域数字治理效能评价

代入数据进行线性回归，结果见表 6-7。

表 6-7　线性回归分析结果（$n=40$）

	非标准化系数		标准化系数	t	p	共线性诊断	
	B	标准误	β			VIF	容忍度
常　　数	0.010	0.005	—	2.001	0.053	—	—
数字基础设施指数	0.270	0.000	0.391	3596.051	0.000	1.921	0.521
乡村经济数字化指数	0.400	0.000	0.511	5900.878	0.000	1.217	0.822
乡村治理数字化指数	0.140	0.000	0.206	2355.111	0.000	1.246	0.802
乡村生活数字化指数	0.190	0.000	0.259	2436.313	0.000	1.837	0.544
R^2	1.000						
调整 R^2	1.000						
F	$F(4,36)=40562399.188, p=0.000$						
$D\text{-}W$ 值	2.198						
因变量：数字乡村指数							

由表 6-7 可知，将数字基础设施指数、乡村经济数字化指数、乡村治理数字化指数、乡村生活数字化指数作为自变量，而将数字乡村指数作为因变量进行线性回

归分析，从表 6-7 可以看出，模型公式为

$$
\begin{aligned}
\text{数字乡村指数} = & 0.010 + 0.270 * \text{数字基础设施指数} \\
& + 0.400 * \text{乡村经济数字化} \\
& + 0.140 * \text{乡村治理数字化指数} \\
& + 0.190 * \text{乡村生活数字化指数}
\end{aligned}
$$

模型 R^2 方值为 1.000，意味着数字基础设施指数、乡村经济数字化指数、乡村治理数字化指数、乡村生活数字化指数可以解释数字乡村指数的 100.0%变化原因。

对模型进行 F 检验时发现模型通过 F 检验（$F = 40562399.188$，$p = 0.000 < 0.05$），也即说明数字基础设施指数、乡村经济数字化指数、乡村治理数字化指数、乡村生活数字化指数中至少有一项会对数字乡村指数产生影响关系，另外，针对模型的多重共线性进行检验发现，模型中 VIF 值全部均小于 5，意味着不存在着共线性问题；并且 $D\text{-}W$ 值在数字 2 附近，说明模型不存在自相关性，样本数据之间并没有关联关系，模型较好。最终具体分析可知：

（1）数字基础设施指数的回归系数值为 0.270（$t = 3596.051$，$p = 0.000 < 0.01$），意味着数字基础设施指数会对数字乡村指数产生显著的正向影响关系。

（2）乡村经济数字化的回归系数值为 0.400（$t = 5900.878$，$p = 0.000 < 0.01$），意味着乡村经济数字化会对数字乡村指数产生显著的正向影响关系。

（3）乡村治理数字化指数的回归系数值为 0.140（$t = 2355.111$，$p = 0.000 < 0.01$），意味着乡村治理数字化指数会对数字乡村指数产生显著的正向影响关系。

（4）乡村生活数字化指数的回归系数值为 0.190（$t = 2436.313$，$p = 0.000 < 0.01$），意味着乡村生活数字化指数会对数字乡村指数产生显著的正向影响关系。

总的来说，数字基础设施指数、乡村经济数字化指数、乡村治理数字化指数、乡村生活数字化指数均会对数字乡村指数产生显著的正向影响关系。

（一）对福建省 41 个县的数字化整体情况分析

福建省 2018 年 40 个县数字乡村指数见表 6-8。

表 6-8　福建省 2018 年 40 个县数字乡村指数

地　市	县	数字基础设施指数	乡村经济数字化指数	乡村治理数字化指数	乡村生活数字化指数
福州市	闽侯县	99.41	67.08	74.81	80.67
	福清市	80.39	64.36	60.76	57.96
	罗源县	85.9	40.53	62.94	74.21
	平潭县	74.07	47.98	62.34	66.48

续表

地　市	县	数字基础设施指数	乡村经济数字化指数	乡村治理数字化指数	乡村生活数字化指数
福州市	永泰县	69.33	45.19	61.22	63.31
	闽清县	75.74	45.52	54.5	56.28
泉州市	晋江市	99.09	64.23	66.86	74.54
	石狮市	99.26	57.17	69.44	76.18
	南安市	87.97	68.25	66.06	65.73
	惠安县	95.62	54.61	68.45	67.15
	安溪县	73.66	64.22	60.69	58.92
	永春县	67.35	51.65	47.14	58.29
宁德市	福安市	79.44	63.26	78.06	81.54
	福鼎市	80.86	52.09	83.91	74.39
	霞浦县	75.12	46.74	48.74	66.68
	周宁县	70.04	44.25	59.48	68.11
	柘荣县	80.35	40.1	48.47	67.04
	古田县	65.56	49.68	66.6	53.67
	屏南县	71.94	44	54.23	65.52
南平市	武夷山市	93.52	62.99	45.67	83.13
	建瓯市	67.17	53.31	61.02	54.66
	邵武市	82.34	40.16	61.44	59.48
漳州市	龙海市	87.94	60.41	63.61	65.18
	南靖县	75.59	60.48	56.66	60.99
	长泰县	91.66	44.3	59.17	67.93
	漳浦县	76.64	52.67	59.7	61.31
	东山县	81.06	48.07	58.29	63.16
	华安县	71.18	58.53	46.41	45.94
	平和县	69.81	45.18	57.86	58.32
莆田市	仙游县	73.13	56.92	50.44	66.16
三明市	沙县	90.32	52.86	57.97	68.87
	永安市	92.25	45.08	46.88	70.75

续表

地　市	县	数字基础设施指数	乡村经济数字化指数	乡村治理数字化指数	乡村生活数字化指数
三明市	尤溪县	74.85	53.08	48.55	56.56
	将乐县	78.9	42.87	52.85	66.44
	大田县	69.17	47.24	39.58	64.29
	泰宁县	80.76	39.26	37.09	65.68
龙岩市	连城县	77.33	48.39	52.35	56.95
	漳平市	77.36	44.88	56.8	54.46
	长汀县	73.03	45.38	53.58	53.04
	上杭县	72.59	47.33	62	42.88

福建省县域数字乡村指数平均值为62.18。按相关研究，从高水平(≥80)、较高水平(60～80)、中等水平(40～60)、较低水平(20～40)和低水平阶段(＜20)来看，福建省各地市乡村数字化达到了中等偏上的较高水平。表6-8中的数据显示，福建省多个县级单位在数字基础设施、乡村经济数字化、乡村治理数字化和乡村生活数字化等方面都有不同程度的发展。

首先，在乡村数字基础设施方面，可以看到一些县如闽侯县、晋江市和石狮市的数字基础设施指数较高，这表明这些地区在信息基础设施和数字金融基础设施建设上投入较多，覆盖广度和使用深度都较为理想。这为乡村地区的数字化转型提供了坚实的基础。

其次，在乡村经济数字化方面，国家现代农业示范项目、国家新型工业化示范基地建设以及淘宝村的占比等指标显示，福建省的乡村经济正在逐步实现数字化转型。特别是晋江市和石狮市等地区，数字化生产和供应链管理的推进较为显著，这有助于提升乡村经济的整体效率和竞争力。

再者，在乡村治理数字化方面(各地市情况如图6-2所示)，通过支付宝实名用户中政务业务使用用户数以及乡镇开通微信公众服务平台的占比等指标，可知福建省的乡村治理正在向数字化、智能化方向发展。这有助于提高政府服务的透明度和效率，更好地满足民众的需求。

最后，在乡村生活数字化方面，数字消费、数字文旅教卫以及数字生活服务等指数反映了福建省乡村居民生活数字化的普及程度。从数据上看，一些县如福州市的闽侯县和福清市在数字生活服务方面表现较好，这表明当地居民已经能够在很大程度上享受到数字化带来的便利。

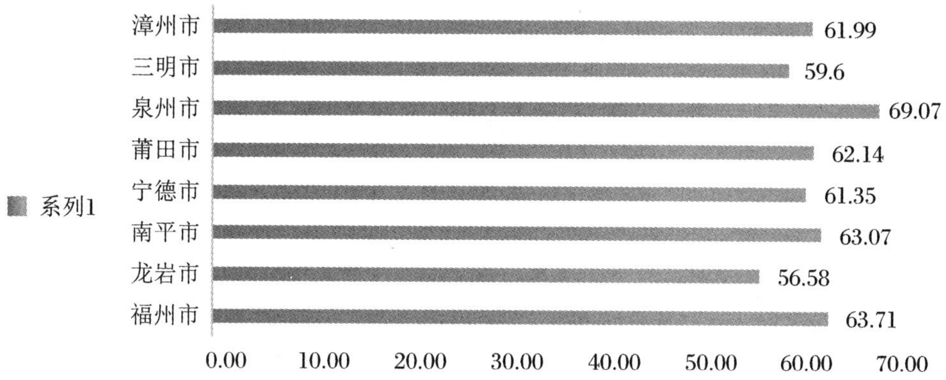

图 6-2 福建省各地市数字乡村指数

综上所述，福建省在乡村数字化方面取得了积极的成效，但各地区的发展水平还存在差异。未来，福建省可以继续加大对乡村数字基础设施的投入，推动乡村经济的数字化转型，优化乡村治理结构，提升乡村居民的数字化生活水平，以实现全省乡村地区的全面振兴。同时，也要注意到数字鸿沟问题，确保数字化的红利能够惠及所有乡村居民，避免发展不平衡带来的社会问题。福建省县域乡村数字化综合指数见表 6-9。

表 6-9 福建省县域乡村数字化综合指数

地 区	福 州 市						泉 州 市		
	闽侯县	福清市	罗源县	平潭县	永泰县	闽清县	晋江市	石狮市	南安市
综合指数	0.857	0.538	0.505	0.484	0.433	0.332	0.719	0.716	0.665
排 序	1	9	13	14	22	32	4	5	6

地 区	泉州市			宁 德 市					
	古田县	惠安县	安溪县	永春县	福安市	福鼎市	霞浦县	周宁县	柘荣县
综合指数	0.641	0.527	0.289	0.813	0.739	0.335	0.434	0.318	0.467
排 序	7	10	38	2	3	31	21	34	17

地 区	宁德市	南平市			漳 州 市				
	屏南县	武夷山	建瓯市	邵武市	龙海市	南靖县	长泰县	漳浦县	东山县
综合指数	0.365	0.508	0.434	0.417	0.599	0.476	0.471	0.463	0.437
排 序	28	12	20	23	8	15	16	18	19

地 区	漳州市		莆田市	三 明 市					
	华安县	平和县	仙游县	沙县	永安市	尤溪县	将乐县	大田县	泰宁县
综合指数	0.299	0.371	0.409	0.51	0.374	0.316	0.363	0.246	0.24
排 序	37	27	24	11	26	35	29	39	40

续表

地　区	龙　岩　市								
	连城县	漳平市	长汀县	上杭县					
综合指数	0.33	0.352	0.3	0.378					
排　序	33	30	36	25					

对福建省 40 个县的数字化整体情况及数字治理情况进行如下评价：

由表 6-10 可知，数字治理数字化指数在评价体系中占据了 31.66%的权重，这是四个评价指标中权重最高的，表明数字治理在乡村数字化转型中的重要性。这一权重系数反映了数字治理对于提升乡村整体治理效率和公共服务质量的关键作用。

表 6-10　各指数所占权重

项　　目	权重系数 w
数字基础设施指数	15.90%
乡村经济数字化指数	30.04%
乡村治理数字化指数	31.66%
乡村生活数字化指数	22.41%

对各县数字化整体评价(表 6-9)在 40 个县的数字化评价中，各县的相对接近度 C 值存在显著差异。例如，闽侯县的相对接近度 C 值达到了 0.857，表明其在数字化方面与最优方案非常接近，表现突出。而其他县如永春县和泰宁县的相对接近度 C 值较低，分别为 0.289 和 0.240，这表明这些县在数字化方面与最优实践相比还有较大的提升空间。福建省各县在数字化方面的优势主要体现在数字基础设施的建设、政务服务的线上化以及利用数字技术提高治理透明度和公众参与度等方面。然而，不足之处在于一些县的数字基础设施尚不完善，数字服务的应用深度和广度有限，以及乡村居民的数字素养和参与度有待提高。

(二) 对福建省 40 个县的数字治理情况分析

通过对福建省 40 个县的数字治理综合评价(表 6-11)可知，根据熵值法计算权重结果，乡村治理数字化指数的权重最高，达到 31.66%，治理数字化在乡村数字化转型中占有重要地位。其次是乡村经济数字化指数，权重为 30.04%，乡村生活数字化指数为 22.41%，数字基础设施指数为 15.90%。乡村治理数字化指数的高权重表明，提升政府治理能力是当前乡村数字化转型的重点。各县在数字治理方面的表现存在显著差异，这可能与各县的经济发展水平、基础设施建设、教育资源和政策支持等因素有关。数字治理水平较高的县通常在数字基础设施建设、经济数字化应用、治理效率和居民生活质量改善等方面表现突出。

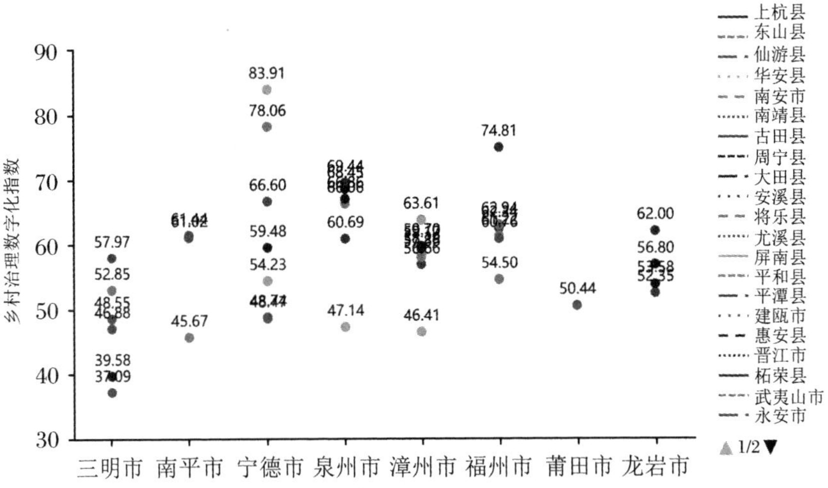

图 6-3　福建省乡村治理数字化指数簇状图

表 6-11　乡村数字治理指数综合排名

地　区	福　州　市						泉　州　市		
	闽侯县	福清市	罗源县	平潭县	永泰县	闽清县	晋江市	石狮市	南安市
综合指数	0.845	0.597	0.643	0.466	0.535	0.581	0.523	0.511	0.551
排　序	2	9	6	20	15	10	17	18	14
地　区	泉　州　市			宁　德　市					
	惠安县	安溪县	永春县	福安市	福鼎市	霞浦县	周宁县	柘荣县	古田县
综合指数	0.358	0.326	0.46	0.638	0.799	0.861	0.53	0.368	0.341
排　序	28	33	21	7	3	1	16	26	31
地　区	宁德市	南　平　市			漳　州　市				
	屏南县	武夷山	建瓯市	邵武市	龙海市	南靖县	长泰县	漳浦县	东山县
综合指数	0.447	0.343	0.213	0.552	0.692	0.427	0.56	0.4	0.363
排　序	22	30	38	13	5	22	11	24	27
地　区	漳州市		莆田市	三　明　市					
	华安县	平和县	仙游县	沙县	永安市	尤溪县	将乐县	大田县	泰宁县
综合指数	0.505	0.349	0.26	0.305	0.134	0.328	0.699	0.317	0.623
排　序	19	29	37	36	40	32	4	34	8

续表

地　区	龙　岩　市								
	连城县	漳平市	长汀县	上杭县					
综合指数	0.556	0.317	0.158	0.4					
排　序	12	35	39	25					

数字治理水平较低的县需要在基础设施建设、数字技能培训、政务服务线上化等方面加大投入和改革力度。其中，宁德市霞浦县综合系数为0.861，排序结果为第一位。这表明霞浦县在数字治理方面表现卓越，数字化实践与理想状态非常接近，其数字基础设施建设、政务服务线上化、治理透明度和公众参与度等方面都达到了较高水平。福州市闽侯县的综合系数为0.845，排序结果为第二位。这说明闽侯县的数字治理水平也非常高，尤其在数字基础设施建设、政务服务线上化、数字技术提高治理透明度和公众参与度等方面表现突出。三明市永安市的综合系数为0.134，排序在最后一位，与排在第一位的宁德市霞浦县差距很大，这反映出福建省在数字治理方面各县市之间仍然存在着明显差异，在数字治理方面存在较大的挑战，需要在各个方面进行改进和提升以缩小差距，实现区域内的协调平衡发展。

三、县域治理的对策建议

（一）研究价值与发现

在数字化时代，乡村治理的现代化转型对于推动乡村振兴战略具有极其重要的意义。福建省，作为中国东南沿海的关键省份，在乡村数字治理的实践中不仅对本省产生了深远的影响，也为全国乡村治理现代化提供了宝贵的经验和示范。

首先，通过建立科学的指标体系，并结合最新的文献与研究成果，可以对福建省乡村数字治理的现状进行深入分析。福建省各县在数字治理方面的发展存在不均衡性，一些县域如晋江市、福清市等在数字基础设施建设、经济数字化转型、治理服务水平提升等方面取得了显著成效，而其他一些县域则存在发展短板。这种差异性揭示了地区经济发展水平的不均衡以及政策导向和资源配置的不均衡。

其次，5G、物联网、云计算等新兴技术的发展为乡村治理提供了新的可能性和机遇。福建省各县应加大投入，提升网络覆盖率和服务水平，确保乡村地区能够顺畅接入互联网，为数字化治理提供硬件支持。经济数字化转型是推动乡村经济发展的重要途径。通过推动现代农业示范项目建设和电子商务发展，可以有效提高农产品的市场竞争力，促进乡村经济的可持续发展。数字技术的应用能够显著提高农业生产效率和质量，同时降低生产成本。

此外，利用信息技术提升乡村治理效率和服务质量，是提高居民满意度和幸福感的重要途径。通过建立智能化的治理平台，实现政务服务的线上化，简化办事流程，提高透明度和效率。大数据分析等技术手段可以提升治理决策的科学性和精准性。

最后，提高乡村居民的数字化生活水平是实现乡村全面振兴的重要目标。丰富线上教育资源、医疗平台等可以有效提升居民的生活质量。数字素养在提升居民生活质量中发挥关键作用，因此，提升居民的信息识别、处理和应用能力，增强他们参与数字化治理的积极性和能力，是提升乡村数字治理水平的重要途径。通过这些措施，福建省的乡村治理现代化转型将为乡村振兴战略的实现提供坚实的基础和动力。

（二）对策建议

福建省在乡村数字治理的现代化转型中扮演着重要角色，不仅能够提升乡村治理的效率和质量，还能促进乡村经济的多元化发展，实现乡村振兴战略的目标。基于实证分析和最新研究，以下是一系列对策建议，旨在为福建省乃至全国乡村数字化建设提供可借鉴的经验。

1. 构建一个多元化的数字治理生态系统至关重要

这需要促进政产学研用之间的协同创新，鼓励政府、高校、研究机构、企业和用户之间的深度合作，共同推动数字治理技术的研发和应用。通过建立产学研用联盟，形成创新链条，加快技术成果的转化和推广。此外，推动数字乡村示范项目建设，选取具有代表性的乡村建立数字乡村示范点，集中展示数字治理的最新成果和技术应用，形成可复制、可推广的模式。

2. 推动数字技术的创新应用是实现乡村经济多元化发展的关键

发展智慧农业，利用物联网、大数据、云计算等技术，推动农业生产的精准化管理和智能化操作，提高农业生产效率和产品质量。同时，推广电子商务平台，鼓励乡村企业和农户利用电子商务平台进行产品销售，拓宽市场渠道，提升农产品的附加值。

3. 实施差异化的数字治理策略

根据福建省不同乡村的地理位置、资源禀赋、经济发展水平和文化特色，制定符合当地实际的数字治理策略，确保策略的有效性和适应性。强化区域协调发展，通过区域合作机制，促进数字治理资源在区域内的合理流动和优化配置，缩小区域发展差距。

4. 加强数字治理能力建设

开展针对公务员、乡村企业家、农户等不同群体的数字技能培训项目，提高他们的信息技术应用能力。与高校和职业院校合作，建立数字治理人才培养体系，为乡村数字治理输送专业人才。

5. 注重乡村文化的数字化保护与传承

运用数字化技术对乡村的非物质文化遗产、传统手工艺等进行记录、保存和展示，让乡村文化得以传承和发扬。同时，发展乡村旅游电子商务，结合乡村文化资源，通过网络平台推广乡村文化，吸引游客，带动乡村经济发展。

通过这些对策的实施，福建省的乡村数字治理将更加多元化、智能化和人性化。这不仅有助于实现乡村全面振兴和可持续发展的目标，也将促进福建省乡村治理体系和治理能力现代化，为全国乡村数字治理提供有益的经验和借鉴。福建省的实践将证明，通过数字化转型，乡村地区能够实现跨越式发展，为乡村振兴战略的实施提供坚实的支撑。

四、研究局限与未来方向

（一）研究改进之处

1. 数据代表性的扩展

当前研究主要基于有限的样本数据，可能无法全面反映福建省所有乡村地区的实际情况。特别是对于交通不便、信息不畅的偏远地区，数据采集存在较大难度。未来的研究应致力于扩大数据收集范围，通过利用卫星遥感数据、移动网络数据等更广泛的数据源，提升研究数据的代表性和全面性。

2. 分析模型的复杂化

本研究中使用的模型较为简单，主要依赖线性回归和面板数据分析。未来研究可以采用更加复杂和多样化的分析模型，如结构方程模型（Structural Equation Model，SEM）和深度学习技术，以更精确地捕捉变量之间的复杂关系。这不仅有助于提高分析的准确性，还能揭示出更多隐藏的影响因素和互动效应。

3. 长期动态分析

现有研究大多基于特定时间点或短期数据，未能充分反映政策变化和长期趋势的影响。未来应进行长期跟踪研究，观察数字治理政策的持续效果和滞后效应，特别是那些需要较长时间才能见效的政策措施。通过动态分析，可以更全面地评估数字治理策略的长期影响。

4. 因果关系的明确化

本研究揭示了许多变量之间的相关性，但相关性并不等同于因果关系。未来的研究应采用因果推断方法，如随机控制试验（Randomized Controlled Trial，RCT）和断点回归设计（Regression Discontinuity Design，RDD），以更准确地确定变量之间的因果关系。这将为政策制定提供更科学的依据，提高政策实施的有效性。

5. 新兴技术的深入应用

随着技术的不断发展，区块链、人工智能和大数据分析等新兴技术在数字治理中的潜力巨大。然而，目前这些技术的实际应用还处于初步阶段。未来研究应深入探讨这些技术在乡村数字治理中的实际应用效果和可行性，找出其在提升治理透明度、效率和公众参与度方面的最佳实践。

6. 跨学科研究的加强

数字治理是一个跨学科的研究领域，涉及计算机科学、社会学、经济学等多个学科。未来的研究应加强跨学科合作，综合运用不同学科的理论和方法，从更全面的视角分析数字治理的多维影响。例如，社会学可以提供对社会结构和人际关系的洞察，经济学可以评估政策的成本效益。

7. 模型验证的完善

现有研究中的模型需要进一步验证和优化。未来研究应通过与其他现有评价方法的结果进行比较，验证模型的准确性和可靠性。这不仅可以提高研究结果的可信度，还能发现并改进模型中的不足。例如，采用敏感性分析评估不同指标权重变化对结果的影响，以确保模型的稳健性。

8. 深入案例研究

增加具体案例的深入分析，展示模型在实际应用中的效果，有助于更好地理解模型的实际应用价值。通过详细分析成功的数字治理案例，可以总结出有效的经验和教训，为其他地区提供有价值的参考。

9. 具体化政策建议

提出的对策建议应更加具体，涵盖实施步骤、预期效果和可能面临的挑战，以便政策制定者和实践者能够更清晰地理解和应用。例如，对于特定问题，可以提出具体的技术解决方案、资源配置需求以及可能的障碍和应对策略。

（二）未来展望

1. 深化数字治理理论研究

数字治理的理论研究需要进一步深化，构建更具系统性和适用性的理论框架。未来的研究可以从制度设计、技术应用和社会参与等多个角度，探讨数字治理的理论基础和实现路径。通过比较不同国家和地区的数字治理模式，提炼出适合中国乡村数字治理的最佳实践。

2. 加强实践应用研究

在实践应用方面，未来的研究应探索数字技术在乡村治理中的具体应用场景和实施效果。研究如何利用物联网技术监测农村环境，如何通过电子政务平台提高乡村治理的透明度和效率，如何利用大数据分析实现精准扶贫等。这些具体的应用研究不仅丰富了数字治理的理论，也为实际操作提供了指导。

3. 提升乡村居民的数字素养

乡村数字治理的实施离不开乡村居民的参与和支持。当前许多乡村居民的数字素养仍较低，限制了他们在数字治理中的参与度。未来的研究应探索通过教育培训、社区活动等方式，提高乡村居民的数字素养，增强他们在数字治理中的参与度和贡献度。

4. 关注数字鸿沟问题

数字鸿沟是乡村数字治理面临的重要挑战。未来的研究应探讨如何通过政策和技术手段，缩小乡村与城市之间的数字鸿沟。例如，研究如何通过政府补贴、公共服务平台建设等方式，提高乡村地区的互联网普及率和数字设备的可获得性。

5. 推动数字文化发展

数字文化是乡村数字治理的重要组成部分，通过数字传播技术可以有效保护和传承乡村文化资源。未来的研究应探索如何利用互联网、社交媒体等平台推广乡村文化，增强乡村居民的文化自信和认同感。例如，通过数字化手段记录和展示乡村的非物质文化遗产、传统手工艺等，让更多人了解和欣赏乡村文化。

6. 发展智慧农业

智慧农业是乡村数字治理的重要方向，通过物联网、云计算、大数据等技术，可以实现农业生产的智能化和精细化。未来的研究应探索智慧农业技术在不同类型农业生产中的应用，提高生产效率和资源利用率。例如，研究智慧灌溉系统、智能农机设备和农业物联网平台在不同作物种植中的应用效果。

通过这些研究方向的探索和实践，未来可以对福建省乃至全国乡村数字治理有更深入的理解，为制定更有效的政策和实施策略提供坚实的研究基础。通过不断创新和优化，乡村数字治理将更加智能化、系统化和人性化，从而更好地服务于乡村振兴战略的实施，实现乡村地区的可持续发展。

第七章　福建省数字乡村治理现代化策略

第一节　面临的现代化挑战

一、数字鸿沟

在数字化转型下，乡村地区存在着数字鸿沟问题，这一现象表现为数字技术的不均衡普及。特别是在偏远、经济欠发达和老年人口较多的农村地区，数字设备和互联网接入不足。

首先，在某些偏远地区，由于缺乏基础设施和网络覆盖，居民难以获取数字设备，如智能手机、平板电脑或计算机。即使有数字设备，也可能受到互联网连接不稳定或缓慢的困扰，这限制了他们访问在线信息和服务的能力。

其次，老年人口和一些教育水平较低的农村居民可能缺乏数字技能，对数字工具和应用不熟悉。他们可能不了解如何使用互联网进行信息搜索，使用在线政府服务或参与数字化决策过程，从而错失了许多数字化治理所带来的便利和机会。

再者，由于数字技术的不平衡普及，一些农村居民无法及时获得重要信息，如政府政策、市场价格和天气预报等。这可能使他们在农业生产、资源管理和风险应对方面处于劣势地位，加剧了不平等现象。

最后，数字鸿沟不仅涉及个人问题，还涉及社会公平和发展问题。那些被数字化治理排除在外的人群可能错失就业机会、教育机会和公共服务，进一步拉大城乡差距和社会不平等。

二、基础设施不足

基础设施不足是数字化转型下的乡村有效治理所面临的另一个严峻挑战。

首先，互联网连接的不稳定性是一个常见的问题。由于地理条件、网络覆盖范围和设施投资的限制，一些乡村地区的互联网连接可能不够稳定，经常出现断线或信号不佳的情况。这会影响居民和农村机构的数字化应用体验，限制了他们获得在线信息、参与数字治理和开展电子业务的能力。

其次，电力供应不足也是一个重要问题。在某些偏远地区，电力供应可能不稳定，甚至缺乏。数字化技术通常需要稳定的电力供应来支持设备运行，因此电力不足会直接影响数字设备的使用和数字化服务的提供。

另外，智能设备缺乏也是一个制约因素。在一些农村地区，尤其是经济欠发达地区，居民可能无法获得或负担得起智能设备，如智能手机或电脑，这也限制了他们参与数字化治理和利用数字工具的机会。

三、数字安全问题

数字安全问题是数字化转型下的乡村有效治理中一个显著的挑战。随着数字技术的广泛应用，数据的收集、传输和存储已成为乡村治理的重要组成部分。然而，农村地区通常缺乏足够的数据保护措施，导致数据隐私泄露的风险增加。在数字化治理过程中，政府和企业可能会收集大量居民的个人信息，如身份信息、健康记录和财务数据。如果这些数据得不到足够的保护，可能会面临泄露、滥用或盗窃的风险，从而损害个人隐私。此外，网络安全威胁增加。农村地区的数字化基础设施可能相对脆弱，容易受到网络攻击的威胁，如恶意软件、网络钓鱼和数据入侵。这些威胁不仅可能导致数据丢失，还可能干扰数字化治理的正常运行，损害公共信任。

四、数字素养不足

农村地区数字素养不足是数字化治理的另一个关键挑战。数字素养涵盖了理解、使用和与数字技术互动的能力，对于有效参与数字化治理至关重要。

首先，缺乏数字素养的居民和村干部可能无法轻松获取在线信息，也不知道如何分享重要信息。这可能导致信息不对称，一些人无法获得关键信息，从而影响他们的参与度和社会互动度。

其次，缺乏数字素养的个体可能会排斥和沮丧，因为他们无法跟上数字时代的步伐。这可能导致社会分裂和不平等感。其次，缺乏数字素养可能导致村级居民和村干部无法有效参与数字化治理。这可能使政府的数字治理努力受到限制，无法充分反映和解决基层问题。

最后，一些农村地区可能缺乏数字素养教育和培训的机会，特别是老年人口。他们需要学习基本的数字技能，以适应现代社会的要求。

五、文化意识和习惯障碍

文化意识和习惯障碍在乡村数字化治理中确实是一个值得关注的问题。一些乡村社区长期坚持传统的文化和工作方式，可能对数字化转型产生怀疑，因为他们担心这会影响他们的生活方式和社会价值观。这种抵制变革的态度可能会导致以下问题：

首先，抵制新技术，由于文化意识和习惯的束缚，一些乡村社区可能会拒绝采用新的数字技术和工具，认为这会破坏他们的传统生活方式。这可能使他们错失提高生产力和生活质量的机会。

其次，农村社区分裂，一些人支持数字化转型，而另一些人则反对。这种分歧可能加剧社会紧张局势，对社区凝聚力产生负面影响。

最后，被信息孤立，抵制数字化转型的农村社区可能会陷入信息孤立，无法获得在线教育、医疗服务以及其他数字化治理带来的好处。

六、技术维护和更新问题

技术维护和更新问题是乡村数字化治理面临的另一个重要挑战。数字化技术需要定期的硬件和软件维护，以确保其正常运行、安全性和功能的更新。

首先，乡村地区通常缺乏足够的技术支持和维护人员。因此，在数字化技术的维护和升级方面，缺乏专业知识和技能的问题可能会阻碍数字化系统的长期可用性。

其次，维护和更新数字化系统需要一定的经费，包括购买新的硬件、软件许可和专业维护服务等。乡村地区可能面临有限的财政资源，这可能会限制其维护和升级现有系统的能力。

最后，由于维护和更新困难，乡村地区的数字化系统可能会逐渐陈旧，无法跟上技术的发展。这可能导致系统漏洞和安全风险，同时限制了系统的性能和功能。

七、社会参与治理的难题

尽管数字化技术为加强社会参与提供了新的机会，但以下障碍可能仍然存在，阻碍了一些居民积极参与数字化治理。

首先，在一些农村社区中，数字信息的获取和传播仍然不够均匀。可能有一些居民由于缺乏数字设备、互联网连接或数字素养较低，难以获得关键信息。这种信息不对称可能导致他们无法有效地参与到数字化治理的决策制定中。

其次，不同年龄段和文化背景的居民对数字技术的接受和使用可能存在差异。老年人口和对数字技术不熟悉的人可能会对数字化参与感到陌生或不安，这可能会导致他们主动回避数字治理的机会。

再者，此前提到的数字鸿沟问题也与社会参与有关。那些没有接入互联网或没有数字技能的人可能会被边缘化，无法参与在线社交互动、数字投票或政策讨论等活动中。

最后，一些农村社区可能根深蒂固地坚持传统的文化和工作方式，对数字化治理抱有怀疑态度。这种差异可能导致社区内部的抵制变革，阻碍了数字治理的推进。

第二节　现代化发展路径的探索

一、创建乡村治理利益联结机制

首先，建立一个覆盖整个乡村的信息共享平台，将各种信息资源进行汇总和整合。这些信息包括政策法规、农产品价格、农村社会保障、环境质量、乡村旅游等各个方面的信息，将这些信息资源共享给基层组织和农民使用，提高信息获取和利用的效率。

其次，充分利用信息化技术，建立数字化的农村信息管理系统，对农民身份信息、土地利用、耕地保护、农业生产等方面进行实时监测和数据分析，提供决策支持和服务保障。

再者，积极加强乡村基层组织的建设，加强党组织和村委会在数字化治理中的领导作用，制定相关规章制度和管理制度，推进乡村治理现代化。

最后，建立以农民利益为中心的利益平衡机制，促进农村产业发展和农民收益的提高，使乡村利益联结机制更加完善和稳定。通过以上措施，构建乡村利益联结机制，促进乡村经济发展和农民收益的提高，实现乡村现代化和乡村振兴战略的全面落实。

二、加强数字化基础设施建设与投入

为确保数字技术的广泛应用和可用性，政府需要建立全面的可持续基础设施发展计划。其中，高速互联网接入被认为是数字化转型的核心要素，因为它为农村地区的政府、企业和居民提供了获取全球信息和资源的途径。然而，由于乡村地区通常面临地理偏远和复杂地形的挑战，传统的有线网络覆盖难以满足需求，因此政府可以采取创新性的方式，如卫星互联网技术，来解决这一问题。卫星互联网不受地理位置的限制，能够为偏远地区提供高速互联网接入，从而弥补了传统有线网络的不足。政府可以与卫星通信提供商合作，投资建设卫星互联网基础设施，以确保农村地区的数字需求得到充分满足。

此外，政府还应该着重关注智能化公共设施的建设。例如，在农村地区实施智能供水系统能够更加高效地管理用水资源，减少浪费，提高农田灌溉的效率，从而促进农业生产的发展。智能电力管理系统则能够监测电力供应情况，减少停电时间，提高电力供应的可靠性。这些智能化设施的建设需要政府的投资和技术支持，以确保乡村地区也能享受到现代化的基础设施服务。

三、促进数字技能培训，提高村干部与村民的数字素养

政府与社会组织应合作建立广泛的数字化培训计划，旨在提高乡村村干部和居民的数字素养。这一举措将有助于确保每位农村居民都能够充分掌握数字工具，有效参与数字社会的发展和乡村治理。

首先，数字技能培训计划应具有全面性和包容性。从基本的数字素养培训到高级的数字技能培训，都应纳入考虑，以确保每个居民都有机会提高自己的数字化能力。

其次，数字化培训计划可以与当地学校、职业培训机构以及数字化企业合作。当地学校可以设置融入数字化技术的教育课程，帮助学生在早期就建立数字化技能。职业培训机构可以提供专业化的数字技能培训，以满足就业市场的需求。数字化企业可以提供实践机会和资源支持，帮助居民应用所学的技能。

最后，数字技能培训应涵盖多个领域，包括但不限于基本的计算机操作、网络

安全、数据分析、电子政务等。最重要的是，数字技能培训计划应注重实践和应用，确保居民真正掌握数字工具的使用方法，克服传统意识和习惯，真心接受数字技术带来的便利。

四、加强数据隐私和信息安全保护

政府在数字化治理中需要采取一系列措施，以确保个人隐私和敏感信息的安全，防范潜在的数据泄漏和网络攻击风险。

首先，政府应制定明确的数据隐私法规。这些法规应明确定义数据的收集、存储、处理和分享方式，以及个人隐私的保护措施，确保个人与集体信息不被滥用或泄露。

其次，政府和企业需要加强信息系统的安全管理。政府和企业应建立健全的网络安全体系，包括防火墙、入侵检测系统和漏洞修补机制等，以减少网络攻击的风险和内部泄漏的可能性。

再次，政府和企业需要建立数据安全的文化。乡村从业人员应被教育和培训如何辨别网络钓鱼、恶意软件和其他网络威胁，以及如何报告潜在的安全问题。

最后，政府还应建立紧急响应计划，以便在发生数据泄漏或网络攻击事件时能够快速采取行动。最后，政府可以鼓励企业和农村各级组织进行数据安全认证，提高数据安全水平，增强公众对其数据处理能力的信任。

五、建立数字社区和在线参与平台

建立数字社区和在线参与平台是促进乡村治理和社区发展的关键举措。

首先，数字乡村社区的建设对于增强社区凝聚力和居民参与意识至关重要。政府可以提供资金支持和培训，帮助乡村社区建立数字化平台，包括社区网站、社交媒体账号、手机应用程序等。通过数字社区，乡村居民可以更方便地了解社区动态、交流信息，增进社区凝聚力，加强乡村社区文化建设。

其次，政府应该建立在线参与和协商平台，为乡村居民提供更广泛的参与机会。这些平台可以用于政策制定、项目决策、社区规划等方面的协商和意见征集。政府可以建立数字化投票和意见反馈系统，使居民能够在线表达自己的看法和建议。政府还可以组织在线协商会议，让居民代表参与政策制定过程，确保他们的声音被充分听取。这有助于提高政府的决策科学性和民主性，增强政府与居民之间的信任和合作。

六、驱动乡村数字化社会服务创新发展

首先，在乡村社区、乡村医疗、乡村旅游、乡村教育等领域大力推广数字化技术应用，例如远程医疗、移动医疗、电子病历等智慧医疗系统，数字化旅游线路规划、智能导览系统、在线预订服务等智慧旅游系统，远程教育、在线学习平台、智能化教室等智慧教育系统等，提高数字化服务的质量和效率。

其次，建立数字化服务平台，为乡村居民提供数字化服务，例如为乡村居民提供移动支付、在线购物、在线教育、医疗咨询、物流服务和电子商务等，改善乡村居民的生活品质。同时，数字化服务平台也可以成为乡村创新创业的孵化器，提供数字化服务的创业支持。

最后，政府通过提供专项资金、减免税收等措施，鼓励企业和个人参与乡村数字化社会服务的创新和发展。建立乡村数字化社会服务的规范和标准，促进数字化服务的规范化和标准化。乡村数字化社会服务创新发展可以帮助乡村地区提高各种服务的效率和质量，促进乡村经济和社会的发展。

七、推动乡村数字化金融服务发展

金融服务在乡村数字化治理体系建设中具有多方面的支持作用，包括提供融资、科技、网络、扶贫和人才等方面的支持。

首先，金融机构应推广数字化支付工具，完善金融服务网络，提高服务覆盖面和便利性，通过发放贷款和提供担保等方式为数字化治理体系建设提供融资支持。

其次，应开发满足农村居民的金融产品和服务需求，如小额贷款、互助保险等，建立数字化信用评价体系，提升金融服务质量和覆盖面。

再次，金融科技的应用也应得到推广，开发智能风控系统、数字化账务管理平台等技术工具，提高金融服务效率和降低成本。

从次，通过金融扶贫政策和金融保险项目，通过数字化支付、数字化信贷、数字化保险等创新服务来支持数字乡村治理体系的发展。

最后，应注重人才队伍建设，培养和引进一支具备数字化金融知识和技能的人才队伍，提高农村金融服务的专业化和智能化水平。

八、强化城乡融合高质量发展政策

强化城乡融合高质量发展政策是推动数字化转型在乡村治理中发挥最大作用

的重要一环。这些政策措施有助于促进城市和乡村之间的信息共享、产业协同、人才流动，实现城乡融合发展。

首先，政府可以建立数字化城乡合作项目，鼓励城市企业在农村地区进行投资和合作。通过数字化技术的支持，城市企业可以更好地参与农村产业，提高生产效率和产品质量，推动乡村产业的升级和转型。政府可以提供财政激励措施，如税收优惠、创业资金支持等，以鼓励城市企业积极参与农村数字化项目，实现城乡共赢。

其次，政府可以推动城市和乡村之间的信息共享，促进产业链的协同发展。数字化技术可以帮助不同地区的企业和农户实现信息互通，了解市场需求、供应链信息等。政府可以建立数字化平台，将城市和乡村的企业、农户、合作社等连接起来，促进信息共享和资源整合，实现产业链的优化和协同发展。此外，政府还可以提供城市和乡村人才的流动支持，鼓励知识和技能的交流。

九、建立乡村治理绩效评估机制

建立乡村治理绩效评估机制是推动数字化转型的必要步骤，以确保数字化治理的有效性和可持续性。

首先，绩效评估机制可以监测数字化技术的采用率。通过追踪数字化技术的采用情况，政府可以了解哪些地区或社群仍然缺乏数字化服务，从而有针对性地制定政策，确保数字化技术的均等普及。

其次，绩效评估机制可以评估社会满意度，了解乡村居民对数字化治理的看法和反馈。通过了解公众的反馈，政府可以及时解决问题，改进治理服务的质量，提升居民满意度。

再次，政府绩效评估机制还可以监测政府效率的提升。政府可以评估数字化技术在政务处理、决策制定和公共服务等方面的效果。这包括审批流程的简化、数据共享的提高、政策制定的科学性等方面的绩效评估。

最后，政府绩效评估机制需要具备独立性和透明度。评估工作应当由独立的第三方机构或专业团队进行，政府可以根据评估结果及时调整政策和措施，推动乡村数字化治理不断改进。

第三节　实施的主要措施

在推动数字乡村发展方面，我们需要采取一系列综合性措施，以确保福建省全面、持续的乡村振兴战略得以实现。

一、强化组织领导

我们需要建立一个坚实的统筹协调机制，以确保各级政府和相关部门在数字乡村发展中能够协同作战。这一机制应该具有高效的信息传递和协作能力，以便及时响应和解决数字乡村发展中的各类问题。为了整合各级政府和部门的政策和资源，需要建立合作共识。通过召开座谈会、研讨会等形式，促使各方理解和认同数字乡村发展的重要性，形成一致的工作方向。这种合作共识将有助于凝聚各方的共同努力，共同推动数字乡村发展事业。

制定综合规划是数字乡村发展的基础。这一规划应当明确数字乡村发展的关键方向，包括技术应用、产业发展、人才培养等方面，并明确每年的工作重点，以便有针对性地解决跨部门和跨行业的关键问题。规划的制定需要充分考虑数字乡村发展的实际需求和各方的期望，确保其切实可行。积极推进国家的数字乡村试点项目是数字乡村发展的关键举措之一。这些试点项目将为各地提供宝贵的经验和示范效应，有助于各级政府更好地理解数字乡村发展的具体实践。同时，鼓励各地展开县级试点项目，可以更加贴近实际情况，推动数字乡村的示范效应从宏观到微观的全面覆盖。

在数字乡村发展的过程中，要充分发挥各级政府的领导作用，推动政府职能的转变，从传统的管理型向服务型转变。政府可以通过设立专门的数字乡村发展机构，建立数字乡村工作专班等方式，提升数字乡村事业的组织和协调水平，确保发展目标的实现。

二、强化政策支持

强化政策支持是推动数字乡村发展的重要手段。在这一方面，财政资金发挥引导作用至关重要。应按照规定，整合现有涉农政策和资金渠道，以支持数字乡村的重点项日建设。这包括但不限于农村信息化、智能农业、数字化农产品流通等方面的项目。通过合理配置和使用财政资金，可以更好地推动数字乡村的全面发展。除了财政资金，通信、公路、水利、电力等渠道的资金也应被充分综合利用。这些渠道的资金可以支持乡村信息基础设施的建设，例如提升网络覆盖、改善通信设施，以及传统基础设施的数字化改造和升级。通过整合各渠道的资金，可以形成更加综合且有力的支持体系，促进数字乡村建设的全面推进。

在生态保护和修复方面，相关资金应被用于支持智慧绿色乡村建设。这涵盖了可持续农业、生态环保和资源循环利用等方面。通过将资金用于智能化、数字化的农业实践，可以提高农业生产效益，减少环境污染，实现农村生态与经济的协调发展。

各地方政府也应当提供资金支持，以改善农村学校的办学条件。特别是要着重支持“三个课堂”的应用，包括课堂教学、网络课程和实践活动。这有助于提升农村学校的教育质量，培养更多的优秀人才，为数字乡村的未来发展储备人才力量。

金融服务的强化也是数字乡村发展中不可或缺的一环。需要支持数字乡村基础设施、智慧农业、农村电商、新型农业经营主体等领域的信贷和融资需求。通过建立金融产品和服务，促进数字乡村相关产业链的发展，确保数字化农业和农村经济的可持续增长。

三、强化人才支持

强化人才支持是数字乡村发展的关键要素。为满足数字乡村的发展需求，高校应当根据市场和社会的需求，积极调整专业设置，特别是设置与数字乡村相关的专业，如农业智能装备工程、智慧农业等。这样的专业设置能够为数字乡村提供专业化的人才支持，满足乡村数字化转型的需要。涉农高校在培养人才方面应当更加注重跨学科的融合。通过鼓励传统农科专业的学生使用生物技术、信息技术和工程技术等领域的知识，可以提升他们的综合能力，更好地适应数字化农业的发展趋势。这种跨学科的培养方式有助于培养更全面、实用的农业科技人才。此外，驻村第一书记和工作队的知识和资源优势应得到充分利用。这些在乡村工作的团队通常具有丰富的实地经验，尤其在网络、信息和技术方面具备专业知识。他们可以通过培训和指导，向乡村居民传授实用的数字技能，推动数字乡村的普及。

鼓励大中专毕业生、退伍军人以及返乡就业人员积极参与数字乡村建设是非常重要的。这些人才群体通常具有一定的专业背景和实践经验，他们的参与可以带来新的思路和动力。通过与区域内高校和农业龙头企业等资源的合作，可以培养更多实用型农村信息技术人才，推动数字乡村的人才储备和发展。此外，积极开展农村创业、科技服务、生产经营、电商服务和劳务品牌等领域的人才培训活动也是必要的。这有助于提高农村居民的创新创业能力，推动数字经济在农村的广泛应用，促进农村的全面发展。

通过以上措施，数字乡村将能够拥有更为丰富和多样化的人才支持，为实现数字化农业和农村全面发展提供强有力的人才支持体系。

四、强化指导监督

为推动数字乡村的发展，我们需要建立一套科学的标准体系，制定数字乡村领域的标准规范，不断完善数字乡村建设指南。这样的标准体系可以为数字乡村建设提供明确的方向和要求，促使各地在实施数字化发展时更加有序和高效。随着数字乡村建设的深入推进，建立数字乡村发展的动态监测机制显得尤为重要。这一机制可以及时收集和反馈数字乡村建设的实施情况，实现对进展的实时了解。通过建立监测机制，可以加强数字乡村建设过程中的管理，确保各项工作按照规定和标准有序推进。

数字乡村发展评价指标体系的建立是衡量发展成效的关键。通过制定科学合理的评价指标，可以对数字乡村发展的各个方面进行全面、客观的评估。这些指标涵盖了数字基础设施、智能农业、数字化农产品流通、人才培养等多个方面，有助于全面了解数字乡村建设的成果和问题，为决策制定提供科学依据。

在推进福建省数字乡村发展的背景下，建立健全的监督体系将有助于保障数字乡村建设的质量和效果。地方政府和相关部门应该建立起协同合作的监督机制，形成横向到位、纵向贯通的监管网络。这样的监督机制既可以在实施过程中及时发现和解决问题，也能为数字乡村的可持续发展提供有力的支持。

五、强化安全保障

在农村地区，特别需要充分保护农业和农村数据的安全。为了实现这一目标，我们需要确保农村地区的关键信息基础设施和网络受到充分的保护。

首先，制定网络安全等级保护制度是确保数字乡村网络安全的有效手段。这一制度应该包括网络基础设施的分类保护要求，确保各类农村网络系统都能够按照其重要性得到适当的安全保障。通过建立制度，能够形成一套系统性的网络安全管理机制，保障数字乡村网络的可靠性和稳定性。

其次，进行网络安全监督检查是保障措施的重要一环。通过定期的监督检查，可以及时发现和解决潜在的网络安全隐患，提高农村网络系统的安全性。监督检查不仅应覆盖网络硬件设施，还应关注网络软件系统的安全性，以全面提升数字乡村的整体网络防护水平。此外，加强对电信、广播电视设施的安全保卫工作也是至关重要的。农村地区的电信、广播电视设施是数字乡村建设中的重要组成部分，需要得到充分的保护。对于盗窃和破坏电信、广播电视设施的违法行为，应坚决进行打击，确保数字乡村的通信和广播系统正常运行。

在互联网金融领域，应当通过法律手段对互联网金融诈骗行为进行严厉打击。同时，进行互联网金融风险防范宣传工作，提高农村居民对互联网金融风险的认识，防范互联网金融诈骗的发生。农村居民也需要接受网络安全教育培训，以增强个人信息保护意识。通过开展网络安全教育，可以让农村居民了解网络风险，学会防范网络诈骗，保障个人信息的安全。

通过综合上述安全保障措施，我们能够有效应对数字乡村发展中可能面临的各种安全风险，确保数字化农业和农村的健康有序发展。这样的安全保障工作将为农村居民提供一个安全可靠的数字环境，推动数字乡村建设走向更加可持续和繁荣的未来。

六、强化宣传引导

为了确保数字乡村建设政策和措施的充分落地，以及取得的成效能够得到社会广泛认可，我们需要采取有效的宣传策略和手段。

首先，充分利用多种渠道是宣传工作的关键。通过融媒体、党建信息平台、“两微一端”、直播平台等多元化渠道，可以将数字乡村发展的政策措施和取得的成就传递到更广泛的受众群体中。这样的宣传方式具有及时性和互动性，能够更好地引起社会的关注，提高数字乡村建设的知名度。

其次，宣传工作应注重故事性，特别是要分享乡村振兴的成功故事。通过讲述那些在数字乡村建设中取得显著成就的乡村，可以激发更多地方的积极性，同时让更多人了解数字化转型对农村的实际帮助。这样的宣传不仅能够凝聚共识，还能够在社会上形成推崇数字乡村建设的良好氛围。公益广告制播工作也应积极展开。通过总结并推广数字乡村建设的典型经验，可以为其他乡村提供宝贵的参考。公益广告的制播还能够加深社会对数字乡村建设的认知，使更多人积极参与和支持数字乡村建设的过程。

最后，宣传工作要紧密结合当地实际，充分考虑受众的特点和需求。通过定期的宣传活动，如乡村文化节、数字农业科普讲座等，可以加强与农村居民的互动，提升他们对数字乡村建设的认同感和参与度。

通过这样的宣传引导工作，我们可以在社会上形成共同关注数字乡村建设的氛围，为推动数字乡村的发展提供有力支持。这将有助于激发更多的社会资源投入，推动数字乡村建设事业取得更为显著的成果。

第四节　持续优化与创新实践

一、构建多元参与的治理模式

构建多元参与的治理模式是实现乡村治理现代化的关键路径。政府、市场和社会三方协同合作，共同推动乡村治理体系和治理能力的提升。政府作为公共政策的制定者和执行者，需要发挥其在乡村治理中的引领作用，通过制定合理的政策和法规，为乡村治理提供制度保障和政策支持。同时，政府还应积极推动公共服务的均等化，确保乡村居民能够享受到与城市居民同等的公共服务和生活条件。

市场在乡村治理中扮演着重要角色，通过市场机制优化资源配置，促进乡村经济的多元化发展。市场主体，包括企业和其他经济组织，可以通过投资、技术支持和创新服务，为乡村提供更多的发展机遇和就业机会。此外，市场还能够通过竞争激发乡村地区的创新活力，推动农业现代化和产业升级。

社会力量的参与为乡村治理注入了新的活力。社会组织、志愿者团体和村民自治组织等，能够直接反映乡村居民的需求和意愿，提高治理的针对性和有效性。通过社会参与，可以增强乡村居民的归属感和责任感，促进乡村社区的自我管理和自我服务。社会力量的参与还有助于形成监督和反馈机制，保障乡村治理的透明性和公正性。

在构建多元参与的治理模式过程中，需要注重各参与主体之间的协调与合作。通过建立有效的沟通机制和协商平台，确保各方利益和诉求得到充分表达和合理平衡。同时，还需要加强对乡村治理的科学研究和实践探索，不断总结经验，形成可复制、可推广的治理模式，以适应不同乡村地区的实际情况和需求。通过这种多元参与、协同治理的方式，可以有效地提升乡村治理的整体效能，促进乡村社会的和谐稳定和可持续发展。

二、推动数字技术的本土化创新

数字技术的本土化创新是推动乡村数字化转型的重要策略，特别是在福建省这样具有独特地理、文化和社会特征的地区。本土化创新意味着根据乡村居民的实际需求和使用习惯，开发和优化数字技术，使之更加贴合当地的发展现状和文化特色。这一过程不仅涉及技术的研发和调整，还包括对用户界面的本地化设计，以及对技术应用场景的深入挖掘。

首先，福建省推动数字技术的本土化创新需要深入了解乡村居民的生活和生产方式，包括农业生产、乡村治理、教育资源、医疗服务等方面。通过田野调查、问卷调研等方法，收集和分析乡村居民对数字技术的需求和反馈，从而为技术开发提供准确的市场定位和需求分析。例如，针对福建省特有的茶文化和农业产业，可以开发智能农业管理系统，通过物联网技术实现对茶树生长环境的实时监控和精准管理，提高农业生产效率。

其次，本土化创新还应关注数字技术的易用性和普及性。开发适合乡村居民操作习惯的应用程序和服务平台，简化用户界面，降低技术门槛，使更多的乡村居民能够无障碍地使用数字技术。此外，通过培训和教育，提高乡村居民的数字素养，培养他们对新技术的接受度和应用能力，是实现数字技术本土化创新的关键。

最后，推动数字技术的本土化创新还需要政策支持和跨界合作。政府应出台相关政策，鼓励企业和研究机构针对乡村市场进行技术创新，提供必要的资金和政策扶持。同时，促进不同领域之间的合作，如农业科技与信息技术的结合，可以开发出更多符合乡村实际需求的创新产品和服务。通过这些措施，福建省的乡村地区将能够更好地融入数字经济，实现可持续发展和乡村振兴的目标。

三、深化数字乡村治理的理论研究与实践探索

首先，深化数字乡村治理的理论研究与实践探索是实现乡村全面振兴的关键环节。在理论层面，需要对数字乡村治理的概念、框架、机制及其在不同乡村社会经济背景下的适用性进行深入探讨。这涉及对数字技术如何与乡村治理结构相融合、如何通过数字化手段提高治理效率和透明度以及如何确保技术应用符合乡村居民的实际需求等方面的系统性研究。通过构建科学的理论研究体系，可以为数字乡村治理的实践提供指导和参考。

其次，在实践探索方面应鼓励基于地方特色的创新尝试，并总结提炼出可复制、可推广的治理模式。例如，福建省在数字乡村治理方面进行了一系列的探索和实践，包括构建智能协同的业务应用体系、推动政务信息网络扩容升级以及建设科学完备的制度规则体系等。这些实践不仅提升了当地乡村治理的效能，也为其他地区提供了宝贵的经验。通过案例分析、模式对比和效果评估，可以识别出成功的治理模式，并将其推广到更广泛的乡村地区。

此外，加强数字乡村治理的理论研究与实践探索还需要关注技术与乡村社会文化的融合。数字技术的应用不应仅仅停留在工具层面，还应深入到乡村治理的

文化和价值观念中，促进技术与乡村社会治理的有机结合。这包括利用数字平台传承和弘扬乡村文化、通过数字化手段增强乡村社区的凝聚力和自治能力，以及通过智能化服务提升乡村居民的生活质量。通过这种深层次的融合，数字乡村治理能够更好地服务于乡村振兴战略，实现乡村社会的可持续发展。

四、加强跨区域的数字乡村治理经验交流与合作

加强跨区域的数字乡村治理经验交流与合作是提升乡村治理效能的重要途径。在数字化时代背景下，不同地区的乡村治理实践积累了丰富的经验，通过跨区域的交流与合作，可以促进知识共享、技术转移和治理创新。这种合作不仅有助于解决乡村治理中的共性问题，还能够针对地区特殊性提供定制化的解决方案。

首先，建立跨区域的数字乡村治理合作网络是实现经验共享的基础。通过构建线上交流平台和定期举办线下研讨会，促进不同地区乡村治理主体之间的沟通与协作。这些平台可以作为信息交流、政策研讨和实践案例分享的场所，使各地区能够相互学习、借鉴先进的治理理念和技术应用。例如，福建省在数字乡村治理方面的实践，如“智慧党建”和“数字公共服务中心”的建设，可以作为其他地区乡村治理的参考模式。

其次，跨区域合作应聚焦于解决乡村治理中的共性问题，如数字鸿沟、基础设施建设、数字素养提升等。通过集体智慧和资源整合，共同探索解决方案，提高乡村治理的整体效能。例如，通过跨区域的合作项目，可以共享数字化基础设施建设的经验和资源，推动乡村地区的网络覆盖和信息服务水平提升。

最后，跨区域的数字乡村治理经验交流与合作还应注重创新和可持续性。鼓励各地区根据本地实际情况，探索具有地方特色的数字化治理模式，同时确保这些模式能够适应未来社会经济发展的变化。通过持续的交流与合作，可以不断优化和升级乡村治理策略，确保乡村治理的长期有效性和适应性。

五、完善数字乡村治理的法规与政策体系

完善数字乡村治理的法规与政策体系是确保乡村数字化转型顺利进行的基石。随着数字技术在乡村治理中的广泛应用，相关的法律法规亟须更新以适应新的治理需求。这不仅涉及对现有法律框架的补充和完善，也包括对新兴技术应用的规范和指导。例如，针对数据安全和个人隐私保护的问题，需要制定相应的数据管理法规，明确数据收集、存储、处理和使用的法律界限和责任主体，确保乡村居民的信息安全得到妥善保护。

此外，政策体系的构建也应着重于促进数字技术的普及和应用，提高乡村居民的数字素养，以及加强数字基础设施建设。政策制定者应考虑如何通过财政补贴、税收优惠等措施激励企业和个人参与乡村数字化建设，同时通过教育和培训提升乡村居民对数字技术的掌握和应用能力。政策还应关注数字鸿沟问题，确保所有乡村居民都能享受到数字技术带来的便利和机会。

在法规与政策的具体实施方面，需要建立一套有效的监管和执行机制，确保政策目标的实现。这包括对数字乡村治理项目的监督评估，对政策实施效果的定期审查，以及对违规行为的严格惩处。通过这些措施，可以增强政策的执行力和威慑力，保障数字乡村治理的健康发展。同时，政策制定过程中还应充分听取乡村居民、专家学者、企业和社会组织的意见和建议，确保政策的科学性、合理性和可操作性。

六、探索乡村数字治理的可持续发展模式

探索乡村数字治理的可持续发展模式是实现乡村长期繁荣和稳定的关键。可持续发展模式强调在满足当前乡村治理需求的同时，不损害未来时代满足自身需求的能力。在数字乡村治理的背景下，这要求我们在技术应用、资源配置、人才培养等方面进行长远规划和持续投入。

首先，技术应用的可持续性是确保乡村数字治理长期效果的基础。这意味着在引入新技术时，需要考虑其长期的适用性、可靠性和成本效益。例如，选择易于维护、升级的数字工具和平台，确保技术能够适应乡村社会经济的发展变化。同时，应注重技术的本土化创新，开发适合乡村特点的数字解决方案，以提高技术的接受度和实用性。

其次，资源配置的可持续性对于乡村数字治理的连续性和稳定性至关重要。这包括合理分配财政资金，确保数字基础设施的建设和维护得到充分的资金支持。同时，需要探索多元化的资金筹集渠道，如吸引社会资本投入、建立公私合作伙伴关系等，以减轻政府的财政压力。此外，还需要建立有效的资源管理和使用机制，提高资源利用效率，避免资源浪费。

最后，人才培养和教育是乡村数字治理可持续发展的核心。通过教育和培训，提高乡村居民的数字素养，培养他们的信息获取、处理和应用能力，使他们能够更好地适应数字化时代的要求。同时，应加强乡村治理人才的培养，吸引和留住具有数字技术背景的专业人才，为乡村治理提供智力支持。此外，还应鼓励乡村居民参与数字治理的决策和实施过程，提高他们的参与感和归属感，从而增强数字治理的社会基础。

七、强化乡村治理的智能化与自动化水平

强化乡村治理的智能化与自动化水平是提高治理效率和精准度的重要途径。在数字乡村治理的背景下，人工智能（Artificial Intelligence，AI）和大数据技术的应用为乡村治理带来了历史性的变革。通过这些先进技术的集成和应用，可以实现对乡村治理各个方面的深入分析和智能决策支持，从而减少人为因素的干扰，提升治理的客观性和科学性。

首先，人工智能技术在乡村治理中的应用可以体现在自动化的数据分析和模式识别上。AI 算法能够处理和分析大量的乡村治理数据，包括农业生产数据、市场信息、环境监测数据等，从而识别出潜在的问题和发展趋势。例如，通过机器学习技术，可以预测农作物病虫害的发生，及时指导农民进行防治，减少损失。同时，AI 技术还可以辅助乡村规划和管理，通过智能算法优化资源配置，提高乡村基础设施建设和公共服务的效率。

其次，大数据技术为乡村治理提供了丰富的信息资源和决策依据。通过对乡村社会经济活动的全面数据收集和整合，可以构建起乡村治理的数据仓库。利用大数据分析技术，可以深入挖掘数据中的关联和规律，为乡村政策制定、资源管理和公共服务提供精准的数据支持。例如，通过分析村民的消费习惯和需求，可以优化乡村电商服务和物流配送，提高村民的生活质量。

最后，智能化和自动化技术的融合应用可以构建起一个高效、透明、响应迅速的乡村治理体系。例如，利用物联网技术可以实现对乡村环境的实时监控，及时发现和处理环境问题；利用自动化办公系统可以简化乡村政务流程，提高办事效率；利用智能客服和在线咨询服务可以提升村民与政府的互动体验。这些技术的集成应用不仅提升了乡村治理的自动化水平，也为乡村居民带来了更加便捷和高效的服务。

八、培育乡村数字治理的文化氛围

培育乡村数字治理的文化氛围是实现乡村治理现代化的精神基础和内在动力。数字治理不仅是一种技术应用，更是一种文化现象，它要求乡村居民具备相应的数字意识和参与意愿。通过教育和宣传，可以提高乡村居民对数字治理的认知，增强他们对数字化转型的接受度和适应性。

首先，教育是培育乡村数字治理文化氛围的关键途径。通过在学校教育中加入数字素养课程，可以从小培养乡村孩子的信息意识和数字技能。同时，针对成年

人的数字技能培训也至关重要，特别是对那些对新技术持保守态度的中老年群体。通过组织数字技能工作坊、在线课程和社区教育活动，可以帮助他们克服对数字技术的恐惧和排斥心理，激发他们学习新技能的兴趣和动力。

其次，宣传是塑造乡村数字治理文化氛围的重要手段。利用各种媒介，如广播、电视、互联网、宣传册等，广泛宣传数字治理的益处和成功案例，可以提高乡村居民对数字化转型的认识和信心。此外，通过举办数字文化节、数字技术展览等活动，可以增加乡村居民对数字技术的直观体验，促进他们对数字治理的理解和支持。

最后，开放、共享、参与是乡村数字治理文化的核心价值。通过建立开放的数据平台和数字服务，鼓励乡村居民参与到乡村治理的决策和监督中来，可以增强他们的主人翁意识和社会责任感。同时，通过共享数字资源和知识，可以促进乡村社区的互助合作和共同发展。在这一过程中，政府、社会组织和乡村居民应共同参与，形成共建共治共享的数字治理格局。

九、建立乡村数字治理的长效激励机制

建立乡村数字治理的长效激励机制对于激发乡村居民、企业和组织的内在动力，确保乡村治理的持续性和有效性至关重要。这种激励机制应当基于对乡村治理参与各方需求和动机的深刻理解，通过政策引导和正向激励，促进其积极参与乡村治理的各个方面。

首先，政策激励是构建长效激励机制的基础。政府可以通过制定一系列优惠政策，如税收减免、资金补贴、项目支持等，来鼓励乡村居民和企业参与数字治理。例如，对于采用数字技术的农业企业，政府可以提供技术研发补贴或市场推广支持，降低其转型成本，提高其参与乡村数字治理的积极性。同时，政府还可以通过立法确立乡村数字治理的法律地位，为参与各方提供法律保障和权益保护。

其次，表彰奖励是激励机制的重要组成部分。通过设立数字治理相关的奖项，如“数字乡村先锋”“智慧农业创新奖”等，对在乡村数字治理中作出突出贡献的个人、企业和组织进行表彰和奖励。这不仅能够提升其社会影响力和荣誉感，还能形成示范效应，激励更多的乡村居民和组织投身于乡村治理的创新与实践中。

最后，建立长效激励机制还需要注重激励的多样性和差异化。不同的乡村居民、企业和组织的需求和期望各不相同，因此在设计激励机制时，应考虑到不同群体的特点和需求，采取差异化的激励措施。例如，对于乡村居民，可以通过提供数字技能培训、增加就业机会等方式激发其参与动力；对于企业，则可以通过市场准入便利化、融资渠道多元化等措施，降低其参与门槛，提高其参与乡村治理的意愿。

十、加强乡村治理的国际交流与合作

加强乡村治理的国际交流与合作是提升福建省乃至中国乡村治理国际化水平的重要途径。在全球化背景下，国际交流与合作为乡村治理提供了更广阔的视野和更多元的解决方案。通过积极参与国际组织、论坛和研讨会，福建省可以引入国际上先进的乡村治理理念、技术和经验，促进本地乡村治理模式的创新和完善。

首先，国际交流可以促进知识和经验的共享。通过与其他国家的乡村治理实践者和专家学者进行深入交流，福建省可以学习到国际上成功的乡村治理模式和创新做法，如精准农业、可持续农村发展以及利用信息技术提升治理效率等。这些知识和经验对于解决福建省乡村治理中的问题、提高治理效能具有重要价值。

其次，国际合作有助于技术和人才的引进。通过与国际组织和其他国家的合作项目，福建省可以引进先进的乡村治理技术和专业人才，提升本地的治理能力。例如，通过国际合作项目可以引入智能农业技术、水资源管理技术等，提高农业生产效率和资源利用效率。同时，国际合作还可以为乡村治理人才提供培训和学习的机会，提升他们的专业技能和国际视野。

最后，加强国际交流与合作有助于提升福建省乡村治理的国际影响力。通过在国际舞台上展示福建省乡村治理的成果和经验，提升福建省在国际社会中的形象和地位。此外，积极参与国际规则的制定和全球治理的讨论，也可以为福建省乃至中国的乡村治理争取更多的话语权和影响力。

第八章　福建省数字乡村治理行动计划与创新发展

2022年1月,中央网信办、农业农村部、国家发展改革委、工业和信息化部、科技部、住房和城乡建设部、商务部、市场监管总局、广电总局、国家乡村振兴局会同有关部门制定了《数字乡村发展行动计划(2022—2025年)》(以下简称《行动计划》)。行动计划部署了数字基础设施升级行动、智慧农业创新发展行动、新业态新模式发展行动、数字治理能力提升行动、乡村网络文化振兴行动等方面的重点行动。基于福建省数字治理能力提升行动,试从以下三个方面展开论述。

第一节　数字技术驱动乡村治理现代化提升服务效能

在新一代信息技术如大数据、云计算、人工智能的推动下,乡村治理模式正在经历一场深刻的变革。这些技术的应用不仅优化了治理流程,提高了决策的科学性和精准性,还促进了公共服务的个性化和智能化,从而显著提升了服务效能。

一、坚持问题导向,提供解决方案

坚持问题导向,以数字化解决方案赋能乡村治理能力的提升,是实现乡村振兴战略目标的关键举措。2019年5月,中共中央办公厅、国务院办公厅联合印发《数字乡村发展战略纲要》与《行动计划》的出台,标志着我国乡村治理步入了以信息技术为支撑的现代化转型阶段,这一转型不仅针对现存问题,更是对传统治理模式的一种创新和超越。

首先,针对基层党组织"散"的问题,通过构建和完善农村智慧党建体系,实现了党的全面领导在乡村治理中的深度融合与强化。智慧党建体系的优化升级,如全国党员干部现代远程教育系统的改进和党建信息化平台功能的丰富,不仅解决了农村党员分散、流动性大导致的管理难题，还通过云技术的应用，促进了党务信息的透明公开，加强了党员之间的联系与互动，提升了基层党组织的凝聚力与战斗力。这一体系创新，实质上是利用数字化手段强化了党的基层组织在乡村振兴中的领导核心作用，为乡村治理提供了坚实的政治保障。

其次，针对基层综治负担“重”及治理协同不足的现状，推动社会综合治理的精细化转型，是实现治理效能提升的关键一环。《行动计划》倡导的“互联网＋网格治理”模式，通过数字化平台整合治理资源，实现了治理手段的精准投放与高效运作。公共法律服务的线上线下融合、智能移动调解系统的推广以及公共安全视频图像应用体系的高质量建设，共同织就了一张紧密相连的基层治理网络，有效提升了乡村治理的智能化水平，增强了自治、法治、德治之间的协同效应，为构建和谐有序的乡村社会环境提供了有力的支撑。

最后，提升村级事务管理的智慧化水平，是激活乡村治理主体活力，保障农民权益的重要步骤。通过村级基础台账电子化和“智慧村庄”综合管理服务平台的建立，不仅提高了村级事务管理的透明度和效率，还为农民提供了更为便捷、多样化的自治手段。村民在线议事和监督平台的推广，不仅畅通了民意表达渠道，还增强了村民对乡村治理的参与感和认同感，实现了治理决策的民主化与科学化。同时，农村集体资产监督管理平台的建设，进一步保障了集体资产的合理利用与农民的经济权益，为乡村经济的持续健康发展打下了坚实的基础。

二、坚持重点突破，多措并举

公共服务效能的提升被视为缩小城乡差距、促进乡村全面发展的重要抓手。《行动计划》围绕教育、医疗、社保与就业服务等关键领域，通过一系列重点突破的策略，旨在利用数字技术的创新优势，推动乡村公共服务的高质量供给，实现乡村治理效能的显著提升。

首先，在教育与医疗领域，“互联网＋教育”与“互联网＋医疗健康”的推进，标志着乡村公共服务供给模式的根本性变革。在教育方面，构建开放共享的数字教育资源公共服务体系，不仅能够有效弥合城乡教育鸿沟，为农村学生带来优质教学资源，还通过提升农村教师信息技术应用能力，从根本上增强了乡村教育的内生动力。医疗方面，通过加强乡村卫生机构信息化建设，发展远程医疗服务，以及推动医保服务的数字化转型，有效缓解了农村居民就医难、就医远的问题，提高了农村公共卫生服务的可及性和均等化水平，进一步保障了农民的健康权益。

其次，针对农村社保与就业服务的优化，是保障农民生活质量、激发乡村发展潜力的重要一环。通过完善社保服务的信息化平台，推广电子社保卡普及应用，不仅提升了农村社保服务的效率与便捷性，还通过建立全国统一的农民工综合信息系统，加强乡村公共就业服务的信息化建设，精准对接农村劳动力市场需求，为农村居民提供更加高效、精准的就业服务，促进了农村劳动力的有序流动与稳定就业。

再次，针对农村特殊人群的信息服务保障，显示了数字乡村建设的人文关怀和社会责任。通过深化应用全国社会救助信息系统，加强对农村留守老人、儿童及残疾人的信息管理与服务供给，利用"互联网＋"技术提供个性化、便捷化的服务，确保这些特殊群体能够共享数字时代的发展成果，体现了数字乡村治理中包容性与公平性的核心价值。

最后，深化农村普惠金融服务，是激发乡村经济活力、促进农民增收的关键举措。《行动计划》鼓励涉农金融机构利用大数据技术提升服务效率，简化信贷审批流程，拓宽农户融资渠道，有效缓解了农业经营主体的资金难题，为乡村产业的转型升级和农民创业创新提供了坚实的金融支撑。这一系列措施的实施，不仅提升了乡村公共服务的供给能力，还通过数字化手段增强了乡村治理的精准度与有效性，为实现乡村振兴战略目标奠定了坚实的基础。

三、坚持以人为本，构建惠民体系

以人为本的原则是贯穿始终的核心理念，旨在确保数字化转型的成果能够惠及所有乡村居民，特别是关注那些在数字技术使用上面临挑战的群体。构建一个全面覆盖、贴心服务的惠民体系，不仅要求技术的革新与应用，更需关注技术与人文的和谐共生。

首先，线上线下融合服务模式的构建，是解决数字鸿沟、确保服务可达性的有效途径。《行动计划》强调的"线上线下深度融合"，意味着在推进数字化服务的同时，保留并优化传统的线下服务渠道，确保乡村居民，尤其是不熟悉或无法使用数字设备的群体，能够便捷地获取所需的服务。通过基层便民服务中心和站点的广泛布设，以及上门办理、委托代办等人性化服务，使得数字化转型不会成为阻碍部分群体享受公共服务的门槛，而是成为提升整体服务效能的助力。

其次，信息无障碍环境的营造，是促进社会包容性发展的重要举措。面对老年群体和残障人士在数字技术使用上的特殊需求，《行动计划》提出的适老化、无障碍化改造升级，不仅体现了对这些群体的深切关怀，也是实现全民共享数字红利的必要步骤。通过优化应用界面、简化操作流程、提供语音辅助等功能，确保特殊群体能够跨越数字障碍，平等地参与乡村治理，享受公共服务，这对于构建和谐、包容的数字乡村社会至关重要。

最后，农民数字素养与技能的提升，是激发乡村振兴内生动力的关键。鉴于数字基础设施在农村地区的普及，提高农民群体对数字工具的掌握与应用能力，成为提升农业生产力、促进农村经济多元化发展的基础。《行动计划》倡议的农民数字技能培训，不仅有助于农民更好地利用"新农具"，如农业物联网、电商平台等，提升生产效率，开拓市场，还能增强农民在数字时代的学习和发展能力，促进个人成长与乡村整体素质的提升。通过教育与培训的延伸，形成农民主动学习、乐于创新的良好氛围，为乡村的长远发展蓄积内生动力，实现乡村治理与公共服务的可持续性改善。

第二节　提升福建省数字乡村治理能力的行动计划

一、完善农村智慧党建体系

为完善农村智慧党建体系，需要在多个方面进行优化和升级，以更好地服务基层党组织和农村党员。

首先，推进全省党员干部现代远程教育系统的优化升级是提高党课质量的重要手段。通过扩大网络党课在农村党员教育中的应用，可以实现党员干部不受时间和空间限制的学习，提高学习的便捷性和灵活性。这有助于加强党员干部的理论水平，提升业务素养，更好地服务基层群众。

其次，丰富党建信息化综合平台的功能，将基层党组织纳入云端，实现党务管理的数字化。这样的举措可以使党组织的管理更加高效，提高信息的传递和反馈速度。通过数字化管理，可以更好地监督和评估基层党组织的工作，提升党建工作的科学化和现代化水平。

再次，运用重点新闻网站、政务网站、社交媒体等平台，积极依法推动党务、村务、财务等信息的在线公开，以促进党群互动和社情民意的畅通传递。通过信息的在线公开，可以提高党员和村民对党务、村务的知晓度，促进党群之间的互动和沟通。同时，也可以更好地了解社情民意，为决策提供参考。

以上措施将有助于构建更加高效、便捷、透明的农村智慧党建体系，为推动数字乡村治理提供有力支持。通过这样的创新和优化，将有效推动基层党组织的建设和党员干部的素质提升，实现党建工作的现代化和智能化发展。

二、断续延伸“互联网＋”政务服务乡村

继续延伸“互联网＋”政务服务乡村是推动数字乡村治理能力提升的一项关键举措。为此，我们需要在政务服务方面进行全方位的优化和创新，以更好地服务农村居民。

首先，完善全省一体化政务服务平台是提高农村地区政务服务水平的基础。通过实现多级政府层级的全程网上办理，可以方便农村居民在家门口就能完成各类行政事务，提高涉农事项的网上办理比例，推动政务服务的便捷性和高效性。同时，通过推动政务服务的网上办理、移动端办理、一次办结，能够提升服务体验，减轻农村居民的办事负担。

其次，扩展乡村基层便民服务中心和服务站点是延伸政府服务至农村地区的有效手段。通过将政府服务延伸至农村地区，可以更好地满足农村居民的需求，实现线上线下深度融合。这样的举措能够提高政务服务的可及性，让农村居民享受到与城市相近的服务水平。

再次，建立政务数据共享协调机制，拓宽农村地区政务信息资源的共享范围。通过实现政务数据的共享，可以提高政务服务的智能化水平，提升治理效能。这也有助于农村地区充分利用现代技术手段，优化资源配置，提高服务水平。

最后，深化农村综合服务网点，构建数字社区服务圈，提供政务、商超、养老等综合服务，以实现乡村服务的“最后一百米”。通过建设农村工程项目管理信息化平台，实现项目管理的一网统管和一网通办，能够提高工程项目的管理效率，推动农村基础设施建设。

在推进数字乡村治理的过程中，以上举措将为农村居民提供更为便捷、高效、全面的政务服务，推动数字乡村治理能力实现全面提升。这样的创新和优化势必会带动农村地区的数字化转型，为农村的全面振兴奠定坚实基础。

三、加强村级事务管理的智慧化

加强村级事务管理的智慧化，旨在提高农村事务管理的效率、透明度和民主性，更好地服务村民。

首先，推广村级基础台账的电子化是实现村级事务智慧化的基础。通过建立统一的“智慧村庄”综合管理服务平台，可以将村级基础台账电子化，实现对村务信息的集中管理和统一监控。这有助于提高村级事务管理的效率，降低管理成本，使村务工作更加精细化和科学化。

其次，推广村级事务的“阳光公开”监管平台是提高事务管理透明度的有效途径。通过及时公开村级事务信息，使村民能够随时查看、监督，提高对村级事务的知情权和监督能力。这样的措施将村务管理过程中的信息不对称问题得以解决，增加了村民对村庄事务的信任感。

再次，丰富村民自治手段，推进村民在线议事和在线监督。通过数字化手段，村民可以更便捷地参与村务决策，提出意见和建议。同时，在线监督机制也有助于及时纠正不正当的村级事务管理行为，实现民主决策和民主监督的双向互动。

最后，推进农村集体资产监督管理平台的建设是实现集体资产高效管理和共享的关键。通过建立数字平台，可以清晰记录和监管农村集体资产的使用情况，确保资产的安全和公正分配。这有助于提高集体经济效益，促进集体共同富裕。

通过以上智慧化手段，能够在农村事务管理中实现信息化、透明化和民主化，更好地服务农村居民，推动数字乡村治理能力不断提升。这也是实现乡村治理现代化的关键一步，为乡村振兴提供了坚实的数字基础。

四、完善社会综合精细化治理

完善社会综合精细化治理是数字乡村治理能力提升的关键环节，旨在利用互联网和先进技术手段提高基层治理水平，为农村居民提供更便捷、高效的公共服务。

首先，建设“互联网＋网格治理”服务管理模式是构建基层治理“一张网”的创新举措。通过推广“一张图”式的乡村数字治理模式，可以将村级信息在统一平台上呈现，实现信息互通、互联，提高基层治理的精细化水平。这种模式不仅可以实现对村庄综合信息的精准管理，还能够更好地满足农村居民的需求。

其次，深入推进公共法律服务网络平台、实体平台、热线平台的融合发展，整合法律服务网络与司法行政 APP、小程序的功能。这样的整合可以提供农民群众在线法律服务，包括法律咨询、法律援助、维权指导等。通过智能移动调解系统，还能够为农村居民提供视频调解等线上服务，能便捷高效地解决争议。

最后，建设公共安全视频图像应用体系，加强农村地区的公共安全监控。通过在所有县、乡、镇、村等建设公共安全视频图像应用体系，可以提高治安监控的全面性和实时性。鼓励各级社会化视频图像资源接入公共安全视频图像信息共享平台，促进视频图像资源和社会治理基础数据的融合和共享，实现对公共安全的更全面、精准的管理。

通过上述措施，能够构建数字乡村治理的智能化网络，为农村居民提供更全面、高效的公共服务。这样的创新和发展将极大地提升数字乡村治理的能力，助力乡村社会综合治理水平的不断提高。

五、提升农村智慧应急管理体系

提升农村智慧应急管理体系是数字乡村治理能力提升的重要方向，旨在通过科技手段提高农村地区对自然灾害、公共卫生事件等突发情况的应对能力，确保农民的生命安全和财产安全。

首先，利用天空地一体化监测体系加强自然灾害的监测和预警是提高应急管理的重要途径。通过对地质灾害、洪涝灾害、森林火灾等灾害和生产生活安全进行全面监测和实时预警，可以提前采取措施，减轻灾害带来的损失。这也有助于提高农村居民对灾害的应对能力。

其次，依托应急资源管理平台合理调度防灾救灾物资，确保乡村地区受灾人群的及时救援和保障服务。通过数字化管理系统，可以更加精准地了解灾情，及时调度救援力量和物资，提高灾后救援的效率和效果。

再次，完善全面、实时监测、全局掌控的乡村数字化公共卫生安全防控体系。通过建立突发事件风险监测与预警信息共享平台，引导村民开展自我卫生管理和卫生安全防控。这样的体系有助于及时发现和防范传染病等公共卫生风险，确保农村地区的卫生安全。

最后，完善农村气象灾害智能预报系统，构建广覆盖、立体化的预警信息发布体系，以提高气象预警信息的准确性和时效性。通过先进的气象监测和预测手段，可以为农民提供更加准确的气象信息，帮助其做好防灾准备。

推动应急广播体系的建设，推进基层应急广播主动发布终端的覆盖，以建立应急广播的快速传达通道。通过广播等媒体的即时传递，可以迅速向农村居民发布应急信息，提高居民对突发事件的应对能力。

第三节　福建省数字乡村治理体系的配套措施

一、乡村治理数字化基建工作

推进乡村治理数字化基建工作是构建现代化数字乡村治理体系的迫切需求。为了实现这一目标，需要加强农村地区的数字化基础设施、系统平台和应用终端的建设，以确保系统集成、数据融合和网络安全的可持续保障。

首先，农村地区的数字化基础设施建设是数字乡村治理的基石。这包括建设高速宽带网络、智能化物联网设施、信息化终端设备等，以支持数据的快速传输和处理。在实施过程中，应根据不同地区的特点采用因地制宜的方案，确保基础设施的覆盖和可持续发展。

其次，加强农村地区便民服务软件的研发和建设是提高乡村治理水平的关键一环。通过开发面向农村居民的便捷应用软件，可以实现信息的及时传递、便民服务的提供，提高居民的生活质量。这涵盖了农村电商、在线教育、健康管理等多个方面，以满足农村居民多样化的需求。

最后，推进农村地区数据资源的整合也是构建数字乡村治理体系的关键步骤。倡导一次综合采集、多方共享利用的原则，整合农村各类数据资源，包括人口信息、经济数据、农业信息等，以确保数据的高效利用和共享。这将有助于更好地了解农村地区的实际情况，为精准决策提供有力支持。

通过上述工作，可以构建起福建省数字乡村治理体系的基础框架，为乡村治理的现代化奠定坚实基础。这不仅有助于提高农村居民的生活水平，还能够促进农村经济的可持续发展。

二、智慧法援在农村地区的推广工作

通过引入"云公共法律服务中心"和"云律所"的建设，可以为农村地区提供线上法律援助和咨询服务，推动法律服务向更广泛的农村地区延伸。

首先，建设"云公共法律服务中心"和"云律所"是智慧法援的核心。通过远程视频系统，农村居民可以便捷地获取法律援助和咨询服务，解决法律问题。这种模式不仅能够克服交通不便的问题，还能够实现法律服务的及时响应。这对于提升农村地区法律服务水平和覆盖面具有积极作用。

其次，支持在每个行政村设立法律援助联络点是推广智慧法援的关键一环。通过设立联络点，依托村（居）法律顾问和法律明白人，为其提供宽带接入的计算机、打印机、复印机等设备设施，提高农村地区法律服务的基础设施水平。联络点可以作为法律服务的窗口，方便居民咨询和办理法律事务。同时，定期组织业务培训是确保法律援助服务质量的关键措施。培训可以涵盖法律专业知识、服务技能、沟通能力等方面，提高法律援助工作者的综合素质，确保他们能够为农村居民提供专业、高效的法律服务。

在农村地区建立起更加完善的智慧法援体系，为农村居民提供更加便捷、高效的法律服务。这有助于解决农村地区法律服务资源匮乏的问题，推动法治建设向农村地区深入推进，提高居民的法律意识和维权能力。

三、农村地区公共安全视频图像信息系统工作

推进农村地区公共安全视频图像信息系统工作可以促进其智能化示范应用，为农村地区的国家安全、社会稳定、治安防控、社会治理等多个方面提供全方位支持。

首先，公共安全视频图像信息系统在国家安全和社会稳定方面发挥着重要作用。通过对关键区域、重要场所进行监控，系统可以及时发现和应对潜在的安全风险，为国家安全提供可靠的信息支持。同时，视频图像信息的收集和分析也有助于应对社会不稳定因素，维护社会和谐与安定。

其次，系统在农村治安防控和社会治理中具有重要意义。通过在农村地区建设视频监控系统，可以有效防范和打击各类犯罪行为，提高农村地区的治安水平。系统的信息可以用于指导农村社会治理工作，优化资源配置，提高社会管理的科学性和精准性。

再次，公共安全视频图像信息系统在生态建设与保护方面也有积极作用。通过监测自然环境，及时发现和处理环境问题，保障农村地区的生态平衡。系统还可以用于监控森林火灾、洪涝等自然灾害，提高应对灾害的能力。

最后，系统在疫情防控和防灾减灾方面发挥关键作用。通过视频监控，可以对疫情爆发情况进行实时监测，有助于采取迅速、有效的防控措施。同时，在自然灾害发生时，系统可以提供关键信息，指导防灾减灾工作，减少损失。

巩固和提升农村地区公共安全视频图像信息系统是推动数字乡村治理体系建设的战略性举措。通过充分利用系统的基础平台和海量视频资源，不断拓展智能应用领域，将为农村地区的综合治理提供更强有力的支持。

四、农村地区智慧化气象灾害预警体系建设

通过构建一体化、智慧化的农业农村气象灾害观测探测体系，加强灾害预报预警技术，以及提高农村地区的气象信息服务水平，可以有效提高农村地区对气象灾害的防范和应对能力。

首先，建设一体化、智慧化的农业农村气象灾害观测探测体系是重中之重。通过综合利用地面观测、无人机摄影测量、雷达监测和卫星遥感等技术手段，可以全面了解农村地区的气象状况，实现对气象灾害的全方位监测。这有助于提前发现潜在的灾害风险，为灾害预警和防范提供科学依据。

其次,发展精细化和动态化的农业气象灾害预报预警技术是提高预警精准度的关键。特别是面向农村地区的高风险区域和灾害敏感对象,需要建立定制化的预报模型,实现对气象灾害的精细化监测和预测。同时,建立灾害影响速判决策支撑系统,能够在灾害发生后及时提供决策支持,降低灾害对农村地区的损失。

最后,提高农村地区的气象信息服务水平是保障农民生产生活安全的关键。通过建设更加智能、便捷的气象信息服务平台,为农民提供实时、准确的气象信息,使其能够更好地调整农业生产计划、防范灾害风险。同时,加强对农民的气象知识宣传和培训,提高他们对气象信息的理解和利用能力。

农村地区智慧化气象灾害预警体系建设是保障农村地区气象安全的重要举措。通过充分发挥技术手段的优势,提高灾害预警的精准性和及时性,将为农村地区的生产、生活和生态环境安全提供有力支持。

五、农村地区应急广播主动发布终端建设

在构建数字乡村治理体系的过程中,着重关注农村地区应急广播主动发布终端的建设至关重要。这项工作的重点在于确保应急广播的广泛覆盖,为农村地区提供高效的信息传递和紧急灾害情况下的应急响应。

首先,建设具备高质量和强抗毁灭能力的应急广播大喇叭主动发布终端是关键。这些终端设备应当具备先进的技术,包括高音质音响系统、智能化控制系统和远程监控能力。高音质音响系统可以确保广播信息的清晰传达,智能化控制系统有助于迅速响应紧急情况,而远程监控能力可以实现对设备状态的实时监测和管理。

其次,强调应急广播主动发布终端在提高农村地区应急响应能力方面的重要性。这些终端设备的建设不仅仅是对技术设备的更新换代,更是对农村地区整体紧急情况应对体系的完善。通过主动发布终端的设立,可以在灾害和紧急情况下迅速传达相关信息,确保农民知晓各项应及措施,从而提高执行效率。

最后,应急广播主动发布终端的广泛覆盖有助于信息的精准传递。通过合理规划和布局,确保这些终端设备能够覆盖到农村地区的每个角落,实现信息的全方位覆盖。这样一来,在面临紧急情况时,可以更加及时、准确地向农民传达重要信息,帮助他们采取有效的紧急措施。

农村地区应急广播主动发布终端的建设对于提高数字乡村治理工作的应急响应能力和信息传播效率至关重要。通过先进技术手段的引入,可以更好地保障农村地区在面对紧急情况时能够及时、迅速地采取有效应对措施,保障农民的生命财产安全。

第四节　福建省数字乡村治理的创新与发展

一、持续优化数字乡村治理的政策环境

为确保数字乡村治理的长效发展，需要不断审视和更新相关政策，确保政策环境与技术发展和乡村实际需求相适应。政策环境的优化应基于对现有政策的深入分析和评估，以确定其在促进乡村治理现代化方面的有效性和局限性。

首先，政策制定者需要密切关注技术发展趋势，如人工智能、物联网、大数据等，以及这些技术如何与乡村治理需求相结合。通过制定灵活的政策指导原则，可以鼓励地方政府和乡村社区进行创新实验，探索适应本地特色的数字治理模式。同时，政策更新应考虑到乡村居民的接受程度和参与意愿，确保政策的实施能够得到广泛的社会支持。

其次，政策环境的优化还应包括对政策连续性和稳定性的保障。这意味着在政策制定和调整过程中，需要考虑到长期效应和可持续性，避免频繁变动带来的不确定性和混乱。政策的连续性有助于确保乡村治理项目的长期规划和投资，而稳定性则有助于增强各方对政策的信心，促进社会资本的投入和参与。

最后，政策制定者应建立反馈和评估机制，定期收集来自乡村居民、基层政府和相关利益相关者的意见和数据，以便及时调整和完善政策，确保其始终符合乡村治理的实际需求和发展趋势。

二、加强数字乡村治理人才培养和引进

加强数字乡村治理人才培养和引进是实现乡村数字化转型的人力资源保障。在当前乡村治理数字化的进程中，专业人才的缺乏已成为制约乡村治理现代化的主要瓶颈。

首先，必须通过系统化的教育和培训计划，提升乡村居民的数字技能，特别是提升他们对数字治理工具的理解和应用能力。这包括利用在线课程、实地培训、工作坊等多种形式，普及数字知识，提高乡村居民的数字素养，使他们能够更好地适应和参与数字化治理。

其次，为了吸引更多的专业人才投身乡村治理工作，需要建立有效的人才引进

机制。这不仅涉及提供有竞争力的薪酬和职业发展机会，还包括创造良好的工作和生活环境，以吸引和留住人才。此外，可以通过与高校、研究机构的合作，建立实习和培训项目，为乡村治理培养后备人才。通过这些措施，可以构建一个多元化的人才队伍，为乡村治理的数字化转型提供强有力的智力支持。

最后，人才培养和引进策略应注重实践能力和创新精神的培育。这意味着在教育和培训过程中，应强调数字技能与乡村治理实际需求的结合，鼓励学习者参与真实的治理项目，通过实践提升其问题解决能力。同时，应鼓励专业人才对乡村治理模式进行创新，利用数字技术探索更高效、更透明的治理方法。通过这种方式，可以确保乡村治理人才不仅具备必要的技术能力，而且具备推动乡村治理创新和发展的潜力。

三、建立乡村数字治理的评估和反馈机制

建立乡村数字治理的评估和反馈机制对于确保治理措施的有效性和适应性至关重要。

首先，需要构建一个科学的评估框架，该框架应涵盖治理活动的各个方面，包括技术应用、服务提供、居民参与度、治理效果等关键指标。通过定量和定性的方法，定期监测和评价这些指标的表现，可以全面了解数字治理的成效和影响。此外，评估过程中应采用多元化的数据收集手段，如问卷调查、深度访谈、案例研究等，以确保评估结果的客观性和准确性。

其次，评估结果的应用是评估工作的核心。基于评估发现的问题和机遇，应及时调整治理策略和措施，以提高治理的精准性和有效性。同时，建立一个开放的反馈机制，鼓励乡村居民和治理参与者积极提供意见和建议。这不仅有助于提升治理透明度和公众参与度，还能够促进治理体系的持续改进和创新。反馈机制应包括快速响应和处理流程，确保居民的声音能够被及时听取并采纳到治理实践中。

此外，评估和反馈机制还应促进治理知识的积累和共享。通过记录和分析治理实践中的成功经验和失败教训，可以为乡村治理提供宝贵的学习资源。这些知识可以帮助其他乡村地区避免相同的问题，复制和推广有效的治理模式。最终，通过建立和完善评估和反馈机制，可以推动乡村数字治理的持续优化和创新发展，实现乡村治理体系和治理能力的现代化。

四、促进乡村治理数据的开放和共享

促进乡村治理数据的开放和共享是实现数据驱动决策的关键步骤，这对于提

升治理效率和透明度具有重要意义。

首先，建立统一的数据共享平台是基础性工作，该平台应能够整合来自不同部门和地区的数据资源，形成一个全面、多元的数据池。这样的平台不仅能够促进数据的集中存储和管理，还能够通过标准化和规范化的数据接口，降低数据交换和集成的复杂性。此外，平台应支持数据的实时更新和动态管理，确保数据的时效性和准确性，从而为乡村治理提供持续、最新的数据支持。

其次，开放和共享乡村治理数据还应关注数据的质量和可用性。这意味着需要对数据进行清洗、整合和注释，提高数据的准确性和可靠性。同时，应建立相应的数据治理政策，明确数据的开放范围、共享条件和使用限制，确保数据的合法合规使用。此外，通过采用先进的数据分析技术和工具，如人工智能和机器学习，可以对开放数据进行深入挖掘和分析，提取有价值的信息，为乡村治理提供科学的决策支持。

最后，开放数据政策还应鼓励跨领域的数据整合和创新应用。例如，将农业数据与气象数据结合，可以为农业生产提供更精准的预测服务；将医疗数据与社会经济数据结合，可以更好地理解并应对公共卫生问题。通过这些方式，数据的开放和共享不仅能够促进治理效能的提升，还能够激发社会创新和经济增长。最终，通过建立开放的数据生态系统，乡村治理将能够充分利用数据的力量，实现更加智能化和精细化的管理。

五、强化乡村数字治理的法律法规建设

强化乡村数字治理的法律法规建设是确保其长期稳定发展的必要条件。随着数字技术在乡村治理中的广泛应用，相关的法律体系亟需更新与完善，以适应新的治理模式和需求。

首先，必须明确数字治理的法律地位，确立其在乡村治理中的合法性，为数字治理的实施提供法律依据。这包括对数据的收集、处理、存储和使用等方面制定明确的法律规范，保护个人信息和隐私权益，同时确保数据安全和网络安全。此外，需要界定数字治理中各参与方的权利和义务，包括政府、企业和乡村居民，以及他们在数据共享、信息公开和网络行为中的责任。

其次，建立和完善数字治理的监管机制对于保障治理活动的规范性和有效性至关重要。这要求制定相应的法规来监督和指导数字治理实践，防止滥用数字技术，确保技术应用符合社会公共利益和伦理标准。监管机制应涵盖对数字平台的监管、网络信息内容的审查以及对数字服务提供者的资质和行为的规范。同时，应加强对数字治理过程中可能出现的违法行为的惩处力度，确保法律法规的严肃性

和执行力。通过这些措施，可以构建一个健康、有序的数字治理环境，促进乡村治理的现代化和法治化。

强化乡村数字治理的法律法规建设，不仅涉及法律规范的制定和更新，还包括监管机制的建立和执行。这对于保护乡村居民的权益、提升治理效率和透明度、以及推动乡村治理的可持续发展具有重要意义。

第五节　闽台合作模式开发与其他地方数字乡村治理的经验启示

一、台湾经验的启示与借鉴

1. 生态优先与绿色产业发展模式

台湾省在农村再生过程中，深刻体现了生态优先的治理理念，通过发展绿色产业，将生态优势转化为农业经济的增长点。例如，新北市共荣社区通过生态处理农村污水、减少土壤污染、推广友善农业等措施，不仅改善了生态环境，还提升了农产品价值，成功打造了茭白笋和南瓜等特色有机产业。台湾的经验提示我们，将生态思维融入农村治理与产业发展之中，通过农夫市集、农会直销等模式，促进生态资源与市场经济的有效对接，是实现绿色可持续发展的关键路径。

2. 社区参与与居民自主能力建设

台湾农村再生重视本地人才的培育，通过"培根计划"等培训项目，激发社区居民的主动参与意识，增强其服务社区的能力。这体现了社区参与和居民主体地位的重要性。在南投县桃米村的转型中，居民从被动接受转为主动参与，共同挖掘社区资源，发展特色生态旅游，显示了居民自主能力建设对乡村发展的重要性。因此，提升居民的参与感和主体意识，是乡村治理中不可或缺的一环。

3. 多元主体协同治理机制

在台湾农村治理中，行政部门、农会、社区发展协会等多元主体共同参与，形成了协同治理的高效机制。这种机制确保了资源的合理配置与政策的顺利实施。在南投县竹山台西老客运站的改造中，返乡创业的大学生与社区居民共同努力，将废弃空间转变为文化与生态并重的人文空间，体现了多元主体合作的潜力。福建省乡村振兴过程中，可以借鉴这一模式，构建行政部门引导、农民主体、社会力量参与的治理格局。

4．文化与生态资源的活化利用

台湾省乡村建设注重传统文化与生态资源的活化利用，如苗栗县姜麻园休闲农业园区，通过季节性活动与特色产品开发，将生态与文化紧密结合，创造了独特品牌价值。这种做法强调在保护中开发，通过环境教育、农事体验等活动，既传承了乡土文化，又促进了生态旅游的发展，为乡村资源的创造性转化提供了成功的案例。

5．持续性政策与资金保障体系

台湾省通过相关政策的制定确立了农村再生的长期规划与资金支持体系，确保了政策的连贯性和稳定性。设立农村再生基金，为农村建设提供了持久的财政保障，不受政治周期影响。福建省在推进乡村振兴战略时，可借鉴台湾省的经验，建立稳定、长期的政策与资金支持体系，确保乡村建设的持续性与有效性，同时，注重政策的制定与完善，为乡村治理提供坚实的制度保障。

台湾省在乡村治理与发展中积累的经验，特别是生态优先、社区参与、多元协同、文化活化及政策资金保障等方面，为福建省乡村复兴提供了宝贵启示，强调了在现代化进程中保持乡村生态、文化和经济的和谐共生，以及通过制度创新和能力建设，激发乡村内生动力的重要性。

二、闽台合作模式探索与实践

1．闽台乡村建设与治理经验交流平台

构建闽台乡村建设与治理经验交流平台，旨在促进两地在乡村规划、环境整治、社区营造、乡村治理等方面的深度交流。台湾的“农村再生”计划，通过社区公约、培根教育、跨域合作等策略，积累了丰富的乡村治理与社区建设经验。福建省可借鉴此平台，学习台湾在整合社区力量、保护生态环境、传承文化特色、优化产业结构等方面的经验做法，同时，分享福建在数字乡村建设、智慧农业等方面的创新实践，形成互学互鉴、优势互补的合作模式。

2．台湾农技与福建乡村特色产业对接

借鉴台湾精致农业与生态农业的成功案例，如桃米村的“青蛙共和国”生态旅游模式，促进台湾现代农业技术与福建特色农产品的深度融合。通过技术转移、专家顾问团队入驻等方式，提升福建乡村在生态农业、有机种植、农产品深加工等方面的技术水平，推动茶叶、水果、花卉等传统产业向高端化、品牌化发展，实现特色产业的升级转型。

3．乡村文化旅游的深度合作开发

闽台在乡村文化旅游方面具有广阔的合作空间。台湾的“社区自治”与“文化活化”策略，如南投县桃米村将生态资源与文化创意紧密结合，打造出独特的旅游品牌，为福建乡村提供了可借鉴的模式。通过共同策划主题旅游线路、联合举办文化节庆活动、共建旅游信息平台等措施，促进两地乡村文化旅游资源的共享与互补，提升乡村文化品牌的影响力和市场竞争力。

4. 教育培训与人才交流机制

建立闽台乡村治理与农业技术人才的培训与交流机制，是提升福建乡村人才素质的关键。台湾的“农村社区培根师”与“顾问师”体系，为乡村培养了一批懂农业、爱农村、爱农民的骨干力量。福建可引入台湾的培训模式，结合本土实际，开展针对青年农民、乡村干部、农技人员的专业培训，同时，促进两地青年互访、实习、交流，搭建人才成长与创新的平台。

5. 乡村振兴项目的共同策划与实施

选取具有代表性和发展潜力的乡村振兴项目，如生态农业示范村、乡村旅游综合体等，作为闽台两地合作的切入点。通过双方行政部门、企业、社会组织等多方面的共同策划与投资，实施一批示范性强、带动效应明显的乡村振兴项目。项目实施过程中，强调规划先行、资源整合、品牌共创，注重经济效益与社会效益的双重考量，力求在实践中探索出适合两地乡村发展的新模式、新路径。

闽台乡村合作模式的探索与实践，不仅要加强经验交流与技术合作，更要注重人才的培养与项目的共同推进，形成全方位、多层次的合作格局，为乡村振兴战略的实施注入新的活力与智慧。

三、乡村数字治理区域合作与协同发展

乡村数字治理的区域合作与协同发展是推进乡村振兴战略、实现资源优化配置和治理效能提升的关键路径。在福建省与国内其他地区，特别是台湾地区的合作框架下，通过以下策略与机制，可以有效促进资源共享和优势互补，推动乡村治理的数字化转型和区域协同进步。

1. 构建跨区域数字治理合作平台

基于现有信息基础设施，构建统一的乡村数字治理合作平台，实现跨区域数据共享、治理经验交流和协同决策支持。该平台应涵盖乡村治理的各个方面，如智慧农业、环境保护、公共服务、社区治理等，通过云计算、大数据、物联网等技术，为合作区域内的乡村提供数据支持、技术共享和业务协同服务。例如，台湾在生态农业、乡村文化保育方面的丰富经验，可通过此平台与福建及其他地区的乡村分享，共同探索绿色、可持续的乡村发展模式。

2. 设立两地乡村治理交流与合作机制

建立常态化的两地乡村治理交流机制，定期举办论坛、研讨会和实地考察活动，促进理念交流、经验互鉴。福建可借鉴台湾“农村再生”计划中的社区营造、人才培育、生态环境保护等经验，结合自身特色，创新治理模式。同时，探索建立闽台乡村治理合作示范区，集中展示合作成果，为其他地区提供可复制、可推广的模式。

3. 推动数字技术与特色产业的融合发展

依托数字技术，推动乡村特色产业的跨区域合作与协同发展。例如，通过电商平台、直播带货等形式，连接福建与台湾的农产品市场，促进农产品的跨区域销售与品牌共建。同时，结合两地农业资源与技术优势，共同研发新技术、新产品，如智慧农场管理系统、农产品追溯体系等，提升农产品附加值，增强市场竞争力。

4. 共同构建乡村数字人才培训体系

针对乡村数字治理人才短缺问题，两地可共同建立人才培养与交流机制。通过联合办学、远程教育、实训基地共建等方式，培养乡村数字治理所需的复合型人才，包括数字技术应用、乡村规划、电子商务、乡村文化建设等领域。同时，鼓励青年人才流动，促进两地青年在乡村治理领域的创新创业，为乡村发展注入新活力。

5. 强化政策与资金支持的协同

政策与资金是推动乡村数字治理区域合作的重要保障。两地可共同争取国家和地方政策支持，设立专项基金，支持跨区域合作项目。探索建立政府引导、社会资本参与的多元融资机制，为乡村数字基础设施建设、特色产业培育、人才发展等提供资金保障。同时，优化政策环境，简化合作程序，降低合作成本，提高合作效率。

乡村数字治理的区域合作与协同发展，需立足于构建合作平台、交流机制、特色产业融合、人才培养体系及政策资金协同支持等多个方面，通过深化两地及跨区域合作，共同探索数字化时代乡村治理的新路径，促进乡村全面复兴与可持续发展。

四、数字技术与文化区域融合

随着数字技术的飞速发展，其在乡村治理中的应用已成为推动乡村现代化进程的重要驱动力。福建省作为中华文化的瑰宝之地，拥有丰富的历史文化遗产和地域特色，而台湾省则在乡村建设与文化保育方面积累了宝贵经验。在这一背景下，探索数字技术与文化区域融合的新模式，对于促进乡村治理现代化、提升乡村居民数字素养以及实现信息技术与乡村治理的深度融合具有重要意义。

1. 数字技术在乡村文化传承中的创新应用

福建省可利用数字技术手段，如虚拟现实（Virtual Reality，VR）、增强现实（Augmented Reality，AR）和大数据分析，对传统文化资源进行数字化保护与传播。例如，开发基于 VR/AR 的乡村文化体验平台，使用户能够沉浸式体验福建土楼的建筑魅力、妈祖文化的深厚底蕴，或台湾乡村的生态与文化特色，从而在数字空间中实现文化的活态传承。同时，运用大数据分析，深入了解乡村文化消费需求，为文化产品的精准推送与个性化服务提供支持。

2. 促进两地乡村文化交流与合作

借助数字技术搭建两地乡村文化交流平台，实现福建与台湾乡村文化资源的共享与互补。通过建立线上博物馆、数字图书馆等，展示两地乡村的历史记忆、民俗风情、非物质文化遗产等，促进两地居民对当地文化的了解与尊重。同时，开展“云上文化节”“线上工作坊”等活动，邀请两地艺术家、工匠通过直播互动、在线教学等形式，共同创作具有地域特色的数字文化作品，加强文化交流与创新。

3. 提升乡村居民数字素养与技能

结合福建省及台湾省乡村的实际情况，设计针对性的数字素养教育项目。利用数字学习平台和移动应用，为乡村居民提供便捷的在线学习资源，包括数字技术基础知识、电子商务、智慧农业技术等，提升其在数字时代的生存与发展能力。同时，开展“数字乡村大使”计划，选拔并培训乡村青年作为数字技术推广者，引导和帮助老年人及弱势群体跨越数字鸿沟，实现数字技术的全民普及。

4. 信息技术与乡村治理的深度融合

在乡村治理中，运用信息技术构建智慧乡村平台，集成政务服务、社会管理、公共服务等功能，实现乡村治理的透明化、高效化。通过数据分析预测乡村发展需求，优化资源配置，如智能监控系统预防自然灾害，电子政务平台简化办事流程，提升乡村治理效能。同时，借鉴台湾农村再生计划中的社区参与和多元治理经验，利用数字平台促进乡村居民参与乡村规划、环境保护等治理活动，构建基于数字技术的乡村共治共享新模式。

数字技术与文化区域融合，不仅是技术应用的创新，更是乡村文化传承与治理现代化的深度融合。福建省与台湾省的合作，为探索具有地域特色和文化深度的数字乡村治理路径提供了广阔空间。通过技术创新与文化传承的相互赋能，不仅可以提升乡村居民的数字素养与生活质量，还能在全球化背景下增强乡村文化的国际影响力，为乡村复兴战略的深入实施提供强有力的支撑。

五、其他地方数字乡村治理的经验启示

1. 基础设施建设与互联互通

浙江省通过实施“千兆乡村”计划，大幅提升了农村地区的网络基础设施水平，为数字乡村治理奠定了坚实的物质基础。该计划通过光纤到户、5G基站建设等措施，确保了乡村居民能够享受到高速、稳定的网络服务，为数字农业、在线教育、远程医疗等应用提供了可能。启示在于，强化农村信息基础设施是数字乡村治理的先决条件，需政府主导、企业参与，形成合力共同推进。

2. 数字服务平台的构建与应用

安徽省打造的“数字乡村云平台”，集成了农村政务、便民服务、农产品电商等功能模块，实现了乡村治理的数字化、透明化。平台通过整合政府、企业和社会资源，为村民提供了一站式服务入口，极大地提高了服务效率与村民参与度。这一案例启示我们，构建综合性数字服务平台，可以有效打破信息壁垒，促进资源优化配置，增强乡村治理的服务效能。

3. 智慧农业与产业升级

山东省推广的“智慧大棚”项目，利用物联网技术对农业生产环境进行实时监控，结合大数据分析指导精准施肥、灌溉，显著提高了作物产量与质量。该项目展示了智慧农业在提升农业生产智能化水平、促进农村产业转型升级中的巨大潜力。由此得到的启示是，数字技术的深度融入是推动农业现代化的关键，需注重技术创新与应用推广，激发农业发展新活力。

4. 数字治理与乡村文化建设

四川省推出的“乡村文化云”项目，通过数字化手段收集、保存与传播乡村特色文化资源，不仅丰富了乡村文化生活，还促进了传统文化的传承与创新。该项目强调了数字技术在乡村文化保护与振兴中的作用，启示我们在数字乡村治理过程中，应重视数字文化服务供给，利用数字平台激活乡村文化资源，增强乡村文化软实力，促进文化自信与乡村振兴的有机融合。

未来，应持续关注基础设施建设、数字平台应用、智慧农业发展以及数字文化振兴等方面，不断优化策略，以数字技术赋能乡村治理现代化，推动乡村复兴战略的深入实施。

参考文献

[1] 白启鹏.数字技术赋能乡村韧性治理及其行动框架[J].福建师范大学学报(哲学社会科学版),2024(3):35-43,169.

[2] 保海旭,陶荣根,张晓卉.从数字管理到数字治理:理论、实践与反思[J].兰州大学学报(社会科学版),2022,50(5):53-65.

[3] 蔡翠红,李煜华.全球数字治理赤字:表现、成因与中国的应对[J].国际展望,2024,16(2):65-84,163.

[4] 蔡莉妍.数字经济时代数据安全风险防范体系之构建与优化[J].大连理工大学学报(社会科学版),2024,45(3):107-114.

[5] 蔡依婷.数字乡村建设背景下农民数字素养的现实困境及提升路径[J].中南农业科技,2023,44(7):187-191.

[6] 曹冬英,王少泉.习近平总书记关于数字治理的重要论述研究[J].中共福建省委党校学报,2019(4):55-63.

[7] 曹海军,陈宇奇.论基层治理网络化的四个着力点[J].理论探索,2021(3):11-15.

[8] 曹景媛,孙秀林.家国之间:数字治理的嵌入过程[J].社会发展研究,2023,10(4):207-224,242.

[9] 曹院平.现代化进程中数字乡村治理体系构建:关联逻辑与创新路径[J].智慧农业导刊,2023,3(21):67-71.

[10] 曾文革,高颖.数字乡村治理的风险场景及规制路径[J].人文杂志,2023(12):109-118.

[11] 陈朝辉.乡村数字治理平台扩散中"消极创新代理人"研究:基于Y县"TW平台"管理员群体的田野调查[J].青年记者,2023(24):63-67.

[12] 陈锋,王泽林.技术重塑治理关系与数字治理"内卷化":以"12345"热线驱动市域治理为例[J].探索,2024(1):115-128.

[13] 陈桂生,岳喜优.乡村数字治理效能何以提升?:基于数据、技术、平台的分析框架[J].电子政务,2024(1):90-101.

[14] 陈霁玥.农村居民数字素养培育困境与提升策略[J].合作经济与科技,2024(13):81-83.

[15] 陈凯华,冯卓,郭锐,等.加强数据要素治理在国家治理现代化中的基础作用[J].中国科学院院刊,2022,37(12):1716-1726.

[16] 陈鹏.基层政府智慧治理能力提升:现实困境与化解路径[J].深圳社会科学,2022,5(3):71-79.

［17］ 陈曦，白长虹，陈晔，等．数字治理与高质量旅游目的地服务供给：基于 31 座中国城市的综合案例研究［J］．管理世界，2023，39（10）：126-150．

［18］ 储华林．数字乡村建设创新乡村治理的内在逻辑与实践路径［J］．福建农林大学学报（哲学社会科学版），2022，25（4）：17-23，52．

［19］ 崔宝玉，殷权．数字技术提高了乡村治理水平吗？：基于“自主治理”理论视角［J］．现代财经（天津财经大学学报），2023，43（12）：3-19．

［20］ 邓文勇，张翠兰．职业教育高质量发展中的数字治理：框架、逻辑及路径［J］．职业技术教育，2023，44（22）：57-64．

［21］ 范根平．乡村振兴的理论逻辑起点、价值意义及实现路径［J］．长春师范大学学报，2020，39（03）：54-58．

［22］ 冯朝睿，刘欢．中国乡村数字化治理效能：水平测度、空间分布及集聚特征［J］．电子政务，2024（1）：12．

［23］ 付钊．整合性数字元治理赋能乡村治理数字化转型：基于 L 县的案例研究［J］．农林经济管理学报，2024，23（2）：234-241．

［24］ 管兵．数字治理的多重边界［J］．浙江学刊，2023（5）：24-28．

［25］ 管辉，雷娟利．数据要素赋能农业现代化：机理、挑战与对策［J］．中国流通经济，2022，36（6）：72-84．

［26］ 郭余豪，石宏伟．基层政府推进数字治理的价值逻辑、现实障碍与破解对策［J］．领导科学，2023（3）：89-94．

［27］ 韩炜，唐洁．平台治理的机制设计：一个理论研究框架［J］．研究与发展管理，2023，35（1）：105-117．

［28］ 何东平．基层数字治理的悬浮化及其克服之策［J］．领导科学，2023（1）：45-49．

［29］ 何哲．国家数字治理的宏观架构［J］．电子政务，2019（1）：32-38．

［30］ 贺玉栋．河北省数字乡村发展水平综合评价研究［J］．乡村科技，2022，13（20）：31-36．

［31］ 衡霞，翟柏棱．乡村治理标准化：理论逻辑・体系框架・实现路径［J］．吉首大学学报（社会科学版），2023，44（4）：22-28，160．

［32］ 胡雯，芮国强．资源赋能视域下的乡村治理数字化转型研究［J］．学术交流，2023（11）：155-170．

［33］ 黄博．数字赋能：大数据赋能乡村治理现代化的三维审视［J］．河海大学学报（哲学社会科学版），2021，23（6）：28-36，43，110．

［34］ 黄建伟，陈玲玲．国内数字治理研究进展与未来展望［J］．理论与改革，2019（1）：86-95．

［35］ 黄如花，冯婕．数字素养与技能提升：国际进展、趋势与展望［J］．图书与情报，2023（3）：1-12．

［36］ 贾文龙．农村人居环境数字治理何以有效？：基于一个系统性框架的分析［J］．人文杂志，2024（5）：130-140．

［37］ 江必新，刘倬全．论数字伦理体系的建构［J］．中南大学学报（社会科学版），2024，30（1）：38-49．

[38] 姜英.5G时代数字技术对乡村社会治理的支持与应用[J].农业经济,2021(10):48-50.

[39] 蒋慧.数字经济时代平台治理的困境及其法治化出路[J].法商研究,2022,39(6):31-44.

[40] 靳凤林,张玉洁.数字治理伦理的创新性发展[J].江西师范大学学报(哲学社会科学版),2024,57(1):33-41.

[41] 雷鸿竹,王谦.技术赋能、用户驱动与创新实践:智能时代下政府治理模式创新[J].西南民族大学学报(人文社会科学版),2021,42(2):234-240.

[42] 李丹.技术创新元治理研究[J].西南民族大学学报(人文社会科学版),2022,43(7):195-199.

[43] 李芳,张雪然,高新.近十年来国内基层治理体系研究回顾与展望[J].社会治理,2023(6):96-107.

[44] 李海金,冯雪艳.数字乡村建设赋能乡村治理:挑战与应对[J].社会主义研究,2023(6):95-102.

[45] 李晗林,周琼.台湾农村建设的实践:"农村再生"到"地方创生"[J].台湾农业探索,2021(2):1-7.

[46] 李琳.乡村数字化治理的难点与化解:基于有效治理视角[J].农业经济,2024(2):58-60.

[47] 李沫霏,张锐昕.数字中国视域下数字治理主体合作的知行困境及其纾解[J].行政论坛,2024,31(3):133-142.

[48] 李石.数字治理的优势与隐患[J].学习与探索,2023(10):58-67.

[49] 李素玲.领导干部要注重提高数字治理能力[J].中国党政干部论坛,2020(5):90-92.

[50] 李韬,冯贺霞.数字治理的多维视角、科学内涵与基本要素[J].南京大学学报(哲学·人文科学·社会科学),2022,59(1):70-79,157-158.

[51] 李长健,杨骏.生成式人工智能赋能数字乡村治理实践、风险及其防范研究[J].云南民族大学学报(哲学社会科学版),2023,40(6):107-115.

[52] 李政蓉,郭喜.信息技术赋能的政府治理创新:基于社会技术系统理论的要素框架[J].科学管理研究,2023,41(2):111-116.

[53] 廖成中,翟坤周,毛磊.数字乡村建设的"数据治理"驱动:功能、场景及路径[J].改革,2023(12):113-127.

[54] 廖福崇.数字治理体系建设:要素、特征与生成机制[J].行政管理改革,2022(7):84-92.

[55] 廖炜.社会治理中棘手问题的治理困境与网络化治理[J].领导科学,2021(10):41-44.

[56] 刘华,王观杰.农村基层党组织的治理逻辑及能力建设:基于治理主体多元化视角的分析[J].江苏社会科学,2018(6):68-75.

[57] 刘俊祥,曾森.中国乡村数字治理的智理属性、顶层设计与探索实践[J].兰州大学学报(社会科学版),2020,48(1):64-71.

[58] 刘培功.数字治理视域下社区治理共同体的"智治"逻辑与实践路径[J].理论探讨,2023(5):77-84.

[59] 刘庆,施文凯.基于整体性治理理论的基层政府治理创新研究[J].东岳论丛,2024,45(2):160-166.

[60] 刘天文.乡村技术治理的实践过程与优化路径[J].学术交流,2023(1):136-150.
[61] 刘译璟.推进应急预案数字化建设[J].中国应急管理,2024(3):37.
[62] 卢文正,仇保兴,吴宇哲.主体结构对社区复杂系统自组织治理的影响:多元化和单一化的比较[J].城市发展研究,2024,31(3):118-124.
[63] 罗理章.构建数字命运共同体的伦理蕴含[J].人民论坛,2022(4):58-61.
[64] 吕新业,刘蓓.民族地区农村数字化的内涵、路径与趋势[J].中央民族大学学报(哲学社会科学版),2023,50(5):46-53.
[65] 马桂萍,赵晶晶.习近平关于乡村治理论述的科学内涵[J].科学社会主义,2020(1):50-57.
[66] 毛逸潇.数据保护合规体系研究[J].国家检察官学院学报,2022,30(2):84-100.
[67] 聂思言,周恩毅.责任伦理视角下政府数字治理的困境和优化路径[J].领导科学,2024(2):116-120.
[68] 祁壮,莫漫漫.国家治理现代化进程中数字治理的价值偏离与纠偏[J].管理学刊,2024,37(2):70-80.
[69] 钱红.推进乡村治理体系和治理能力现代化的障碍因素及对策分析[J].中共云南省委党校学报,2020,21(4):125-129.
[70] 饶清华,游武,赵天予,等.福建省2011—2020年乡村振兴战略推进绩效综合评估[J].水土保持通报,2023,43(2):381-388.
[71] 任诗婷,曾燕.数据要素乘数效应的内涵与实现逻辑[J].长安大学学报(社会科学版),2024,26(2):38-53.
[72] 任勇.重视新时代“枫桥经验”的数字治理面向[J].探索与争鸣,2023(08):21-23.
[73] 沙铄,王禹淋,韩春梅.数字文明建设:数字治理的伦理困境、优化路径与发展前景[J].领导科学,2023(5):106-109.
[74] 上官莉娜,魏楚珂,杜玉萍.数字素养促进农民参与乡村治理吗?基于主观社会经济地位和政治效能感的中介作用分析[J].湖南农业大学学报(社会科学版),2024,25(1):54-63.
[75] 沈费伟.数字乡村标准化治理的现实困境与优化路径[J].河南社会科学,2024,32(5):85-95.
[76] 沈永东,陈天慧.多元主体参与基层社会治理的共治模式:以宁波市鄞州区为例[J].治理研究,2021,37(4):82-89.
[77] 石忠义,涂淼.数字治理对企业技术创新的影响研究:基于“信息惠民国家试点政策”的准自然实验[J].金融理论与实践,2024(4):48-57.
[78] 水宏,何永林.数字治理助推乡村治理现代化的理论基础与实践进路[J].湖南社会科学,2024(2):75-84.
[79] 宋君,沙巨山.数字治理到智慧治理的演进逻辑、风险管控与价值实现[J].领导科学,2022(10):120-123.
[80] 宋潇,刘克,张龙鹏.统合型数字治理:基层治理效能提升的理论逻辑与实践机制:基于深圳市龙华区的案例研究[J].电子政务,2023(9):62-76.

[81] 苏岚岚,彭艳玲.农民数字素养、乡村精英身份与乡村数字治理参与[J].农业技术经济,2022(1):34-50.

[82] 苏宇.政务数据安全的法律制度保障[J].苏州大学学报(法学版),2023,10(4):27-42.

[83] 孙兰英.构建多元主体参与的社会治理模式[J].人民论坛,2018(24):101.

[84] 台湾现代农业发展助力打造乡村振兴齐鲁样板[J].两岸关系,2023(11):10-12.

[85] 谭九生,邓江爱.乡村数字治理中协同惰性的样态、成因及消解[J].湖南科技大学学报(社会科学版),2023,26(6):138-145.

[86] 唐伟杰,赵晓峰.数字技术嵌入乡村治理的障碍与进路:基于S省T村的案例分析[J].世界农业,2024(3):91-98.

[87] 仝志辉,刘传磊.乡村治理数字化的县域推进、村庄卷入和效能提升:浙江省五个先行县(市、区)的比较研究[J].中国农业大学学报(社会科学版),2022,39(5):42-52.

[88] 佟林杰,张文雅.乡村数字治理能力及其提升策略[J].学术交流,2021(12):118-125,187.

[89] 汪仲启,赵二毛.夹缝中运作与非线性演进:城市社区中的技术治理生成机制研究:基于对S市L街道"社区智慧大脑"的历时性分析[J].电子政务,2022(1):98-113.

[90] 王海稳,吴波.乡村数字治理的现实困境与路径优化研究[J].杭州电子科技大学学报(社会科学版),2021,17(6):47-52.

[91] 王洁琼,李瑾,冯献.国外乡村治理数字化战略、实践及启示[J].图书馆,2021(11):50-57.

[92] 王军辉,揭梦吟,何青.数字治理与现金转移支付瞄准效率[J].经济研究,2024,59(4):153-172.

[93] 王新波,陈祖海.数字治理赋能乡村高质量发展:现实困境与突破策略:基于浙江省D市的案例分析[J].中南民族大学学报(人文社会科学版),2024(1):10.

[94] 王鑫,于秀琴,朱婧.数字治理视角下县级政府治理现代化的评估体系研究[J].中国行政管理,2019(12):47-50.

[95] 王云龙."技术悬浮":乡村数字治理的实践困境及其应对:基于云南省H县的经验考察[J].西北民族大学学报(哲学社会科学版),2024(01):125-137.

[96] 温惠淇.乡村治理数字化转型的机遇、问题与进路[J].农业经济,2023(11):66-68.

[97] 文军,高芸.技术与组织互构:基层治理者的数字负担及其应对:基于上海市X街道数字治理平台的案例研究[J].理论与改革,2024(3):143-157.

[98] 吴东风.乡村治理数字化:价值意蕴、耦合失调与路径创新[J].农业经济,2023(11):69-70.

[99] 吴盼秋,程传兴.数字赋能乡村治理的运行机理与优化路径[J].中国农村科技,2023(1):45-48.

[100] 吴桐,刘宏松.数字主权愿景下的欧盟数字治理改革:修正的历史制度主义视角[J].欧洲研究,2024,42(2):1-35,173.

[101] 武小龙,王涵.农民数字素养:框架体系、驱动效应及培育路径:一个胜任素质理论的分

析视角[J].电子政务,2023(8):105-119.
[102] 夏敏燕,胡昊琪.数字化社会创新视角下的社区康复站点服务设计研究[J].包装工程,2020,41(2):161-165,188.
[103] 肖健,邓线平.数字治理流变性要求的实践策略[J].领导科学,2023(4):102-105.
[104] 谢微,张锐昕.整体性治理的理论基础及其实现策略[J].上海行政学院学报,2017,18(6):31-37.
[105] 熊春林,黄炯,贺容煜,等.乡村数字治理的村民参与行为研究:基于湖南省 36 个村务微信群 688 名村民的实证分析[J].湖南农业大学学报(社会科学版),2024(1):11.
[106] 熊春林,王垭灵.乡村数字治理的驱动机制:模型构建与仿真模拟[J].重庆社会科学,2024(4):6-25.
[107] 许丹.从“失衡”迈向“适配”:乡村治理数字化转型的适应性风险及纾解路径[J].政治学研究,2024(2):108-118,260.
[108] 许敬辉,王乃琦,郭富林.数字乡村发展水平评价指标体系构建与实证[J].统计与决策,2023,39(2):73-77.
[109] 颜佳华,王张华.数字治理、数据治理、智能治理与智慧治理概念及其关系辨析[J].湘潭大学学报(哲学社会科学版),2019,43(5):25-30,88.
[110] 杨东霞,韩洁,郭威.党建引领强村善治和数字赋能乡村治理研讨综述两篇[J].农业农村部管理干部学院学报,2021(1):89-95.
[111] 杨建军.数字治理的法治进路[J].比较法研究,2023(5):1-19.
[112] 杨嵘均,喻包庆.数字治理嵌入乡村礼俗社会的可能路径及其调谐[J].南京农业大学学报(社会科学版),2023,23(3):84-94.
[113] 杨志玲,周露.中国数字乡村治理的制度设计、实践困境与优化路径[J].经济与管理,2023,37(5):16-23.
[114] 尹艳红.数字治理助力养老服务的困境与策略[J].行政管理改革,2023(6):44-54.
[115] 于水,杨杨.区块链赋能、治理流程优化与创造公共价值[J].南开学报(哲学社会科学版),2020(5):118-126.
[116] 余珏璇,李安玲,俞霞.福建省乡村治理的问题与对策探析[J].发展研究,2020(11):93-99.
[117] 袁宇阳.嵌入性视角下乡村数字治理的多重困境及其破解路径[J].云南民族大学学报(哲学社会科学版),2023,40(4):115-122.
[118] 张丙宣,任哲.数字技术驱动的乡村治理[J].广西师范大学学报(哲学社会科学版),2020,56(2):62-72.
[119] 张博.数字治理的责任伦理向度:情境转换、实践困境与破解之道[J].理论探讨,2023(4):76-82.
[120] 张晨,张新颜.数字治理、治理质量与经济增长[J].统计研究,2023,40(7):123-133.
[121] 张贵群.社会治理智能化发展的现实困境与实施路径研究[J].领导科学,2020(6):32-34.

[122] 张利国,黄禄臣.大数据赋能乡村治理:作用机理、现实困境与实现路径[J].农业经济与管理,2023(3):71-78.

[123] 张明皓.新时代“三治融合”乡村治理体系的理论逻辑与实践机制[J].西北农林科技大学学报(社会科学版),2019,19(5):17-24.

[124] 张容旭,刘晓娟,潘银蓉.中国情境下公民数字素养框架构建及实施建议[J].中国电化教育,2024(6):78-86.

[125] 张晓岚.数字经济助力乡村振兴的核心问题及对策建议[J].西南金融,2023(6):95-106.

[126] 张欣亮,郑鹰.标准化支撑数字政府建设作用[J].科技管理研究,2023,43(14):125-132.

[128] 张鑫.智慧赋能应急管理决策的范式转变与使能创新[J].江苏社会科学,2021(5):55-62.

[129] 张岳,冯梦微,易福金.多中心治理视角下农村环境数字治理的逻辑、困境与进路[J].农业经济问题,2024(3):36-53.

[130] 张岳,冯梦微,易福金.乡村数字治理对农户垃圾分类的影响效果与机制研究[J].世界农业,2023(11):78-90.

[131] 张跃胜,金文俊,谭宇轩.地方政府数字治理能力提升路径研究:基于 TOE 分析框架的组态分析[J].经济与管理研究,2024,45(4):93-111.

[132] 张铮,刘钰潭.“双碳”战略下文化产业绿色发展的面向与路径:数字治理的视角[J].山东大学学报(哲学社会科学版),2023(6):34-43.

[133] 赵明华,韩荣青.“数字地球”与可持续发展[J].中国人口·资源与环境,2000(S1):123-125.

[134] 赵祥云,赵晓峰,褚庆宜.数字乡村治理的实践困境及其生成机制:基于宁波 H 村的案例研究[J].贵州师范大学学报(社会科学版),2024(3):32-41.

[135] 郑永兰,周其鑫.乡村数字治理的三重面向:理论之维、现实之困与未来之路[J].农林经济管理学报,2022,21(6):635-643.

[136] 钟葳,梁丽芝,张运.数字乡村治理的实施路径:基于技术-制度-文化的分析框架[J].湘潭大学学报(哲学社会科学版),2024,48(1):58-65.

[137] 周文,司婧雯.乡村治理与乡村振兴:问题与改革深化[J].河北经贸大学学报,2021,42(1):16-25.

[138] 周子杰,时达.数字共建共治共享推动良好数字生态建设探析[J].理论探讨,2023(5):91-95.

[139] 朱建建,顾若琳,袁柳.“十四五”期间乡村治理数字化的框架与指标体系设计[J].统计与信息论坛,2021,36(9):110-118.

[140] 竺乾威.数目字管理与人本的回归[J].中国行政管理,2011(3):29-34.

[141] CHEN W, WANG Q, ZHOU H. Digital rural construction and farmers' income growth: theoretical mechanism and micro experience based on data from China[J]. Sustainability, 2022,14(18):11679.

[142] FAHMI F Z, SAVIRA M. Digitization and rural entrepreneurial attitude in Indonesia:

a capability approach[J]. Journal of Enterprising Communities: People and Places in the Global Economy, 2023,17(2):454-478.

[143] HIGGINS V, BRYANT M. Framing agri-digital governance: industry stakeholders, technological frames and smart farming implementation[J]. Sociologia Ruralis, 2020, 60(2):438-457.

[144] HOU H, TANG K, LIU X, et al. Application of artificial intelligence technology optimized by deep learning to rural financial development and rural governance[J]. Journal of Global Information Management (JGIM), 2021,30(7):1-23.

[145] JAIN A, ANAND A, MAHAJAN I. Digital governance[J]. Technology, Policy, and Inclusion: An Intersection of Ideas for Public Policy, 2023:15.

[146] KOO W W, EESLEY C E. Platform governance and the rural-urban divide: sellers' responses to design change[J]. Strategic Management Journal, 2021,42(5):941-967.

[147] MISKIEWICZ R. Clean and affordable energy within sustainable development goals: the role of governance digitalization[J]. Energies, 2022,15(24):9571.

[148] ZERRER N, SEPT A. Smart villagers as actors of digital social innovation in rural areas[J]. Urban Planning, 2020,5(4):78-88.

[149] ZHAO Y, LI R. Coupling and coordination analysis of digital rural construction from the perspective of rural revitalization: a case study from Zhejiang province of China [J]. Sustainability, 2022,14(6):3638.